UN BARBARE AU TIBET

A la découverte
des sources du Mékong

Du même auteur

Le Royaume perdu du Quintana-Roo
Plon, 1965

Mustang : royaume interdit
Arthaud, 1969, Olizane, coll. « Objectif Terre », 1988

Bhoutan inconnu
Arthaud, 1971, Olizane, 1988

Les Cavaliers du Kham
Laffont, 1972

Le Grand Passage de l'Himalaya
Laffont, 1974

Pays où les enfants sont rois
Rouge et Or, 1975

Himalaya, continent secret
Flammarion, 1977

Les Portes de l'or
Laffont, 1978

Zanskar, royaume oublié
Laffont, 1979

L'Or des fourmis
Laffont, 1984

Royaumes de l'Himalaya
Pierre Bordas, 1987

La Tibétaine
Laffont, coll. « Best-sellers », 1987, et coll. « Pocket », 1989

Itza ou le naufrage maya
Laffont, coll. « L'aventure continue », 1989

La Route de l'ambre
Laffont, coll. « L'aventure continue », 1992

La Khamba
Anne Carrière, 1995, et LGF, 1997

MICHEL PEISSEL

UN BARBARE AU TIBET

A la découverte des sources du Mékong

TRADUIT DE L'ANGLAIS
PAR JEAN-PIERRE BARDOS

ÉDITIONS DU SEUIL
*27, rue Jacob, Paris VIe*

Titre original : *The Last Barbarians*
Éditeur original : Henri Holt and Company
ISBN original : 0-8050-4534-1

ISBN : 2-02-033403-8

A Jacques Falck et Sebastian Guinness

Avertissement de l'auteur

Le tibétain est une langue phonétique écrite. L'orthographe des noms y obéit à d'anciennes traditions phonétiques, dont l'usage, ici, risquerait d'égarer le lecteur non averti. C'est la raison pour laquelle j'ai choisi de recourir à la transcription adoptée depuis plus de deux siècles par la plupart des voyageurs occidentaux. En de rares occasions, quand la précision s'avérait nécessaire, j'ai utilisé ou ajouté l'orthographe tibétaine de certains noms de lieux.

Il serait peu judicieux d'utiliser les appellations souvent fantaisistes qu'on trouve sur les cartes chinoises, et qui résultent d'un travail de récriture lié à une conquête militaire fortement contestée. Qui plus est, l'écriture chinoise n'étant pas phonétique, la transcription de noms tibétains en caractères chinois, puis de nouveau en caractères latins, donne souvent des résultats incompréhensibles.

Je remercie le traducteur, Jean-Pierre Bardos, pour ses suggestions qui m'ont poussé à remanier l'édition française de ce livre.

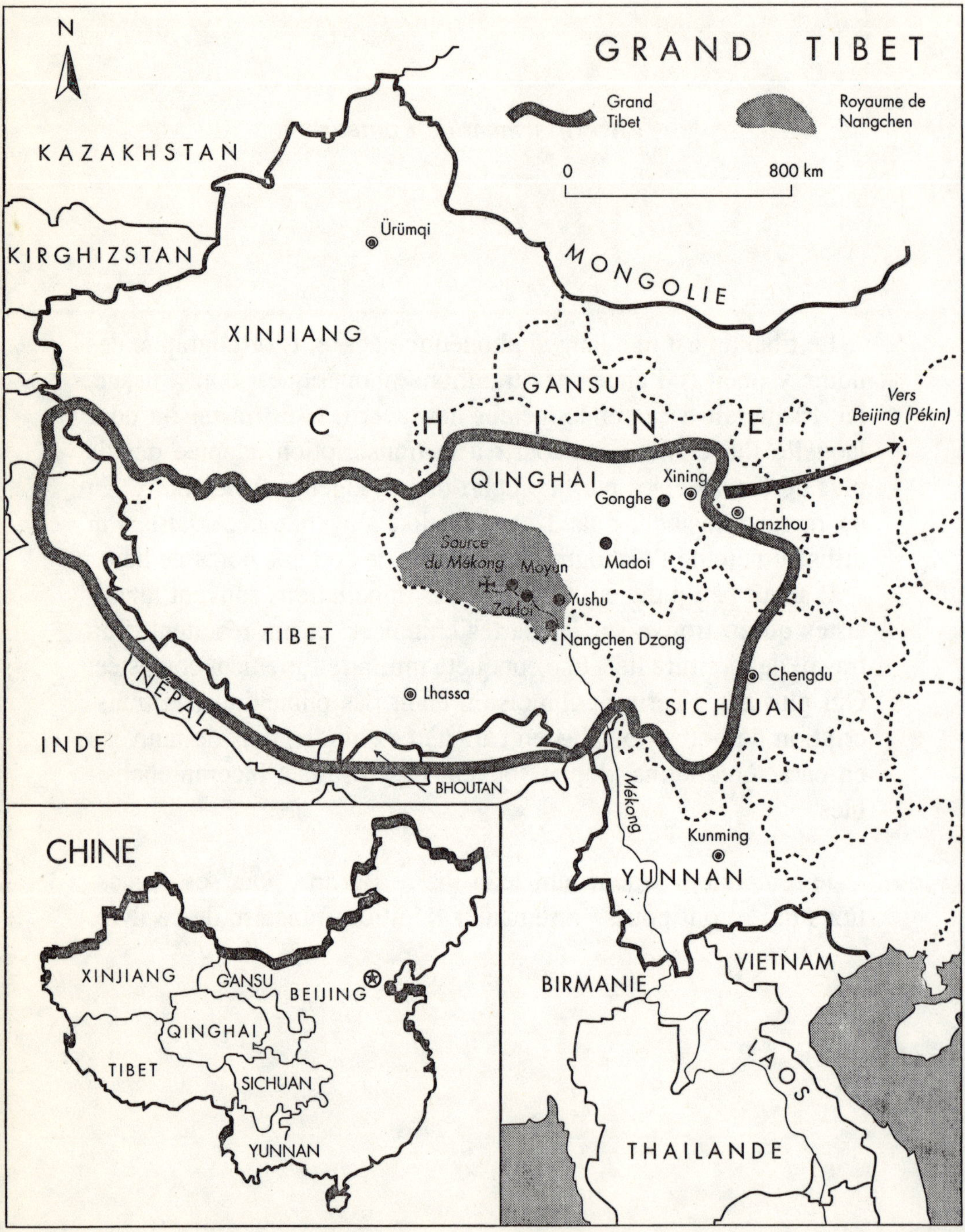
GRAND TIBET
N
Grand Tibet
Royaume de Nangchen
0
800 km
KAZAKHSTAN
KIRGHIZSTAN
Ürümqi
MONGOLIE
XINJIANG
GANSU
C H I N E
Vers Beijing (Pékin)
QINGHAI
Xining
Gonghe
Lanzhou
Source du Mékong
Moyun
Madoi
Yushu
Zadoi
Nangchen Dzong
TIBET
NÉPAL
Lhassa
Chengdu
SICHUAN
INDE
BHOUTAN
Mékong
Kunming
YUNNAN
CHINE
XINJIANG
GANSU
BEIJING
QINGHAI
TIBET
SICHUAN
YUNNAN
BIRMANIE
VIETNAM
LAOS
THAILANDE

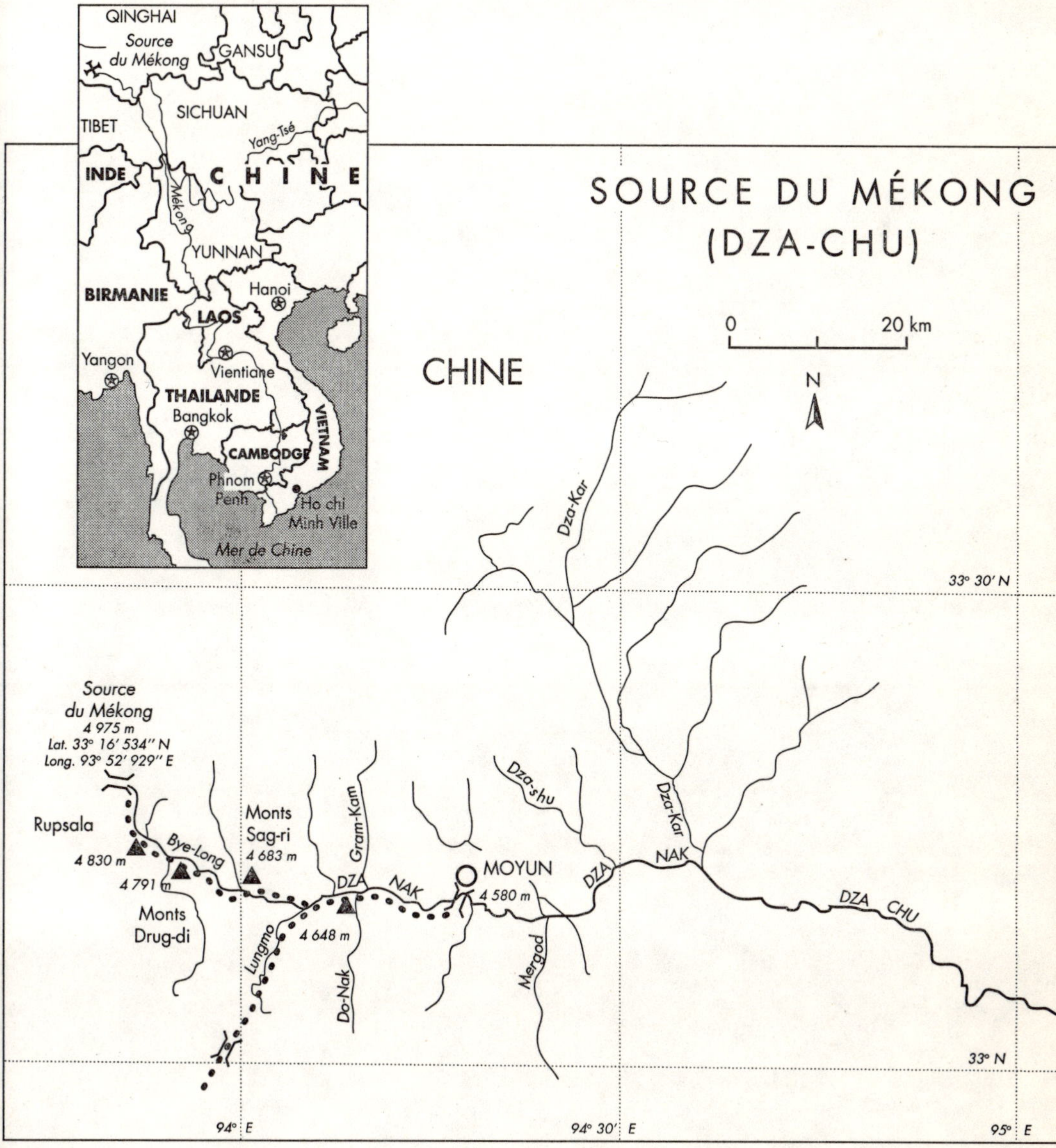
QINGHAI
Source
du Mékong
GANSU
SICHUAN
TIBET
Yang-Tsé
INDE
CHINE
Mékong
YUNNAN
BIRMANIE
Hanoi
LAOS
Yangon
Vientiane
THAILANDE
Bangkok
VIETNAM
CAMBODGE
Phnom
Penh
Ho chi
Minh Ville
Mer de Chine
SOURCE DU MÉKONG
(DZA-CHU)
0
20 km
N
CHINE
Dza-Kar
33° 30′ N
Source
du Mékong
4 975 m
Lat. 33° 16′ 534″ N
Long. 93° 52′ 929″ E
Dza-shu
Dza-Kar
Monts
Sag-ri
4 683 m
Gram-Kam
Rupsala
4 830 m
Bye-Long
MOYUN
4 580 m
DZA
NAK
DZA
NAK
4 791 m
DZA
NAK
DZA
CHU
Monts
Drug-di
4 648 m
Lungmo
Do-Nak
Mergod
33° N
94° E
94° 30′ E
95° E

1

Rêves et réalité

Le 17 septembre 1994, à 6 h 30 du soir, monté sur un petit cheval noir, en compagnie du docteur Jacques Falck, de l'Honorable Sebastian Guinness, de notre guide chinois, Ling, et d'un muletier tibétain, j'atteignais un amphithéâtre naturel parcouru par trois ruisselets, dont la réunion formerait ce qu'on appelle, 4 500 kilomètres plus bas, la « mère des fleuves ». Nous venions de découvrir la source du Mékong, moment à la fois décevant et magique. Il n'y avait rien ou presque rien à voir, la véritable importance de notre découverte n'était que dans nos têtes : nous venions d'atteindre l'un de ces rares lieux sacrés où mythe et réalité se rejoignent, où monde du rêve et monde véritable ne font plus qu'un.

Si j'étais là, c'est que, depuis l'enfance, j'ai toujours été incapable de distinguer le rêve de la réalité. Ce qui fait que je n'ai jamais vraiment grandi et que, au fil des années, je me suis lancé dans toutes sortes de projets qui demandaient d'oublier la raison au profit de la passion, laquelle m'a mené tout autour du monde à la recherche d'horizons perdus.

Jacques Falck et moi-même avions quitté Paris le 2 septembre sur un vol pour Pékin. Rien ne distingue un billet d'avion pour l'inconnu d'un billet ordinaire. Pourtant, je savais que le jour où je détacherais le coupon du retour, je serais devenu quelqu'un d'autre.

Je vais m'efforcer ici de raconter les événements tels qu'ils se sont produits, en sachant bien que ce récit sera un nouveau voyage, le long des mystérieux sentiers de la mémoire, où passé, présent et avenir se mêlent, et où le rêve côtoie la réalité.

En prenant possession de mon siège sur le vol Paris-Pékin des lignes aériennes chinoises, je me dis qu'un tel moyen de transport aurait stupéfait Dutreuil de Rhins, cet explorateur français qui, il y a tout juste un siècle, avait quitté Paris avec l'intention, lui aussi, de découvrir la source du Mékong. Il ne devait jamais revenir.

« Reste-t-il vraiment quelque chose à explorer et à découvrir ? » me demandent régulièrement mes amis, et je ne peux pas ignorer ce paradoxe : à l'âge du voyage spatial, il ne devrait rien rester sur terre d'inexploré. C'est pourtant le contraire qui est vrai : avec les progrès de la science et de la technologie, avec les ouvertures politiques, la fin du XXe siècle a été une grande époque d'explorations et de découvertes.

Explorer ou découvrir, en géographie, a un sens très spécifique, légèrement teinté de racisme. Colomb a-t-il découvert l'Amérique et exploré le Nouveau Monde ? Certains répondent non, car elle était déjà connue de ses habitants indigènes. Alors, quel est le véritable sens de « découvrir » ? Sa définition traditionnelle est la suivante : pour qu'il y ait découverte, il faut qu'un Européen révèle pour la première fois par une publication qu'il existe tel lieu, tel peuple, telle plante ou telle créature (l'appellation « Européen » ayant été généreusement étendue aux Américains et aux Japonais).

L'honneur de la découverte revient donc à celui qui a fait savoir au monde, par une publication, ce qu'il a découvert, et non pas simplement au premier à l'avoir trouvé : les Vikings ont peut-être découvert l'Amérique « les premiers », mais ils ne l'ont pas fait savoir, sauf indirectement, dans les sagas islandaises. Il se peut qu'ils n'aient pas deviné (pas plus que Colomb après eux) que ce qu'ils avaient découvert était un « nouveau monde ». Et quand Amerigo Vespucci comprit qu'il s'agissait bien de cela, et l'écrivit, c'est son nom qui fut donné à la totalité du nouveau territoire.

Il y a encore sur terre bien des lieux à explorer et bien des découvertes à faire. Pourtant, j'ai eu du mal à convaincre mes amis que la source du Mékong, le troisième fleuve de l'Asie et l'un des plus célèbres, était toujours inconnue. Et quand nous l'aurons enfin découverte, il sera tout aussi difficile d'en convaincre le monde.

De nos jours, alors que des satellites photographient le globe en permanence, il est difficile de croire qu'il y ait encore des régions inexplorées. Pourtant, il y en a : elles sont là où les satellites ne peuvent pas voir, là où les avions et les hélicoptères ne peuvent voler, ou encore dans des régions fermées depuis des siècles pour raisons politiques. Au nombre de ces territoires interdits, il y a de vastes étendues de l'ex-Union soviétique, où ni les étrangers ni les Russes n'ont jamais eu le droit d'aller, et cela depuis le temps des tsars. Il y a aussi le Tibet, un pays trois fois grand comme la France, fermé aux étrangers et caché derrière la chaîne de montagnes la plus haute et la plus infranchissable de la planète. Même quand un satellite survole ces régions, il est incapable de distinguer des détails aussi minuscules que les débits des petits ruisseaux, qui sont les prémices des grands fleuves.

Pendant des siècles, l'Amazonie et la Nouvelle-Guinée ont été des paradis pour les explorateurs, les vrais et les faux, et les deux régions sont bien mieux connues qu'on ne le croit parce qu'elles ont été ouvertes aux explorations durant une longue période. Mais les hauts plateaux du Tibet, eux, ont été interdits d'accès pendant des centaines d'années, d'abord par les Tibétains eux-mêmes, ensuite par leurs envahisseurs chinois. Il est vrai que, depuis 1982, les touristes sont admis à voyager en Chine populaire, mais certaines zones du Tibet leur restent strictement interdites. Cette interdiction s'explique non seulement par leur éloignement mais aussi par le fait que certaines sont encore habitées par des tribus guerrières farouchement attachées à leur indépendance, et avec lesquelles les Chinois ont une longue histoire d'animosité et de conflits.

Depuis près de quarante ans, le Tibet est en quelque sorte ma seconde patrie, et de tous les Tibétains, ceux que je préfère sont les Khambas, les membres des tribus guerrières de l'est du pays. Ces tribus, au nombre de dix-huit, étaient indépendantes et ne reconnaissaient pas l'autorité politique des Dalaï et des Panchen Lamas. Connues sous le nom de Khambas ou Kham-pa, elles avaient chacune leur roi ou leur prince. Depuis plus de trente-cinq ans je me passionnais pour leur lutte, essayant par des articles et mes livres de faire connaître leur combat solitaire contre l'Armée populaire chinoise. Auparavant, c'était le Dalaï-Lama lui-même qui avait longtemps mené la lutte contre elles, car les nobles et les religieux de Lhassa craignaient ces farouches Khambas insoumis.

Ma passion pour le Tibet et l'exploration sont nées en Angleterre, où j'ai passé mon enfance. Le hasard ayant voulu que, bébé, j'aie rallié le général de Gaulle et mon père, diplomate à Londres, dans les bras de ma mère, en 1940. L'anglais devint ainsi ma première langue alors que je suis français. Petit, je me suis passionné pour les aventures des grands explorateurs anglais, Mallory, Scott, Mungo Park et autres héros morts pour la gloire, ce fruit démodé de la conquête de l'inutile. Je rêvais d'être explorateur comme d'autres rêvaient d'être missionnaires, à la manière coloniale victorienne. Ce n'est que plus tard, grâce à Jules Verne, que l'espièglerie française a repris le dessus, et si j'écris toujours en anglais, je pense en français. Un concours fortuit de hasards et de chances m'a permis au cours des années de vivre mes rêves d'exploration. Le Tibet m'avait surtout attiré parce qu'il était interdit : un îlot de mystère dans un monde de plus en plus accessible. Peu enclin à la discipline, je me passionnais pour tout ce qui était défendu. Mais comment y pénétrer ?

A vingt-deux ans, étudiant dans la très sérieuse Harvard Business School, j'ai surpris mes professeurs en organisant comme projet d'étude ma première expédition vers l'Himalaya : c'était en 1959. J'ai entraîné dans cette aventure un jeune ethnologue français, Alain Thiollier.

Il n'y avait pas encore à l'époque d'avions à réaction pour l'Inde, et il nous avait fallu deux jours de vol pour atteindre New Delhi, après avoir fait escale dans presque toutes les capitales sur notre chemin. Le prix du billet était si élevé (près de dix fois le tarif actuel) que j'avais un moment envisagé de faire le voyage par mer, de Marseille à Bombay, route encore très fréquentée : c'était celle des bâtisseurs d'empires, des explorateurs et des colonisateurs britanniques chers à mon enfance.

En 1817, les capitaines John Hodgson et James Herbert étaient du nombre, mais la route de Suez n'existant pas, ils avaient dû passer par le cap de Bonne-Espérance avant de se lancer à la découverte de la « Gueule de la vache », la source du Gange, le fleuve le plus sacré de l'Asie. Ils finirent par la découvrir dans une grotte du glacier du mont Gangotri, majestueux sommet pyramidal qui marque la frontière entre l'Inde et le Tibet.

J'ai visité cette grotte en 1980, à l'issue d'une bizarre tentative d'atteindre la source du Gange en remontant ses rapides sur un aéroglisseur de mon invention. Notre embarcation s'étant brisée, mes compagnons et moi-même avions dû terminer notre quête à pied, à travers de profondes gorges de granit percées d'innombrables grottes qui avaient abrité pendant des siècles des pèlerins venus attendre la mort sur les rives du fleuve sacré, source de toute vie. Notre entrée dans la « Gueule de la vache » avait été un moment de grande émotion : aucun étranger n'avait été autorisé par le gouvernement indien à y pénétrer depuis trente-trois ans.

La découverte de la source du Gange, en 1817, déclencha une série d'expéditions pour trouver les sources de l'Indus, du Brahmapoutre et de la Satlej, les trois autres grands cours d'eau de l'Inde. L'entreprise était difficile, car ces sources étaient toutes de l'autre côté de l'Himalaya, dans le Tibet interdit. William Moorcroft et Hyder Jung Hearsey la tentèrent : déguisés en bergers et poussant devant eux des moutons, ils passèrent au Tibet et furent ainsi les premiers Anglais à explorer les rives du lac Manasarovar, haut lieu sacré, au pied du mont Kailas, la plus sainte des montagnes saintes, centre non seulement du monde bouddhiste mais également du panthéon hindou.

Moorcroft était un homme plein de joie de vivre, un médecin devenu vétérinaire qui avait gagné beaucoup d'argent avec son cabinet d'Oxford Street, avant de tout perdre dans un projet de fabrication industrielle de fers à cheval. Ruiné, il était parti pour l'Inde et s'était fait recruter comme vétérinaire par l'East India Company. Mais comme son travail l'assommait, il s'était lancé dans l'exploration du lac Manasarovar, sans découvrir les sources, pourtant voisines, de l'Indus, de la Satlej et du Brahmapoutre.

Après cette première expédition, Moorcroft était parti explorer le Ladakh ou « Petit Tibet », dans l'ouest de l'Himalaya. En chemin, il avait rencontré un jeune Français, Victor Jacquemont, qui racontera plus tard avec une pruderie très anglaise que « la principale occupation de Moorcroft était de faire l'amour avec des femmes indigènes ». Mais Moorcroft était un vrai gentilhomme du XVIIIe siècle, et non un de ces insupportables victoriens, et son goût des femmes n'était rien comparé à son courage et à son amour du savoir. Du Ladakh, il se dirigea ensuite vers Boukhara, la ville la plus secrète de l'Asie centrale de l'époque, où, à peine arrivé, il mourut d'une maladie indéterminée. Par chance pour nous, ses notes, très détaillées, ont survécu grâce au dévouement de l'indigène qui l'accompagnait.

Sur les pas de Moorcroft, plusieurs jeunes officiers britanniques se lancèrent dans l'aventure. L'un d'eux, Edmund Smyth, découvrit la source du Brahmapoutre, après une expédition au Ladakh en compagnie du lieutenant John Speeke, celui-là même qui découvrira plus tard les sources du Nil. Ainsi commença ce qu'on peut appeler la « fièvre des fleuves ».

Toutes les cultures attribuent une importance considérable aux sources des fleuves. Hérodote, le père de la géographie, était obsédé par l'idée que les sources du Nil et du Dniepr restaient « plongées dans le mystère ». Pour lui, comme pour bien d'autres, rien de plus fascinant que ces fleuves portant jusqu'à la mer des eaux d'origine mystérieuse. Devant le spectacle d'un fleuve, chacun de nous en vient inévitablement à rêver de l'endroit où il commence : ce lieu, que peu connaissent, est fantasmé par tous. A notre époque de voitures rapides, de TGV ou de Concorde, nous sommes un peu moins fascinés par ce que les Anciens considéraient comme le mystérieux mouvement perpétuel des eaux des grands fleuves. Mais, dans l'Histoire, la quête des sources a toujours accompagné celle du savoir, celle des commencements, et c'est toujours la même quête qui, aujourd'hui, pousse les scientifiques à rechercher l'origine de tout.

Quant à moi, j'ai toujours eu de la curiosité pour les sources des fleuves, mais elle n'a jamais rien eu de dévorant. J'étais au courant de la grande controverse entre Burton et Speeke sur les sources du Nil, j'avais rêvé des sources de l'Amazone, m'imaginant qu'elles étaient les plus inaccessibles de toutes, mais là s'arrêtait mon intérêt, qui se concentrait surtout sur les hommes, particulièrement les Tibétains.

Sur ce vol Paris-Pékin, je ne me préoccupe guère de l'Amazone, ni d'ailleurs du Mékong ; je me demande surtout si mes compagnons et moi-même allons bien nous entendre et comment nous réagirons à l'altitude du plus haut plateau du Tibet, le vrai toit du monde. Par définition, les sources des fleuves se trouvent le plus souvent au point le plus élevé d'une région donnée, et les sources du Mékong comme celles du fleuve Jaune, du Yang-tsé et du Salouen, les quatre plus grands fleuves de l'Asie, se trouvent sur la partie la plus haute et la plus lointaine du plateau le plus élevé du monde, situé aujourd'hui dans la province chinoise du Qinghai, qui recouvre à peu près ce qu'on appelait l'Amdo du temps du grand Tibet indépendant.

A la fin du XIXe siècle, de nombreux explorateurs ont tenté de pénétrer dans le Tibet interdit, dont quelques-uns avec l'idée de trouver les sources des grands fleuves de l'Asie. Il y eut même une sorte de ruée à la recherche des sources de l'Indus, du Brahmapoutre, du fleuve Jaune, du Yang-tsé et du Salouen. Au début de ce siècle, toutes avaient été découvertes, sauf celle du Mékong. Mais si aucun explorateur ne l'a atteinte, les satellites nous donnent aujourd'hui des photos de son emplacement putatif, et assez d'informations pour comprendre pourquoi elle est restée inconnue.

Mon ami et compagnon Jacques Falck, grand, avec quelque chose de gauche dans l'allure, a peu de mystères pour moi. Le personnage est fascinant et étrange, jusqu'à l'excentricité. A trente-huit ans, c'est un savant dans tous les sens du mot ; il a pourtant conservé une allure d'écolier, avec ses cheveux bruns toujours en bataille et sa tête d'éternel premier de la classe. Sérieux jusqu'au bout des ongles, le visage froncé quand il répond à une question, même futile, par de longues explications réfléchies, Jacques est un être à part. J'ai fait sa connaissance dix ans plus tôt, en Espagne, et il m'a tout de suite intrigué.

Ce médecin passionné des propriétés antibactériennes sélectives de certains antibiotiques se présente toujours comme cinéaste – activité à laquelle il consacre effectivement plus de temps qu'à la médecine. Regarder par l'œil d'une caméra lui semble plus palpitant que de se pencher sur une gorge malade, et faire un film est à ses yeux une opération plus intéressante qu'une amputation. A en juger par son front presque constamment soucieux, on a du mal à croire qu'il trouve du plaisir à filmer, ou à la vie en général. Pourtant, son visage laisse périodiquement échapper un sourire ironique, bref instantané de son sens de l'humour, dissimulé mais toujours présent.

Dès notre première rencontre, où il m'a expliqué en détail la composition chimique de l'émulsion des diapositives en couleur, j'ai compris que j'avais besoin de lui à mes côtés comme cinéaste, médecin et docte compagnon. En 1988, je l'ai emmené sur ma pirogue précolombienne de haute mer le long des côtes du Yucatan, sans même lui demander s'il savait nager. Heureusement, c'était le cas ; de plus, Jacques est un marin accompli, de la variété scientifique, qui analyse la fibre des bouts avant de les haler et connaît la météorologie jusqu'au dernier millibar.

En 1989, il s'est révélé un excellent second sur la petite barque viking avec laquelle j'avais décidé de traverser toute l'Union soviétique d'alors, de la Baltique à la mer Noire. Tout au long d'un trajet de 2 400 kilomètres, qui remontait la Dvina avant de descendre le Dniepr, il avait ramé et filmé sans se plaindre. J'ai pourtant quelques appréhensions maintenant : cet homme aussi peu à l'aise dans son corps qu'intellectuellement méticuleux saura-t-il se débrouiller sur le dos d'un cheval tibétain ? Il m'a dit n'être jamais monté. Et peut-être n'est-il pas fait pour cette aventure-là, lui qui ignore tout des hautes altitudes ?

Alors que les expéditions précédentes s'étaient déroulées près du niveau de la mer, celle-ci se passera à plus de 4 500 mètres d'altitude. Trouver la source du Mékong est considéré comme difficile sinon impossible, comme le prouvent la quinzaine d'expéditions qui nous ont précédés et se sont soldées par des échecs souvent tragiques.

Du moins Jacques pourra-t-il veiller à ce que nous ne mourions pas d'œdème pulmonaire, la maladie des hautes altitudes. D'ailleurs, à peine sommes-nous installés dans l'avion qu'il entreprend de m'expliquer, d'une voix morbidement lugubre, comment l'écume envahit les poumons, conséquence d'une osmose inverse, premier symptôme de cette maladie mortelle dont le nom sinistre va hanter notre équipée. Quand, comme moi, on croit toujours avoir vingt-sept ans alors que votre passeport assure que vous en avez presque trente de plus, on se sent rassuré d'avoir un médecin près de soi. « Apporte quelque chose contre les crises cardiaques », lui ai-je dit sur le ton de la plaisanterie. Mais ensuite, je me suis assuré qu'il l'avait fait, car après un an presque sans bouger de Paris, je ne suis pas en grande forme, même si j'ai passé quatre semaines en mai à Lhassa afin de préparer l'expédition.

Autant Jacques Falck est grand, gris et sérieux, autant Sebastian Guinness, mon autre équipier, est petit, rose et d'humeur joviale. Excellent cavalier, il parle chinois et a déjà participé à deux expéditions au Tibet.

Au dernier moment, notre sponsor ayant fait faux bond, je n'ai eu que deux semaines pour refaire mon budget et financer mon voyage et celui de Jacques ; Sebastian a eu quant à lui la gentillesse de payer le sien, sauvant par là une expédition qui m'avait demandé deux ans de préparatifs. A notre connaissance, nous sommes les premiers étrangers à être autorisés par les Chinois à pénétrer dans la zone interdite où le Mékong prend sa source. Si j'ai obtenu cette autorisation tout à fait exceptionnelle, c'est grâce à *Equus caballus*, le cheval.

Depuis l'époque où Moorcroft entra clandestinement au Tibet en poussant devant lui des moutons, les Tibétains se méfient des étrangers, et pour de bonnes raisons : pendant plus de deux cents ans, les seuls étrangers que l'Asie ait connus étaient des troupes coloniales, venues s'emparer de l'autorité politique ou assurer le contrôle européen sur le continent. Les Anglais avaient pris l'Inde, les Français l'Indochine, et les Russes étaient les maîtres des immenses territoires qui s'étendent de la mer Noire au Pacifique, de l'Azerbaïdjan à la Mandchourie, en passant par la Mongolie. Seuls le Tibet et trois autres Etats avaient échappé à la rapacité de l'homme blanc : le Népal, dont la population avait infligé une déculottée aux Anglais en 1815, et le Bhoutan et l'Afghanistan, protégés par leurs farouches guerriers et leurs hautes montagnes. Le bouddhisme ayant érodé l'esprit belliqueux des Tibétains, ils préféraient se défendre en claquant la porte au nez de tout étranger, prêtre, marchand ou espion supposé. La fermeture des frontières était, pensaient-ils, leur seul espoir d'échapper à la colonisation.

Il suffit de se rappeler la brillante aigrette de plumes sur le casque colonial blanc des vice-rois britanniques pour comprendre leur mortification quand ces mystérieux moines du Tibet et du Bhoutan défiaient Britannia, par exemple en leur renvoyant leurs missives sans les avoir ouvertes. Pire encore, Sir Ashley Eden, envoyé plénipotentiaire de la Couronne britannique, en grande tenue et avec toutes ses plumes, avait été couvert de crachats au Bhoutan. Bien entendu, une expédition militaire avait aussitôt suivi, mais les troupes anglaises subirent une défaite aussi sévère qu'au Népal. Quant à la guerre contre les Afghans, déclenchée après le massacre des Anglais fuyant Kaboul et confiée aux troupes coloniales de la « frontière nord-ouest », elle avait duré un siècle, de 1839 à 1937, sans presque aucun résultat.

Ainsi, pour les Britanniques, les mystères de la région étaient-ils source d'irritation, et l'insolence du Tibet et de ses voisins un sujet d'humiliation. Aux yeux des victoriens sans humour qui, après la révolte des Cipayes de 1857, avaient remplacé les Anglais plus ouverts de la British East India Company (la John Company, comme on disait à l'époque), il était « inadmissible » que ces indigènes osent ainsi les défier. Pour découvrir les sources de l'Indus et du Brahmapoutre, les Britanniques avaient dû s'en remettre à des aventuriers. Puis, quand le Tibet se ferma complètement, ils eurent recours à des indigènes stipendiés pour lever clandestinement des cartes du pays, mais ceux-ci ne purent atteindre la source du Mékong.

Pour en revenir à moi, c'est grâce au cheval que j'ai obtenu l'autorisation de pénétrer dans les territoires tibétains interdits. Tout avait débuté en 1992 avec Loel, le cousin de Sebastian. Il était passionné comme moi de polo et je lui confirmai que le polo moderne était dérivé du jeu traditionnel tibétain. *Polo* veut dire « balle » en tibétain et le jeu qu'avaient adopté les Anglais aux Indes était en fait dérivé du polo pratiqué au « Petit Tibet », soit au Ladakh et au Baltistan. J'expliquai à Loel mon projet de recenser les différentes races de chevaux du Tibet. Intéressé, il accepta de m'aider.

Peu de gens réalisent que sept siècles avant Ghengis Khan, les Tibétains étaient de loin les plus grands cavaliers de l'Asie centrale et de grands éleveurs de chevaux.

Les rares étrangers qui sont allés au Tibet avant 1980 ont toujours été bien trop fascinés par les monastères bouddhistes et leurs moines pour prêter grande attention à ses chevaux : à leurs yeux, peu de chose les distinguait des médiocres petits chevaux qu'on rencontrait sur la périphérie de l'Empire britannique. C'était mal connaître la passion des Tibétains pour l'élevage des chevaux.

Il y a aujourd'hui des chevaux partout dans le monde, mais si les fossiles nous permettent de remonter jusqu'à leur forme première, de la taille d'un chien doté de doigts, nous en savons très peu sur l'origine de nos chevaux modernes. D'un côté, il y a les équidés sauvages (zèbre, âne, cheval de Przewalski) et, de l'autre, toutes les races domestiques, dont certaines résultent de croisements opérés par l'homme. On ignore, en revanche, si tous les chevaux domestiqués ont une même origine, du poney des îles Shetland aux pur-sang arabes.

En 1992, grâce à la fondation de Loel Guinness et à son enthousiasme, j'ai pu organiser ma première « expédition équine » au Tibet, pour identifier les différentes variétés de chevaux tibétains. Et c'est ainsi, par accident en quelque sorte, que les chevaux m'ont fourni le « sésame » inattendu qui ouvre les portes des régions interdites du Tibet : pour les autorités chinoises, si soupçonneuses, il n'y a rien de politique dans les chevaux, et on m'avait autorisé à pénétrer dans des régions normalement fermées aux étrangers, ce qui me permettait désormais d'envisager une autre expédition, cette fois vers les sources du Mékong.

Et c'est ainsi qu'en ce 2 septembre 1994, je me retrouve dans l'avion de Pékin en compagnie de Jacques Falck.

Je déteste tous les avions où on ne peut s'asseoir à côté du pilote ; voyager en jet me paraît aussi ennuyeux que prendre l'ascenseur. Et pourtant, en quelques heures, je vais parcourir une distance que Marco Polo a mis deux ans à franchir. Tout en mâchonnant du poulet sans goût, je découvre par le hublot le tapis vert des plaines de l'Ukraine, suivies par le bassin de la Volga et les déserts qui bordent la mer d'Aral. Viennent ensuite les sables de la Bactriane, les vergers de Samarcande et de Tachkent, le Turkestan chinois, le désert du Takla-Makan, et enfin, juste au nord du Tibet, le long corridor du Gansu, où passe la route de la Soie, que les Chinois appellent plus volontiers « route du Cheval ». C'est là que j'ai monté le cheval de poste tibétain de l'ancienne route de la Soie, le chakori, petit animal plein de vie, né pour transporter les gras marchands entre Urumqi et Lanzhou.

Sebastian doit nous rejoindre à Pékin, arrivant des États-Unis *via* Tokyo.

Difficile d'échapper à la magie de ce nom : Pékin. Mon cœur bat plus vite à ma descente d'avion, bien que ce soit mon quatrième atterrissage dans la capitale chinoise. Les images se bousculent dans ma tête, celles d'une Chine ancienne où tout était poésie, avec ses coolies et ses mandarins, le tintement des cloches et l'éclat des gongs, une Chine malheureusement bien éloignée de celle qui m'accueille : taxis en lutte pour décrocher le client, panneaux publicitaires pour téléviseurs coréens, bureaux de change, rabatteurs d'hôtel pour le Sheraton, l'Holiday Inn, l'Hôtel Suisse, le tout récent German Palace ou simplement le Novotel et le plus modeste, Taiwan Hotel, celui des Chinois d'outre-mer, tous proclamés « au cœur de la ville », alors qu'ils sont séparés par des kilomètres dans ce qui semble être l'agglomération la plus étendue du monde. On a raison de dire qu'on ne voyage réellement que dans sa tête. Dans la mienne, superposé au Pékin de Marco Polo – le Cathay de toutes les merveilles –, je revois le Pékin qui fut celui de Mao et de l'Armée populaire de libération, dont les soldats ont tant répandu le sang tibétain ; c'était la capitale ennemie, qui, en 1972, m'interdisait l'accès de la Chine, et dont les ambassades, de par le monde, me traitaient de menteur afin de discréditer mon livre sur la résistance tibétaine.

Mais la Chine de Mao que j'ai combattue au nom de mon amour du Tibet est désormais aussi éloignée que l'empire de Ghengis Khan : c'était la Chine des Gardes rouges qui avaient incendié, dynamité et attaqué à la pioche tous les monastères tibétains, anéantissant les derniers restes des anciennes bibliothèques déjà partiellement détruites par l'armée chinoise dix ans plus tôt. Au Tibet, la révolution culturelle avait tourné à la folie aveugle, à l'orgie de vengeance, nourrie par la peur congénitale que les Chinois semblent avoir des « barbares » de leur frontière occidentale.

Aujourd'hui, sur la route qui va de l'aéroport au centre de Pékin, il est clair que l'hystérie destructrice du passé s'est canalisée en boom immobilier. Les nouveaux fanatiques ne célèbrent plus le nom de Mao, ils adorent aujourd'hui le Veau d'Or. A travers des myriades de cyclistes et de petits taxis jaunes de fabrication japonaise, il faut environ une heure à notre taxi, chargé de nos bagages, pour atteindre le quartier de la Cité interdite et la façade vitrée de l'hôtel de la Paix : quinze étages au vrai cœur de la ville.

Si courtes que soient les minijupes dans le Pékin d'aujourd'hui, et si brillants les néons des rues, nulle part on ne peut ignorer la Grande Muraille, non seulement parce que d'innombrables boutiques lui empruntent son nom, mais parce que la Cité interdite elle-même est un rappel visuel de cet immense serpent de pierre, le plus grand monument jamais élevé à la peur dans l'histoire du monde : une peur atavique, toujours ancrée dans la tête de la majorité des Chinois. La peur ancestrale de ces barbares, qui, pendant des milliers d'années, aussi loin que la mémoire remonte, ont déboulé des steppes sans nom de l'Asie centrale pour ravager et conquérir la Chine.

Comme nous passons devant les immenses portes de la Cité interdite et traversons la place Tian'anmen, je montre à Jacques que les deux plus hauts monuments de la ville qui dominent l'horizon au-dessus de la cité impériale, sont deux *chörtens* (sanctuaires) tibétains, rappel que les barbares sont toujours présents aux portes, que le bouddhisme tibétain a été la religion officielle de la dynastie mandchoue jusqu'à sa chute, en 1912, et, finalement, que le Tibet et le Dalaï-Lama sont toujours une épine dans les cœurs chinois.

En Europe, les invasions venaient de l'est ; en Chine, elles venaient de l'ouest. S'il fallait marquer sur la carte leur point de départ, ce serait précisément l'endroit où nous allons nous rendre : le cœur du haut plateau d'Asie centrale.

Nous sommes à peine arrivés que Sebastian débarque dans le hall de l'hôtel, précédé de 250 kilos de bagages, le gros de notre équipement. Une glace me renvoie mon image et celle de mes deux compagnons. Nous n'avons pas l'allure de ces équipes héroïques qui nous ont précédés ; au contraire, avec mes cheveux gris et mon ventre, j'ai l'air d'un vieil impresario, dont le numéro serait Jacques en Laurel et Sebastian en Hardy. Et là, dans le hall de cet hôtel de Pékin, à l'atroce marbre beige, je me demande enfin ce que je suis venu faire dans cette galère et pourquoi je me suis lancé encore une fois dans une aventure impossible.

Ce soir-là, j'organise une modeste conférence au sommet où nous discutons du programme : deux jours à Pékin, avant de prendre un avion pour Xining, la capitale de la province du Qinghai. La Société d'alpinisme locale est prévenue de notre arrivée, et on viendra nous chercher à l'aéroport. Nous ne nous attarderons pas à Xining, car il y a un problème, que je remâche depuis des jours. Quelques semaines plus tôt, à Paris, j'ai reçu la visite d'une charmante jeune femme qui n'inspirait aucune méfiance : elle m'avait dit avoir lu tous mes articles sur la nouvelle race de chevaux que j'avais identifiée au Qinghai en 1993, et moi, je lui avais raconté mon projet de découvrir la source du Mékong. Et voilà qu'à la veille du départ, à mon immense stupéfaction et à mon grand désespoir, elle m'a expédié un fax disant qu'elle avait trouvé un financement pour aller monter « mon » cheval au Qinghai, et qu'elle comptait aussi, avec un compagnon, partir à la recherche de la source du Mékong. Elle l'avait même fait savoir publiquement. J'étais furieux, car même si je n'ai aucun droit de propriété sur cette affaire, la dame m'a bel et bien volé mon projet et a utilisé mes propres travaux pour parvenir à ses fins. Je lui ai téléphoné pour lui dire ma colère, mais sans autre résultat que de m'entendre confronter à cette amère vérité : je ne suis pas propriétaire de la source du Mékong.

Une fois encore, j'aurais mieux fait de me taire. Non seulement nous avons des rivaux, mais ils sont attendus à Xining huit jours après nous. Sans doute est-il peu vraisemblable qu'ils obtiennent l'autorisation d'accéder aux régions interdites. Mais j'ai beau chercher à me rassurer, cette expédition reste une menace irritante, et le restera jusqu'à ce qu'un autre rival ne surgisse pour menacer à son tour notre projet.

En attendant le départ, il n'y a rien d'autre à faire que de filmer Pékin et procéder à des achats de dernière minute.

2

Bien après la Lune

Tout en refaisant nos bagages avant de prendre l'avion pour Xining et le Qinghai, région jadis incluse dans le grand Tibet, je repense aux premières expéditions lancées à la recherche de la source du Mékong.

Tout a commencé en juin 1866 à Paris, quatre ans après la découverte des sources du Nil, quand la Société de géographie a créé en son sein le Comité pour l'exploration du haut Mékong. Napoléon III était au faîte de sa puissance et, sous sa direction, le baron Haussmann s'employait à faire de Paris une ville splendide. Cette année-là, Jules Verne publiait *De la Terre à la Lune*, mais personne n'aurait pu imaginer alors que l'homme marcherait sur la Lune avant de découvrir la source du Mékong.

Dans la course aux colonies, la France venait de s'emparer du sud de la péninsule indochinoise et était bien décidée à ne pas laisser les Anglais étendre leur influence au-delà de la Birmanie. Dans leur quête incessante de nouveaux territoires coloniaux, les deux pays cherchaient à s'attacher les services d'explorateurs indépendants que l'on souhaitait être de la trempe de La Condamine, Mungo Park et Alexandre von Humboldt. Le président de la Société de géographie, le marquis de Chasseloup-Laubat, était aussi ministre de la Marine, et c'était lui qui avait placé un jeune et élégant officier de marine, Ernest Doudart de Lagrée, à la tête de ce comité du haut Mékong, créé « parce que nous ignorons où ce fleuve prend sa source ».

Les Français avaient de bonnes raisons de financer enfin une expédition vers le haut Mékong. En effet, un explorateur français,

Henri Mouhot, avait gagné la célébrité pour avoir découvert dans la jungle cambodgienne du bas Mékong les ruines spectaculaires d'Angkor Vat, que certains journaux appelaient « le Versailles de l'Asie ». Mais son expédition avait été financée par la Royal Geographical Society de Londres et non par son homologue de Paris. Bien sûr, il y avait une explication à ce petit scandale : le jeune Mouhot avait épousé une des filles du grand explorateur anglais Mungo Park, et sa résidence était à Jersey. Mouhot était mort à trente-cinq ans, lors d'une seconde expédition consacrée cette fois à la remontée du Mékong, et c'est certainement pour sauver la face qu'on chargeait officiellement Doudart de Lagrée d'aller rechercher la tombe de Mouhot et de lui élever un monument au nom de la France.

C'est de Saigon, alors une petite ville assoupie, que partit Doudart de Lagrée, accompagné de son second, Francis Garnier, et de sept hommes répartis sur deux canonnières. Il leur fallut deux semaines pour retrouver, à moins de 5 kilomètres de Louang Prabang, la tombe où Mouhot avait été enterré sept ans plus tôt. Lagrée fit édifier un petit monument et écrivit à la famille du défunt son admiration pour Mouhot sans se douter que, quelques semaines plus tard, son expédition tournerait au désastre.

Les difficultés ne tardèrent pas à surgir. D'abord, il fallut contourner les chutes écumantes de Sambor en halant les bateaux, puis les terribles rapides de Khoné, à la frontière actuelle entre le Laos et le Cambodge, et, plus loin, d'autres encore : le Mékong démontrait sa puissance. Epuisés, les membres de l'expédition tombèrent malades les uns après les autres. Francis Garnier attrapa le typhus et, pris de délire, quitta son lit en hurlant pour aller se jeter dans le fleuve, d'où l'on put heureusement le retirer à temps.

Malades, leurs bateaux ensablés, ils abandonnèrent le Mékong et pénétrèrent au Yunnan pour tenter de revenir par la Chine. Garnier guérit et finit par atteindre Shanghai en haillons, mais Doudart de Lagrée mourut quelque part au Yunnan, et l'on ignore encore, à ce jour, le lieu de sa sépulture. C'est ainsi que le Mékong déjoua la première d'une série d'expéditions vers sa source.

Près de vingt ans plus tard, deux autres expéditions furent organisées. On avait alors compris que, contrairement aux espoirs antérieurs, le Mékong n'était pas une voie d'accès à la Chine, mais qu'il prenait sa source dans les étendues sauvages du Tibet, pays fermé aux étrangers. Mais rien de tout cela n'effrayait Eugène Simon, un capitaine de vaisseau, qui, sur les pas de Doudart de Lagrée, quitta Saigon au printemps 1893. Cette fois, l'expédition réussit à vaincre les terribles rapides, mais il lui fallut faire demi-tour à mi-chemin, là où se trouve actuellement la frontière entre la Birmanie et le Laos. Simon fut accueilli en triomphateur à Saigon. Il avait exploré une grande partie du haut Mékong, mais la source lui avait échappé : en fait, elle était à 1 900 kilomètres de l'endroit où il s'était arrêté.

Un an plus tôt, sans que Simon ni presque personne ne le sût, une petite expédition avait quitté Paris pour le Tibet, *via* Samarcande, conduite par Jules-Léon Dutreuil de Rhins, avec Fernand Grenard pour second. Leurs objectifs étaient vagues, et leur périple devait durer trois ans. Profitant de l'alliance franco-russe signée cette année-là, ils avaient pu traverser la totalité du Turkestan russe. De là, ils étaient passés au Turkestan chinois, avant de virer au sud à travers le Karakoram jusqu'au Ladakh, qui venait d'être annexé à l'Etat indien de Jammu et Cachemire. Avec peu de fonds, quelques chevaux et des porteurs indigènes, l'expédition reprit alors le chemin du Turkestan chinois, traversa le désert de Taklimakan sur la route de la Soie, avant de bifurquer vers le sud dans l'espoir téméraire de pénétrer au Tibet par le nord-ouest, à travers le haut plateau du Qinghai. Finalement, à Nak-chu, les Tibétains leur interdirent de prendre la direction de Lhassa, et ils décidèrent de gagner la Chine occidentale à travers le haut plateau inexploré du Tibet. En chemin, ils reconnurent une partie du cours supérieur du Salouen et décidèrent alors d'aller au nord-ouest par une route encore inexplorée.

Après avoir franchi un col très élevé dans les monts Tangla, ils se retrouvèrent sur un plateau marécageux traversé par une rivière sinueuse, la Dam-chu (en tibétain, *dam* signifie « marécageux » et *chu* « rivière »). Ils pensèrent qu'il s'agissait de la branche la plus longue du Yang-tsé, le plus long fleuve de la Chine ; ils avaient raison, mais cela ne fut confirmé que par la suite. Quittant la Dam-chu, ils atteignirent le 9 avril un col à plus de 4 800 mètres et lui donnèrent le nom de col de Dza-nak ou col du Dza noir, *Dza* étant le nom tibétain du Mékong et *Dza-nak* la plus longue des deux branches du haut Mékong. Bien que la neige recouvrît tout et que les eaux fussent gelées, ils conclurent un peu vite que la petite rivière qui coulait dans la vallée du col, et qu'on appelle aujourd'hui la Lungmo, était la branche la plus occidentale du Mékong, et que sa source devait donc se trouver quelque part sous la neige au pied du col. Ils descendirent la Lungmo jusqu'aux premières eaux du haut Mékong et se félicitèrent un peu trop tôt d'avoir identifié la source du grand fleuve.

Le chef de l'expédition ne fut jamais en mesure de revendiquer sa découverte : deux semaines plus tard, il fut assassiné. Ou du moins telle est la version officielle. La véritable histoire, que Grenard a racontée par la suite, est celle d'une tragique méprise entre d'orgueilleux Khambas et nos explorateurs. Epuisés par leur traversée de la moitié du plateau le plus élevé et le plus désolé du Tibet, il ne leur restait plus qu'une demi-douzaine de chevaux quand ils atteignirent le village de Tong-bou-mdo. Le lendemain matin, deux d'entre eux avaient disparu. Une brève enquête leur fit découvrir des traces de sabots et de bottes tibétaines à la sortie de l'enclos où les bêtes avaient passé la nuit. Avec pas mal d'arrogance et sans réfléchir plus avant, Dutreuil de Rhins ordonna à ses hommes de rafler quelques chevaux des villageois, annonçant qu'il ne les rendrait que lorsque leurs propres montures auraient réapparu.

Un tel éclat aurait peut-être eu le résultat escompté dans une colonie française, mais les Khambas du Jeykundo sont célèbres pour leur tempérament belliqueux, et ils s'estimèrent aussitôt offensés. Le matin du 5 juin 1894, les chevaux n'ayant pas été rendus, les Français quittèrent le village, Grenard en tête, le cheval « emprunté » derrière lui, Dutreuil de Rhins fermant la marche. Ils entamèrent lentement l'ascension d'une petite colline. Voyant qu'ils partaient avec leur monture, les villageois tirèrent des coups de semonce. La caravane poursuivant son chemin, ils tirèrent alors pour de bon. Plusieurs chevaux furent touchés et Grenard entendit son compagnon crier. Il fit demi-tour sous les balles et se porta courageusement au secours de Dutreuil de Rhins, qui avait été touché au ventre et se tenait les tripes, livide. Sous une grêle de balles, Grenard ordonna à ses porteurs de fabriquer une civière, mais ils s'enfuirent. Il tenta alors de porter tout seul le blessé, mais il fut finalement obligé de l'abandonner, tandis que Dutreuil de Rhins murmurait dans son délire : « Une belle journée... Quel gâchis... Quel gâchis... »

Rentré à Paris, Grenard fit état publiquement de leur découverte de la source du Mékong, mais sans convaincre beaucoup, car la neige d'avril avait rendu impossible sa localisation précise. Il entra ensuite dans la diplomatie et finit sa carrière comme ambassadeur à Belgrade, en 1927. Il ne chercha jamais à confirmer sa découverte, pas plus qu'il ne protesta quand l'illustre *Encylopædia britannica* écrivit dans sa onzième édition (1910) à propos du Mékong : « Ses sources ne sont pas connues avec précision, mais on suppose qu'elles se trouvent sur les pentes du Dza-nag-Lungmung à environ 33° de latitude Nord et 93° de longitude Est. »

Ainsi, au début du siècle, la source du Mékong était-elle toujours un mystère. Le Tibet continuait à s'opposer si farouchement à l'accès des étrangers qu'en 1904, ne supportant plus cet orgueilleux isolationnisme, les Anglais décidèrent de l'envahir, ne serait-ce que pour obtenir du treizième Dalaï-Lama une réponse aux lettres du hautain vice-roi, Lord Curzon, que Sa Sainteté continuait de renvoyer non ouvertes. Curzon était obsédé par l'idée que les Russes pourraient occuper le Tibet et c'est ce qui le décida à marcher sur Lhassa. Les Anglais se retirèrent peu après, et le Tibet se referma encore davantage. En 1910, les Chinois l'envahirent, mais, deux ans plus tard, le Dalaï-Lama réussissait à les repousser.

Comme on s'en doute, tous ces événements n'aidaient guère les explorations du mystérieux pays, même si, au cours de la brève invasion britannique, des cartographes s'étaient rués sur le Tibet occidental pour vérifier l'emplacement des sources de l'Indus, de la Satlej et du Brahmapoutre. En ce qui concerne le reste non cartographié du vaste Tibet, les Anglais devaient continuer à s'en remettre aux opérations sporadiques de leurs agents secrets : ces célèbres « explorateurs indigènes », des Indiens d'origine tibétaine, parcouraient le pays déguisés en moines ou en marchands avec des rouleaux de prière farcis de papier blanc où, la nuit, ils consignaient en cachette leurs observations. Ils avaient aussi des thermomètres, dissimulés dans leurs cannes, qu'ils plongeaient dans des casseroles de thé bouillant pour obtenir les altitudes. On ne les connaissait que par des initiales codées, et bien qu'ils aient arpenté une grande partie du Tibet central, comptant leurs pas sur des chapelets, un seul de ces remarquables agents, Kishen Sing (dont le nom de code était A.K.), traversa les étendues désolées du nord-est (Amdo/Qinghai) où l'on pensait trouver les sources du Yang-tsé, du Mékong et du fleuve Jaune. Cela se passait en 1882, et il ne réussit à en découvrir aucune. C'est ce qui explique que la carte du Tibet publiée par les Britanniques était très approximative, pleine de blancs ou d'erreurs. Soixante ans plus tard, les Chinois eux-mêmes ne disposeront pas de meilleures cartes, et ils auront recours aux cartes anglaises pour réclamer des territoires à l'Inde après leur invasion du Tibet, en 1950.

L'avion aborde maintenant les immenses étendues du grand plateau tibétain. Des crêtes marron, chaotiques et désolées, comme taillées par un laboureur fou, hérissent l'espace au-dessous de nous.

La formation du haut plateau tibétain est un phénomène unique. Tout a commencé il y a quelque soixante millions d'années. A cette époque, les continents étaient des fragments répartis sur le globe, à peine détachés des deux grands continents primitifs, la Laurasie et le Gondwana. Pour des raisons encore mal connues et qui relèvent de la tectonique des plaques, le plateau indien, ou continent, en se déplaçant vers le nord sous la mer de Thétys, entra en collision avec le continent asiatique. Bien entendu, la collision ne fut pas soudaine, mais il y eut tout de même un choc terrifiant, et le plateau indien se glissa sous le plateau asiatique et le souleva. Centimètre par centimètre, le grand plateau tibétain finit par atteindre son altitude actuelle de 4 500 mètres (en certains endroits, il gagne encore 8 centimètres par an). La croûte terrestre située sous ce plateau, explorée et étudiée à partir de 1980 par des expéditions franco-chinoises annuelles, pluridisciplinaires, s'est révélée épaisse de près de 80 kilomètres au lieu des 35 kilomètres de la croûte terrestre partout ailleurs.

Le plateau n'a atteint sa présente altitude qu'il y a environ 2 millions d'années, ce qui n'est pas très ancien à l'échelle de la formation du globe. Des animaux le peuplaient déjà, et avant que le plateau n'atteigne ces hauteurs, les fossiles découverts prouvent qu'il jouissait d'un climat assez agréable. Ces hautes terres du Tibet, les plus élevées et les plus vastes du monde, forment une sorte de continent distinct au cœur de l'Asie, avec sa faune, sa flore et son climat particuliers. Le plateau serait sans doute couvert de glaciers et de neige s'il n'y avait pas l'Himalaya. En effet, cette chaîne, qui marque la ligne où les deux continents sont entrés en collision, empêche la mousson indienne de retomber en neige sur le Tibet. Sans l'Himalaya, les hauts plateaux ne seraient qu'une immense couronne de glace, alors qu'ils sont un désert froid et sec, où la neige, la grêle et la pluie ne tombent en averse que pendant la courte saison d'été, quand les précipitations sont activées par les rayons brûlants du soleil de haute montagne. Comme le plateau est plat, les eaux forment d'innombrables lacs, marais et fondrières presque impossibles à traverser l'été, saison des hautes eaux. Aussi la meilleure période pour le parcourir est-elle le long hiver de huit mois, quand lacs et fleuves sont recouverts de glace et que marécages et fondrières sont à sec ou gelés. Mais il y a un hic. Si on y va l'hiver, comme l'infortuné Dutreuil de Rhins, il est impossible de découvrir des sources sous le manteau de glace et de neige. La seule solution logique au problème – ou du moins nous l'espérons – est d'y aller à la fin de l'été, juste avant l'hiver. C'est la raison pour laquelle nous atterrissons à Xining le 7 septembre 1994.

Des soldats en kaki, mêlés à de lugubres fonctionnaires en bleu, emplissent le petit aéroport moderne, récemment ouvert aux civils, car le Qinghai est toujours une colonie pénale pour les condamnés de toute la Chine. A partir de 1955, les autorités chinoises y ont déporté environ 3 millions de personnes, la plupart pour des raisons politiques, au titre de la « rééducation par le travail ».

Tandis que nous attendons notre montagne de bagages, j'ai le plaisir de repérer dans la foule Wan Tsung-yi, le jeune homme qui m'a servi de guide au Tibet l'année précédente, quand, en compagnie de Caroline Puel, une diplomate, grande experte en chevaux chinois, nous avons passé sept semaines à explorer, à cheval et en jeep, les zones les plus reculées du sud-ouest du Qinghai. C'est à l'occasion de ce voyage que j'ai entamé la préparation de notre actuel assaut contre la source du Mékong. Wang s'était révélé un guide enthousiaste et très utile, et bien qu'il m'eût avoué appartenir à la Sécurité publique, la police politique, qui entendait bien nous tenir à l'œil, j'ai l'espoir qu'il pourra nous accompagner cette fois encore. Aimant rire et toujours prêt à boire un verre, Wang est au moins un bon compagnon.

Une fois nos quinze sacs de voyage chargés sur deux 4 × 4 Mitsubishi qui attendent, Wang nous annonce qu'il n'est pas du voyage et nous désigne un petit homme au format écolier, les cheveux luisants de brillantine, qu'il nous présente comme M. Ling Haitao. Ce sera lui notre « guide » policier. « Je vous souhaite la bienvenue, monsieur Psl », dit le jeune M. Ling (en anglais). « Nous ferons tout ce que nous pourrons pour que ce voyage vous laisse un souvenir agréable. N'hésitez pas à me faire part de tout ce dont vous avez besoin. » D'emblée, M. Ling me déplaît. Son caractère despotique et son manque d'humour confirmeront mes premières impressions. Il faut l'avouer : notre petit groupe était décontracté et loin d'obéir à la rigide discipline qui aurait fait plaisir à M. Ling

La vérité m'oblige à dire que je déteste le sport, que je range avec la danse disco parmi les dépenses d'énergie inutiles et les maux non nécessaires. Quand il m'arrive d'aller dans une boîte de nuit ou de pratiquer un sport, comme le polo, c'est toujours avec un sentiment de culpabilité, comme si toute cette énergie ne serait pas mieux employée à chevaucher pour de vrai quelque part à la recherche de l'inconnu.

Ling est un jeune communiste tristement moderne et étroit d'esprit, sans rien de l'humour sauvage des Gardes rouges ni de l'intelligence des soldats de la Longue Marche. Toute manifestation d'humour est pour lui une insulte. A ses yeux, nous sommes des gens qui veulent s'enfoncer en territoire ennemi, car tous les Tibétains, selon lui, sont des adversaires de la Chine, et notre expédition, nous déclare-t-il, est « vraiment dangereuse ».

En un sens, il n'a pas tort.

Si les caractéristiques géographiques et climatiques des hauts plateaux tibétains opposent des contraintes aux voyageurs, elles ne sont rien en comparaison des obstacles politiques. Selon de récentes découvertes archéologiques, les hauts plateaux tibétains sont habités par des nomades depuis l'Âge de pierre. Leur vie d'aujourd'hui ne présente que peu de différences avec ce qu'elle était il y a des milliers d'années, à ceci près que leurs outils primitifs en pierre ont été remplacés par des outils modernes en métal. Ces nomades sont toujours divisés en centaines de tribus, chacune ayant un territoire soigneusement délimité. Comme tous les éleveurs du monde, ces nomades sont obsédés par leurs droits territoriaux et se méfient à l'extrême de tout étranger, fût-il un voisin. Pour eux, un étranger ne peut être qu'un voleur de bétail, et il ne fait pas bon s'aventurer dans les pâturages de la tribu voisine sans une permission spéciale de son chef – permission presque impossible à obtenir sans avoir d'abord risqué sa vie en pénétrant chez ledit voisin.

Dès l'âge de vingt-deux ans, j'ai découvert que le monde savait très peu de chose sur le Tibet, hormis ce qu'on avait appris sur ses moines et leur religion, qui a toujours constitué une sorte d'écran dissimulant la vie du peuple. Même aujourd'hui, quand on évoque ce pays, c'est toujours à propos du Dalaï-Lama et du bouddhisme lamaïste. Le vrai Tibet, avec ses gens ordinaires, est resté inaccessible. Dès que j'ai commencé à m'intéresser au Tibet, je me suis passionné pour les tribus guerrières du Kham. A mes yeux, elles rassemblaient les derniers hommes libres de la planète.

Les années passant, j'ai appris comment ils s'étaient opposés aux communistes chinois, obligeant le Dalaï-Lama lui-même à se joindre à leur lutte.

Mon professeur de civilisation tibétaine à Paris, Rolf Stein, avait passé de nombreuses années à étudier dans les manuscrits anciens les noms de ces tribus, qu'il était allé voir à Tatsienlu, la porte orientale du Tibet par laquelle on accède au Kham. Les anciennes chroniques chinoises appelaient ces hommes « Kiang », sans s'attarder sur la diversité de leurs origines. Ces nomades belliqueux avaient constamment harcelé les Chinois et souvent envahi la Chine elle-même ; la dernière fois c'était en 1929. « Sauvages et habitués à vivre de rapines », telle était l'étiquette infamante que leur donnaient des explorateurs européens, comme Pierre Migot, qui s'était retrouvé en caleçon au sommet d'un col, tous ses vêtements ayant été volés par des nomades du coin. Les dalaï-lamas eux-mêmes voyaient avec méfiance ces tribus farouchement indépendantes. Cela dit, l'actuel Dalaï-Lama est lui-même originaire de l'Amdo, territoire qui abrite, entre autres, la tribu la plus féroce de toutes, les Goloks, même si Sa Sainteté est originaire de la partie la plus septentrionale de l'Amdo, près de Xining, une région d'agriculture et non d'élevage.

Xining, la capitale de l'Amdo/Qinghai, est située à 2 400 mètres d'altitude, au sud de la route de la Soie et à l'est du Koko Nor, la plus vaste mer intérieure de l'Asie orientale, un immense lac turquoise d'eau salée grand comme la moitié de la Corse. La ville a toujours été un important carrefour caravanier, au croisement des pistes qui relient la route de la Soie au Tibet et à Chengdu, la capitale du Sichuan, la province la plus peuplée de la Chine. L'Occident a entendu parler pour la première fois de Xining par Marco Polo, qui la nomme Sin-ju, et, malgré son importance, elle a été par la suite oubliée des Occidentaux durant des siècles. Nous devons la première bonne description de Xining à un diplomate américain, William Woodville Rockhill, l'un des rares explorateurs occidentaux à parler le chinois et le tibétain. Il avait entrepris son voyage en 1888, avec l'idée d'aller à Lhassa par le nord, chemin emprunté avant lui par deux missionnaires français, les pères Huc et Gabet, qui avaient fait l'aller-retour Pékin-Lhassa en 1846. Le récit qu'ils avaient laissé de leur voyage était si frais, si dénué de prétention, si vivant, qu'il ridiculisait la pompeuse prose des explorateurs ultérieurs, comme le Russe Przewalski, qui, piqué dans son orgueil, avait essayé de nier que les deux innocents missionnaires aient réussi là où lui-même avait échoué trente-cinq ans plus tard. Przewalski a donné son nom imprononçable au cheval sauvage d'Asie centrale, mais sa tentative de discréditer les deux missionnaires français finit par ternir sa réputation. Ce fameux cheval de Przewalski avait été identifié avant lui par le médecin écossais John Bell, qui avait exploré l'Asie centrale de 1719 à 1722 pour le compte de Pierre le Grand, mais le géographe russe aura été le premier à revenir avec des spécimens. Ce cheval a aujourd'hui disparu de son ancien habitat naturel, mais prospère encore dans des zoos et des élevages spécialisés un peu partout dans le monde.

Rockhill n'eut pas plus de chance que Przewalski, mais s'il n'atteignit pas Lhassa, son récit, moins ampoulé que celui du Russe, est la première description bien informée des tribus du Tibet oriental.

Nous venons de quitter l'agitation de l'aéroport, et la voiture entre dans Xining. Impossible d'oublier qu'en 1939, dans le proche village de Tagster, vivait un marchand de chevaux à qui ses fils apporteraient une gloire et une satisfaction paternelle inimaginables. Son aîné avait été identifié comme étant la réincarnation de l'abbé du plus fameux monastère de la région, Kumbum, celui des cent mille images du Bouddha, et le lieu de naissance de Tsong Khapa, le grand réformateur du bouddhisme tibétain et fondateur de l'ordre Gelugpa, à « Bonnet jaune », celui du Dalaï-Lama. La famille partit alors s'installer à une vingtaine de kilomètres de Xining dans les grands bâtiments du monastère.

En 1928, Xining devint la capitale d'une province encore largement fictive de la Chine, baptisée Qinghai, dont le gouverneur, autoproclamé, était un « seigneur de la guerre » chinois, de confession musulmane, Ma Pu-feng. En fait, il ne contrôlait que le nord du Qinghai, car il était constamment en guerre avec les nomades du sud, surtout avec les redoutables Goloks et les habitants d'un mystérieux royaume appelé Nangchen, dont l'existence avait échappé à l'attention de presque tous les explorateurs. C'était le plus éloigné, le plus grand et le plus secret de tous les petits royaumes des redoutables Khambas, et les cartographes chinois l'avaient incorporé d'autorité au Qinghai chinois. Selon mes cartes, la source du Mékong devait se trouver quelque part dans le Nangchen.

Plusieurs années après la mort du grand treizième Dalaï-Lama, en 1933, l'oracle d'Etat du Tibet ordonna qu'une délégation de moines fût envoyée dans le nord-est du pays à la recherche de son successeur. Aussi stupéfiant que cela puisse paraître, ce fut dans la famille du même marchand de chevaux de Tagster que, en 1938, ils découvrirent à des signes secrets la quatorzième réincarnation du Dalaï-Lama, l'actuel chef spirituel du Tibet, en exil à Dharamsala, en Inde. En 1939, Ma Pu-feng exigea cent mille dollars d'argent chinois pour autoriser le nouveau Dalaï-Lama à gagner Lhassa. Mais à peine eut-il reçu cette somme du gouvernement tibétain, qu'il réclama trois cent mille dollars de plus pour laisser partir le jeune dieu-roi.

Tandis que la voiture roule dans la moderne ville chinoise de Xining, je cherche en vain un visage tibétain. La Xining moderne compte 900 000 habitants, presque tous des Chinois, et la pollution y est très forte en raison de la fumée dégagée par les centaines d'usines, dont la plupart, pense-t-on, emploient des prisonniers politiques.

Nous sommes désormais les hôtes de la Société d'alpinisme du Qinghai, la QMA. Dans les pays communistes, rien ne peut se faire sans passer par une organisation gouvernementale. J'en ai fait l'expérience en Union soviétique lors de mon voyage de Riga à Odessa sur une barque viking : j'avais dû prendre comme chaperon la Fondation soviétique pour la paix. En Chine, j'ai choisi cet obscur club alpin, le même qui, en 1993, m'avait permis d'explorer le sud de la province à la recherche de chevaux. La QMA est toujours prête à m'assister (contre espèces sonnantes) en m'accordant l'autorisation officielle de m'enfoncer encore plus avant dans les territoires interdits des nomades du sud à la recherche de la source du Mékong. Aucun de ses membres pourtant n'a jamais mis les pieds dans ces régions éloignées, à l'exception de ce M. Wang que j'ai emmené avec moi l'année précédente. Mais cette fois, malheureusement, il ne sera pas du voyage.

On nous loge dans un hôtel moderne de vingt étages, le gratte-ciel local, où nous nous accordons une petite sieste avant de trier nos bagages. Je regrette l'absence de M. Wang, car M. Ling sera d'un faible secours ; il suffit de l'entendre pour s'en apercevoir : il nous traite comme un groupe de touristes en quête d'agréables vacances. Le fait qu'il emporte avec lui trois caisses de Pepsi pour toutes provisions, et qu'il n'a ni tente ni vêtements adaptés au climat montre clairement qu'il n'a pas très bien compris dans quoi il s'embarque.

Tout cela est bien préoccupant, mais moins que ce que vient nous annoncer M. Wang : « Il y a dix jours, un groupe de Japonais est parti pour la source du Mékong avec des gens de l'Académie des sciences chinoise. » La nouvelle me chavire. J'ai beau me flatter de dédaigner les records, je n'ai pas organisé tout ça pour arriver second. En m'endormant, j'ai la vision de notre petite caravane, épuisée, n'atteignant son objectif que pour y découvrir un imposant groupe de savants chinois et japonais en train de sabler le champagne. Image intolérable qu'il faut à tout prix me sortir de la tête.

Nous avons donc deux équipes rivales à affronter : celle de mes compatriotes français, attendue huit jours plus tard, et celle des savants asiatiques. Pour me réconforter, je ne cesse de me répéter qu'après tout je suis surtout venu pour les chevaux et explorer le mystérieux royaume du Nangchen. Mes recherches de l'année précédente m'ayant convaincu qu'il s'agit du dernier royaume tibétain réellement inexploré.

J'ai toujours eu une affection particulière pour les royaumes perdus, au point qu'une bonne part de ma petite réputation d'explorateur vient de ce que j'ai été le premier Européen à pénétrer dans le royaume du Mustang, au Népal. C'était il y a trente ans environ, en 1964 ; j'avais entrepris de traverser seul l'Himalaya par la profonde gorge de la Kali Gandaki à la recherche de la ville fortifiée de Lo Mantang. Des milliers de guérilleros khambas, qui avaient fui le Tibet et traversé le Népal, s'étaient réfugiés au Mustang pour en faire leur nouveau quartier général, d'où ils repassaient périodiquement au Tibet pour attaquer les convois chinois sur la route de Lhassa. Le Tibet était alors complètement fermé aux étrangers, et comme la CIA aidait secrètement les maquis khambas du Mustang, l'accès au petit royaume était lui aussi interdit. Mon titre de gloire avait été de découvrir que Lo Mantang était en fait la capitale d'un petit royaume appelé Lo, ou Mustang, qui avait été indépendant durant près de cinq siècles. Il était si éloigné de tout et si inaccessible que l'existence de ce royaume indépendant avait échappé même aux plus éminents experts du Tibet.

Comparé au Mustang, le Nangchen est immense ; il couvre le tiers sud du Qinghai. Si notre quête des sources du Mékong se révèle un échec, je me dis qu'un voyage d'étude au Nangchen sera une solution de remplacement satisfaisante.

« Nous voudrions partir demain matin », dis-je à M. Ling, que notre hâte semble beaucoup troubler. « Comme vous voudrez, monsieur Psl, mais il faut d'abord aller à la banque et nous payer », répond-il.

Je ne saurai jamais où est vraiment allé l'argent que j'ai versé à la Société d'alpinisme du Qinghai pour la seconde année consécutive. Mais j'ai payé le prix fort pour les deux 4 × 4, le carburant, les chauffeurs et les maigres provisions fournies par la QMA.

3

Une « solution finale » ?

Dans notre chambre du douzième étage, dominant les bâtiments grisâtres de Xining, nous nous plongeons dans les cartes. La plus détaillée est celle au 1 500 000e du sud Qinghai, établie par satellite, bonne pour la topographie mais chiche en noms de lieux. Vient ensuite une carte au 1 000 000e, également peu précise, utilisée par les pilotes, la ONC G-8, qui présente une étrange tache blanche carrée avec la mention « Données sur le relief incomplètes », suivie de cette amusante notation : « L'altitude maximum ne devrait pas dépasser 3 300 mètres. » Cet espace blanc est proche de l'endroit où nous comptons aller, et nous savons que toute la région est au-dessus de 3 900 mètres. Plus étrange encore, la carte est émaillée de petits carrés noirs marqués « camps de nomades », comme si des pilotes perdus pouvaient s'aider, pour se repérer, de tentes de nomades, par définition mouvantes. On peut d'ailleurs se demander s'il y a beaucoup de monde dans le ciel, car une autre note précise : « Tout avion pénétrant dans les espaces aériens interdits peut être abattu sans avertissement. »

Malgré ces quelques détails, la carte se révélera utile, car elle donne une idée assez précise de la topographie. Sauf sur la source du Mékong : le cours supérieur du fleuve se perd en pointillés bleus dans toutes les directions. Mes autres cartes sont moins précises, mais plus riches en noms, bien qu'ils soient presque toujours différents d'une carte à l'autre.

« Avez-vous de bonnes cartes de la région ? » dis-je à M. Ling, sachant pertinemment qu'il n'en est rien. Les Chinois sont avares de cartes des hauts plateaux tibétains, et du Qinghai en particulier, parce que c'est là qu'ils ont installé leurs principales bases de lancement et stations de guidage de leurs satellites de communication, et très probablement aussi les silos de leurs missiles nucléaires. On murmure que le Qinghai abriterait aussi certains essais atomiques, mais les autorités assurent qu'ils ont tous lieu dans le désert de Lop Nor, situé dans le territoire voisin du Xinjiang.

En un sens, la cartographie est le grand enjeu de notre expédition. Il semble que toutes les cartes du monde tiennent pour acquis que la source du Mékong est là où Dutreuil de Rhins l'aurait trouvée, en dépit de toutes les infirmations ultérieures. Il nous appartiendra de dresser une nouvelle carte de la zone, définitive cette fois. Aussi sommes-nous équipés d'un Global Position System (GPS), Magellan 5000, relié par une antenne à l'un ou l'autre des vingt et un satellites géostationnaires entourant le globe, et auquel il ne faut que quelques miraculeuses secondes pour calculer la longitude, la latitude, et même l'altitude.

Autant cette technologie moderne sera sans prix pour tracer notre carte, autant elle sera inutile pour trouver notre chemin. Les explorateurs du Tibet n'ont eu en général aucune difficulté à s'orienter, parce qu'ils suivaient les pistes caravanières, dont les étapes ont toujours été bien connues. Rares étaient ceux qui osaient s'écarter de ces routes. Il y a trois ans, un des membres de la Société d'alpinisme du Qinghai est allé faire un tour seul hors de son campement et personne ne l'a jamais revu. « On n'a jamais retrouvé son corps », répond sèchement M. Ling à mes questions sur cette tragédie.

L'un des meilleurs services cartographiques du monde se trouve dans les bâtiments de brique de la vénérable Royal Geographical Society, ce temple de l'exploration, à Kensington Gore, au cœur de Londres. Je l'ai contacté lors de la préparation du voyage, et un M. Collins m'avait promis de faire des recherches pour voir si je ne me trompais pas et si quelqu'un n'aurait pas déjà identifié la source du Mékong. Trois jours plus tard, j'ai reçu cette réponse sans équivoque qui confirmait ma propre enquête : « Rien n'indique que la source ait été localisée avec précision. »

Xining est à 2 400 mètres au-dessus du niveau de la mer, ce qui est à peu près l'altitude de Mexico. Mais pour nous qui arrivons de Pékin, qui serait situé à 8 mètres *au-dessous*, le changement d'altitude est épuisant. Après que Sebastian m'a aidé à descendre la première des deux bouteilles de whisky emportées en prévision des coups durs, j'essaie de m'endormir. En vain : j'ai le cerveau en feu à l'idée de ce qui nous attend, et je me demande, une fois de plus, comment j'ai pu m'embarquer dans cette nouvelle aventure.

On dirait qu'il y a deux personnes en moi : l'une est un être rationnel, l'autre un démon malicieux. Je suppose que tout le monde est dans le même cas, mais que chez la plupart des êtres, quand ils grandissent, le démon disparaît, laissant aux commandes l'adulte raisonnable. Chez moi, en dépit de mes cheveux blancs, j'ai parfois l'impression que le démon est toujours à la barre. C'est trop tard pour avoir des regrets : nous partons pour l'inconnu, au cœur non cartographié du territoire le plus éloigné et le plus interdit d'accès du Tibet. Dans la griserie de mes pensées, j'appelle les plus grandes catastrophes, la mort de mes compagnons, qui me feraient revenir en héros. Je battrai les Chinois et les Japonais dans la course au Mékong, quoi qu'il arrive. Là-dessus, je finis par trouver le sommeil.

Au réveil, la fatigue du changement d'altitude commence à s'atténuer mais j'halète encore, courbé en deux, les poumons sifflant, pour enfiler les courtes bottes qui vont être mes seules chaussures pendant tout le voyage. Je me rase et remplis soigneusement le sac de voyage noir qui contiendra désormais mon petit univers : vêtements de rechange, pellicules, carnets, cartes, et les quelques photographies qui, là-bas, loin de tout, me rappelleront qu'au-delà de ces horizons dentelés j'ai des enfants, ma seule bonne raison de vouloir rentrer.

Les bagages sont la dimension cauchemardesque de toute expédition. Tous les soirs, alors qu'on est épuisé, il faut les défaire, et chaque matin, dans le froid glacial, les refaire. Comme les sacs rétrécissent la nuit, ce qui tenait dedans la veille n'y entre plus au matin. Quant aux sacs de couchage, ils ne font que grossir. Malheureusement, en République populaire de Chine, je ne pourrai pas avoir recours aux sherpas formés à l'anglaise qui m'avaient assisté lors de ma première expédition dans l'Himalaya, en 1959. J'avais vingt-deux ans, j'étais encore démocrate, et, les premiers temps, je supportais mal leur habitude de me baiser les pieds le matin et d'insister pour lacer eux-mêmes mes chaussures. Mais toute tentative de les en empêcher eût été une offense. Ici, pas question de me faire aider par mes guides. Ling ne baiserait certainement les pieds de personne, *a fortiori* porter un sac. Je descends dans le hall en traînant mes bagages, et j'y retrouve mes compagnons, ainsi que les deux chauffeurs et le jeune cuisinier.

Après un rapide petit déjeuner chinois (omelette froide et boulettes spongieuses, sans sel), nous nous pointons à la banque à 9 heures précises, où nous sommes contraints de nous séparer d'une grosse partie de nos dollars au cas où nous ne reviendrions pas vivants pour payer à nouveau. En échange, on me donne un reçu en papier de riz, rédigé en chinois, qui se désintégrera très vite.

Nous sommes presque prêts, mais j'ai encore à acheter une pelote de ficelle (introuvable chez les nomades), des lames de rasoir, du papier à dessin, des bonbons et autres babioles. Mais toutes les boutiques sont fermées et nous sommes contraints de partir sans ces articles indispensables.

La circulation dans les rues de Xining ressemble beaucoup à celle de Pékin : partout les mêmes policiers debout sur les mêmes piédestaux à bandes rouges et blanches, réglant le même écoulement de jeeps kaki, de bus rouge et blanc, de camions bleus, leur numéro d'immatriculation imprimé au pochoir sur la porte arrière. Partout se glissent des bicyclettes, des pousse-pousse et, à l'occasion, une charrette tirée par un cheval où s'entassent des montagnes de choux chinois. Des deux côtés de la rue, des échoppes couronnées d'idéogrammes proclament le métier du tenancier. C'est reposant de ne pas savoir lire ces signes folâtres comme une ronde d'enfants. Je me demande si les analphabètes ne sont pas les gens les plus heureux du monde moderne, imperméables qu'ils sont aux assauts incessants de la propagande commerciale et politique, et à ces agressions policières que sont les panneaux « Stop », « Ralentir », « Sens interdit », « Cul-de-sac », « Danger ». Les indéchiffrables caractères chinois, élégants et privés de sens à mes yeux ignorants, seront peut-être la perte de la Chine : il faut huit à dix ans pour apprendre à lire un journal, ce qui fait que les Chinois sont largement analphabètes, à la différence des Tibétains qu'ils méprisent, et qui ont la bonne fortune d'avoir un alphabet phonétique de vingt-neuf lettres, avec une voyelle (A) et quatre voyelles notées par des accents, qui se combinent avec les consonnes. Un jeune Tibétain intelligent n'a besoin que de trois ans d'apprentissage pour lire un texte élémentaire, si bien que presque tout le monde au Tibet connaît son *ka kha ga nga*, l'ABC local.

Le Tibet doit son alphabet à son premier souverain non légendaire, le célèbre Songtsen Gampo, monté sur le trône en 634 de notre ère, à l'âge de treize ans. Alors qu'il n'était encore qu'un adolescent, deux fois plus jeune qu'Alexandre le Grand, il leva une immense force de cavalerie dans les tribus nomades en distribuant étendards et décorations : très vite, des dizaines de milliers de Tibétains lui prêtèrent serment de fidélité. Avec l'aide de son Premier ministre, Tongsten de Gar, il envoya ses troupes montées à la conquête du monde connu, c'est-à-dire de tous les pays voisins : Mongolie, Chine, Bengale, Inde du Nord, Népal, Baltistan (Bolor), les quatre garnisons du Turkestan chinois et l'illustre Samarcande. A toutes ses possessions, il imposa la langue tibétaine, et envoya des savants en Inde pour s'y procurer un alphabet adapté à la phonétique tibétaine (dérivé de l'alphabet sanskrit), qu'il introduisit dans ses États.

Menaçant d'attaquer la Chine, et bien qu'il fût déjà marié à une princesse népalaise, il demanda au Fils du Ciel la main d'une princesse impériale. Pour amadouer ce voisin encombrant et agressif, les Chinois lui accordèrent la princesse Wen-tch'eng. Des chansons populaires chinoises rappellent encore aujourd'hui les épreuves et les chagrins de la belle princesse, contrainte de quitter la Chine pour un pays barbare. Côté tibétain, l'affaire est racontée sous des couleurs moins sombres : loin d'être les barbares que les Chinois pensaient, le souverain tibétain et sa cour, installés dans la vallée de Yarlung (au sud-est de Lhassa), vivaient entourés de savants hindous, chinois et persans. Leurs orfèvres, célèbres dans toute l'Asie, leur fabriquaient des vases raffinés, des joyaux et autres objets de grand luxe. Si l'on en juge par la taille et la somptuosité des tombeaux des premiers souverains tibétains, avec leur chambre intérieure recouverte d'or et leurs « morts vivants » (les domestiques du roi décédé), leurs palais devaient être fabuleux.

D'après l'un de ces récits, la princesse mit deux ans à atteindre Yarlung. En chemin, elle coucha avec Tongsten de Gar, le Premier ministre, et eut de lui un fils, qui ne vécut pas. A son arrivée à Yarlung, elle fut néanmoins acceptée comme épouse par le souverain tibétain. Plus tard, il entreprit de convertir le Tibet au bouddhisme, religion de ses deux épouses. Des lettrés furent envoyés de nouveau en Inde, cette fois pour inciter des moines bouddhistes à venir s'installer au Tibet. Au lieu-dit Ra-sa, « la Terre de la chèvre », un monastère fut édifié par des artisans népalais ; le site fut ensuite rebaptisé Lhassa, « la Terre des dieux ». Ce sanctuaire initial est aujourd'hui le célèbre Jokhang, la cathédrale de Lhassa, au cœur de la ville sainte.

Tout cela pour dire que l'antagonisme entre le Tibet et la Chine remonte aux temps les plus anciens. Pendant quatorze siècles, les deux pays ont vécu côte à côte, tantôt ennemis mortels, tantôt simples rivaux, et même, de temps en temps, pacifiques partenaires commerciaux. Mais il suffit d'écouter Ling pour vérifier que l'époque actuelle est à la haine. A ses yeux, les Tibétains sont des gens ignorants et malfaisants. Pour les Tibétains, les Chinois, surtout les communistes, sont des païens endurcis et arrogants.

Quittant Xining, nous longeons les immenses murs de brique, couronnés de barbelés, d'innombrables « usines pénitentiaires », chacune flanquée d'un mirador avec des gardes. Une voie de chemin de fer longe la route, celle du fameux Transtibétain, dont l'entreprise a été célébrée comme un des grands exploits de la pensée de Mao. La ligne devait rejoindre Lhassa, mais il fallut l'arrêter à mi-chemin, à Golmud, au beau milieu de la partie la plus désertique du Qinghai occidental. Des experts du monde entier furent convoqués pour trouver le moyen de poursuivre la construction de la voie dans les montagnes, à travers des tunnels. Mais comme les massifs montagneux de cette partie du Tibet sont composés d'un mélange de terre, de schiste et de glace qui fond quand il est exposé à l'air, leur verdict fut qu'il était impossible d'y creuser. C'est ainsi que Golmud, à l'origine un simple arrêt sur la ligne, en est resté le terminus, à quelque 1 100 kilomètres de Lhassa.

La voie sert néanmoins à drainer vers les usines de Xining les métaux et minerais rares qui abondent sur le plateau tibétain. Pendant des siècles, le Tibet a été célèbre pour ses sables aurifères, mais, de nos jours, ce sont le lithium, l'antimoine et autres métaux rares qui rapportent le plus. Il y reste néanmoins beaucoup de métal jaune, et la dernière ruée vers l'or a commencé en 1980 : à chaque printemps, près de 80 000 Chinois, surtout de la région de Xining, s'embarquent sur leurs motoculteurs à deux roues tirant des chariots de même essieu chargés de leur équipement d'orpailleurs, en direction des sources du Yang-tsé, où les sables aurifères abondent.

Au printemps de 1993, sur cette route où nous roulons aujourd'hui, j'ai rencontré des milliers de ces chercheurs d'or haletant sur le grand plateau glacial à la recherche de la fortune. Le gouvernement est incapable d'arrêter ou de contrôler cette ruée, car la fièvre de l'or, en Chine, est une maladie très ancienne, presque une institution. Bien plus qu'aucun autre peuple européen ou asiatique, les Chinois sont obsédés par l'appât du gain. Comme les Américains du Nord, ils ont un grand esprit d'entreprise et sont toujours prêts à faire un yuan et, s'ils le peuvent, un dollar. En quoi ils diffèrent totalement des Tibétains, qui méprisent le petit commerce et ont tenu à conserver leur société de guerriers paysans, proche de celle qu'a pu connaître l'Europe au Moyen Age.

Autour de nous, les chapeaux coniques des paysans émaillent les champs, soigneusement délimités et bordés de peupliers : difficile de croire qu'on se trouve en territoire tibétain et que la langue tibétaine est encore la langue officielle de cette province chinoise (ce qui implique que chaque indication en chinois soit aussi transcrite en écriture tibétaine). Ce que nous avons sous les yeux, c'est en quelque sorte la « solution finale » que les Chinois ont trouvée au problème tibétain : l'introduction massive de colons chinois, propre à submerger les indigènes, plan qui a parfaitement réussi dans cette partie de l'Amdo, où les Tibétains ne sont plus qu'une petite minorité sur leur propre territoire. Notre guide de voyage le dit crûment : « La province de Qinghai est une sorte de Sibérie chinoise où sont incarcérés criminels de droit commun et prisonniers politiques. »

A moins de 40 kilomètres de Xining, les arbres commencent à s'espacer, et nous quittons la route principale longeant la voie ferrée pour amorcer notre ascension vers le plateau. Quelques kilomètres plus loin, tout arbre a disparu et avec eux les champs d'orge, et il faut enclencher la première pour poursuivre notre ascension dans les collines herbeuses. Lentement, nous arrivons jusqu'au col Soleil et Lune, au rebord septentrional du grand plateau tibétain. Le col est à 3 800 mètres d'altitude, et notre respiration s'en ressent. Nous nous arrêtons et branchons le GPS pour la première fois depuis que nous sommes en Chine. Il faut quelque temps à la machine pour localiser les satellites et faire ses calculs préliminaires.

C'est ici, explique Ling, que la princesse chinoise a versé ses premiers torrents de larmes en partant épouser le roi du Tibet. Et nous voilà régalés d'une version ultrachinoise de la façon dont les barbares tibétains avaient enlevé cette belle dame et de ses pleurs tout au long du trajet vers Lhassa en compagnie du Premier ministre (qui l'avait pourtant aidée à supporter le voyage...). Le paysage, devant nous, il faut l'avouer, est angoissant : aussi loin qu'on puisse voir – très loin dans les hauteurs étincelantes – s'étend une succession de chaînes montagneuses liées par des étendues apparemment sans fin d'herbe rare, entrecoupées çà et là de dunes de sable.

Dans cette région, le chameau était jadis le moyen de transport le plus commun, et celui des pères Huc et Gabet, ainsi que de Przewalski et Rockhill après eux. Nos engins mécaniques sont moins romantiques, sans doute, mais, grâce à eux, nous pouvons espérer pénétrer plus profondément qu'ils n'avaient pu le faire les territoires inconnus.

Debout, face à ce que certains voyageurs ont décrit comme un « vide terrifiant », je me tourne vers Jacques et Sebastian, curieux de leur réaction. « Eh bien, c'est ici que ça commence », dit Sebastian, laconique. Jacques, lui, s'est mis à filmer. J'ignorerai donc l'impression que le haut plateau fait sur lui ; quant à moi, je suis ravi d'être enfin de retour au Tibet. Très vite, je rappelle à M. Ling que, désormais, c'est moi qui parle la langue du pays.

Nous sommes en train de prendre nos repères quand, sur une crête voisine, un homme à cheval apparaît, enveloppé dans une peau de mouton. Derrière lui, on distingue la lourde masse noire d'une dizaine de yaks. Nous venons d'entrer dans un monde nouveau.

Quand j'étais petit, je ne comprenais pas pourquoi tout le monde n'habitait pas les plages ensoleillées des îles tropicales, ni pourquoi les Esquimaux n'étaient pas tous descendus en Floride. J'ai enfin fini par comprendre que la beauté a moins à faire avec l'apparence qu'avec l'amour. Et l'amour est une question de temps : l'âpre aridité du Tibet m'était devenue chère.

Pour beaucoup d'Occidentaux, le Tibet n'est qu'un petit pays exotique peuplé d'étranges moines en robe rouge, avec des sommets vertigineux et d'abominables hommes des neiges. Trop peu ont compris que le Tibet n'est pas simplement un pays mais une civilisation, dépassant les frontières géographiques du Tibet moderne pour former un vaste ensemble culturel et linguistique, une sorte de Saint-Empire tibétain. On ne saurait oublier que les Tibétains sont, avec les Latino-Américains, le seul peuple au monde qui puisse faire 3 000 kilomètres en ligne droite sans avoir à abandonner sa langue maternelle. Quatorze siècles après Songtsen Gampo, sa langue, son écriture et la religion « lamaïste » qu'il a contribué à répandre sont toujours les moyens de communication et de culte de presque tout l'espace passé sous sa domination. Peu d'empires ont eu une vie si longue, sur une si grande échelle : celui d'Alexandre n'a tenu que cinq ans, celui de Napoléon dix ans, l'Empire britannique deux siècles et l'Empire romain cinq. Concrètement, cela veut dire que désormais, à peine sorti de Xining, je rencontrerai partout la même culture jusqu'au lointain Ladakh.

Quelque part au fond de mon cœur, je me sens véritablement tibétain, comme si une force supérieure m'attachait à leur humour et à leur approche ouverte de la vie. Les Tibétains sont des gens amicaux, optimistes et aimant rire, sans rien de la vanité britannique ni de l'affectation des Chinois. Difficile de dire si cette attitude devant la vie vient de leur culture, de leur religion ou de leurs dures conditions d'existence. Ce qui est certain, comme le fait remarquer Hugh Richardson dans son *Abrégé d'histoire tibétaine*, c'est que « des voyageurs étrangers aussi différents par leur personnalité et leur visée que les pères jésuites Francisco d'Azevedo [...] et Ippolito Desideri [...], les émissaires britanniques George Bogle et Samuel Turner..., Sir Charles Bell, fonctionnaire en poste en Inde [...], tous sont d'accord pour dire que les Tibétains sont aimables, doux, honnêtes, ouverts et d'humeur joviale ».

Les historiens nous disent que cette attitude devant la vie était courante au Moyen Age, quand tout était blanc ou noir, les gens bons ou carrément méchants. La vie était plus intense, plus passionnée, en bien comme en mal, parce que l'avenir était toujours incertain. C'est le cas dans le Tibet actuel : seul l'instant compte ; il est vécu avec une intensité qu'aujourd'hui nous avons perdue.

Au Tibet, quand quelqu'un vous quitte, il peut disparaître pour toujours. Impossible de savoir où il va (pas de cartes), ni s'il reviendra (pas de téléphone), aucun moyen de le contacter (pas d'adresse et pas de courrier). Même son nom n'est pas très utile, car tous les Tibétains se partagent quelques rares prénoms (Tsering, Dawa, Nyma, etc.), et presque personne ne connaît le nom des maisons ou villages de chacun, qui seuls permettent d'identifier un individu. D'où l'intensité des relations humaines. Faute de journaux, l'information est tributaire du hasard d'une rencontre. Quand deux Tibétains se rencontrent, ils n'échangent pas seulement des courtoisies mais tout ce qu'ils savent, pour l'avoir récemment vu ou entendu : le prix de l'orge dans telle vallée, celui des yaks et des chevaux, la santé de tel ami ou parent vivant au loin... Chaque rencontre devient donc un moment important, reliant entre eux les membres d'une société dispersée sur de vastes étendues sans journaux, ni radio, télévision ou téléphone. Les Tibétains sont conscients que leur monde est très vaste. Ils s'intéressent tout aussi bien à ce qui arrive au Ladakh que dans le district tibétain de Ganan, régions situées pourtant à 2 400 kilomètres l'une de l'autre.

Ici, à l'entrée du plateau, je me sens chez moi, comme si j'étais de nouveau au Mustang, au Zanskar ou au Bhoutan. Mes souvenirs du Tibet se pressent en foule dans ma tête, et bien qu'ici les bergers aient un drôle d'accent, nous sommes immédiatement amis. Je regarde la route, qui file vers le sud comme une flèche et coupe le paysage en deux, l'ancienne voie commerciale reliant Xining au Tibet et au Sichuan. Et je comprends que la domination d'un territoire aussi vaste et aussi montagneux n'était possible qu'à un peuple de cavaliers.

Une tombe récemment découverte au bord de la mer Noire contient les squelettes de petits chevaux dont la dentition porte les traces incontestables du mors, ce qui fait remonter au moins à 6 000 ans avant Jésus-Christ la date à laquelle l'homme a domestiqué le cheval. Longtemps le cheval fut aussi important que l'avion l'est pour nous aujourd'hui.

Comme l'avion, le cheval a changé la géographie, mais aussi, à bien des titres, l'organisation politique et sociale du monde. Sa domestication a engendré un nouveau type d'homme : le cavalier, personnage d'élite. A l'exception de la Chine (exception de taille, il est vrai !), toutes les sociétés antiques étaient divisées entre ceux qui combattaient à cheval et ceux qui se battaient à pied, entre cavaliers et fantassins. Les cavaliers avaient une vision du monde plus large que les fantassins.

De nos jours, en Occident, il est curieux que le cheval et les sports équestres soient toujours un facteur de démarcation sociale. Il y a le petit cercle de ceux qui chassent à courre, et celui, plus cosmopolite, des joueurs de polo. Puis il y a ceux qui font du saut ou du dressage, ceux qui s'intéressent au trot attelé, ceux qui élèvent et font courir des pur-sang, les adeptes du cross-country, et enfin, les faux cow-boys qui, le week-end, montent sur selle mexicaine, comme dans les westerns : tous ces groupes appartiennent à des milieux distincts et souvent antagonistes.

La société tibétaine, elle, n'existerait pas sans le cheval. Chaque Tibétain a la mentalité du cavalier. Habitué à voyager, assuré d'une certaine domination sur la nature et ouvert aux idées extérieures, sa largeur d'esprit innée est proportionnelle aux vastes horizons qui s'étendent sous ses yeux depuis son âge le plus tendre. En revanche, nous qui vivons, pour la plupart, dans de grandes villes surpeuplées et congestionnées, nous nous méfions systématiquement de notre prochain, plus souvent perçu comme ennemi ou rival que comme ami. Mais dans la population clairsemée du Tibet, les relations humaines sont toutes différentes : en général, on brûle de rencontrer quelqu'un d'autre, de parler, de partager.

Je dis « en général », parce que, sur cette route du sud, nous filons bon train vers les monts Amné-Machin, territoire des Goloks, qui, plus que tout autre peuple, ont fermé l'accès à la source du Mékong. Le mot « Golok » a toujours éveillé la crainte chez les Tibétains et une affreuse terreur chez les étrangers, Chinois ou Européens, qui ont osé s'aventurer dans la partie du haut plateau qu'ils occupent.

« Je suis impatient de rencontrer un Golok », dit Sebastian, et je reconnais que j'ai moi aussi très envie de revoir ces hommes dont la réputation fait si peur. J'ai lu quelque part qu'une reine golok a eu dix-sept maris et qu'ils mangeaient de la chair humaine. Certains disent qu'ils auraient tué des milliers de Chinois nationalistes qui cherchaient à se réfugier chez eux, mais, pour d'autres, ce seraient des Chinois communistes qu'ils auraient massacrés par milliers. Plutôt que de passer en territoire golok, les caravanes préféraient faire d'énormes détours. Celles, peu nombreuses, qui osaient le traverser ne le faisaient qu'avec de puissantes escortes, comme celle qui portait chaque année à Pékin le tribut du Dalaï-Lama. Mais les Goloks étaient si bons tireurs que, pendant une certaine période, au début du XIXe siècle, on jugea plus sage de ne payer le tribut que tous les trois ans.

En juillet 1993, j'ai déjà traversé le territoire golok. Trois mois plus tôt, la presse avait annoncé que les Goloks distribuaient des tracts appelant à la libération du Tibet. L'armée fut appelée, une centaine d'entre eux furent arrêtés, mais leur esprit rebelle restait indompté.

Ces premières heures de route sur le haut plateau sont un peu tendues car nous n'avons pas encore l'habitude de notre chauffeur, un beau garçon d'une trentaine d'années, qui a l'air bien plus mûr et responsable que Ling. Ce dernier est visiblement nerveux. C'est la première fois qu'il escorte des étrangers, et il nous a confessé n'être jamais allé au sud de Xining, où il était jusque-là maître d'école. Nous le soupçonnons d'avoir échoué à l'examen de sortie de l'école des interprètes de la police, d'où venait mon précédent guide. Malgré sa peur, il est clair qu'il souhaite que notre voyage soit un succès, et il cherche sans cesse à être aimable, à ceci près qu'il semble ne rien comprendre à notre objectif. Quand je lui parle source du Mékong, c'est pour entendre cette réponse stéréotypée : « Ne vous inquiétez pas, quoi qu'il arrive ce sera un voyage agréable. Nos groupes sont toujours très satisfaits. » Je tente en vain de lui expliquer que nous ne sommes pas des touristes, que c'est mon troisième voyage au Qinghai, que je suis venu étudier les chevaux tibétains et localiser avec précision la source du Mékong. Il me regarde d'un air douloureux et me répond du ton que l'on prend avec un enfant : « Ne vous inquiétez pas, ça sera un excellent voyage. »

« Ce soir, nous couchons à Madoi », annonce-t-il. Madoi est la garnison chinoise qui contrôle le cours supérieur du fleuve Jaune, *Ma* ou *Ma-chu* en tibétain. Le fleuve Jaune (*Hwang-ho* en mandarin) est le second fleuve de la Chine, après le Yang-tsé, et son immense bassin est le berceau de la civilisation chinoise. Comme le Nil, ses crues annuelles irriguent des millions d'hectares, ce qui en fait un symbole de vie pour les Chinois. Depuis des temps très anciens, sa source a été l'objet d'une vénération particulière de la part des empereurs de Chine. Son emplacement exact n'était cependant pas connu. Les plus anciennes cartes de la Chine, tracées par les astronomes et mathématiciens jésuites venus de France au XVIIIe siècle, situaient cette source dans les lacs Toring et Oring, ce qui a été contesté par la suite, car ces deux lacs sont salés.

Il semble que la source du fleuve Jaune soit effectivement dans les marais appelés « plaine des Etoiles », où chaque année, au nom de l'empereur de Chine, un cheval blanc et sept moutons blancs étaient sacrifiés à la septième lune, événement annoncé ainsi dans la *Gazette de Pékin* : « Le culte de la source du fleuve Jaune à Odontala et aux deux montagnes couronnées de neige d'Alang-Nor et Amné-Machin a été accompli selon les formes prescrites... » Malheureusement, si on en croit l'explorateur américain Rockhill, l'argent du sacrifice finissait le plus souvent dans les poches de fonctionnaires corrompus qui l'utilisaient à leurs fins propres. La source du Mékong était-elle aussi l'objet d'un culte ?

Je sais que Madoi, la ville que nous sommes censés atteindre ce soir, est située de l'autre côté des monts Amné-Machin, foyer des Goloks, et il me semble bien improbable que nous puissions l'atteindre en un jour.

Après quelques heures de route sur le haut plateau, nous nous arrêtons pour déjeuner à Gonghé, une oasis aux champs verdoyants bordés de peupliers. Ici aussi la population semble surtout chinoise, mais je repère dans la foule quelques Tibétains en robe lie-de-vin, accompagnés de femmes qui exhibent fièrement leurs nattes bien graissées, parsemées de turquoises. Ces Tibétains marchent lentement, comme des étrangers au milieu de cette foule chinoise. Je ne peux résister à l'envie de m'adresser à eux en tibétain. Il y a tout juste un an que je ne l'ai pas parlé et, comme l'année dernière, j'ai du mal à me faire comprendre de ces gens de l'Amdo, dont le dialecte est très différent des autres parlers tibétains. Je leur demande où je peux acheter ces chapeaux de feutre à large bord que portent les Tibétains depuis un siècle. Efficaces contre le soleil, la pluie, la grêle et la neige, ils étaient à l'origine importés d'Italie !

On me conduit à un magasin d'Etat, où s'étalent les maigres articles habituels : bassines d'émail, lampes électriques, maillots de corps en coton, boîtes et seaux en plastique, thermos à fleurs rouge et bleu, et, ce qui est plus intéressant, un vaste assortiment de bonbons dont je fais aussitôt provision. Dans un coin se trouve toute la gamme des cognacs chinois, à côté des conserves de fruits et de porc.

Un autre rayon propose les grandes pièces de toile utilisées par les Tibétains pour leurs habits et un stock de ces chapeaux de feutre que nous recherchons, beige foncé et vert sombre, couleur que je choisis. Tels les acteurs d'une version asiatique du western-spaghetti, nous voilà déambulant fièrement dans la grande rue poussiéreuse, sous le féroce soleil de midi des hautes altitudes. Mon GPS indique que nous sommes à 3 657 mètres au-dessus du niveau de la mer, ce que confirment mon cœur qui cogne et la difficulté que j'ai eue à monter au premier étage du magasin. Après tout, il n'y a que vingt-quatre heures que nous avons quitté Pékin et le niveau de la mer.

Ling, les deux chauffeurs et le cuisinier ont repéré un restaurant musulman où on nous sert du bœuf et des nouilles très épicées, que nous faisons passer avec des tasses de thé local : on verse l'eau bouillante sur des cristaux de sucre mêlés à des baies d'origine inconnue et des feuilles de thé mêlées de fleurs d'oranger.

A partir de ce moment, et jusqu'à ce que nous abordions les zones vraiment désertes, nous ne nous arrêterons que dans des restaurants musulmans, très nombreux, car les musulmans ont suivi les Chinois au Tibet pour tenir le commerce des villes de garnison. Tout n'est pas rose pour ces commerçants musulmans : s'ils haïssent les Chinois (à qui ils n'ont pas pardonné les terribles massacres perpétrés contre leurs communautés entre 1862 et 1878), ils sont encore plus détestés des Tibétains, qui ont de ces infidèles la pire opinion, au point de croire qu'ils servent de la chair humaine dans leurs restaurants, comme on me l'a souvent assuré d'une voix horrifiée. Cette méfiance envers l'Islam remonte à Songtsen

Gampo lui-même, qui avait combattu les premiers musulmans de la lointaine Samarcande, mais elle a été fortement réactivée au début du XIXe siècle, quand les musulmans du Cachemire ont tenté d'envahir le Tibet.

Je m'éclipse avant la fin du repas pour aller bavarder longuement avec un moine tibétain que j'ai repéré dans une échoppe. Il me confirme qu'ici, comme dans le reste du Qinghai, les Chinois envahissent tout « comme des poux ». Il me demande si j'ai par hasard une photo du Dalaï-Lama, mais je n'en ai pas.

Repus, nous reprenons la route toute droite qui mène vers Yushu, anciennement Jeykundo, alias *rGyal-kun-mdo*, la capitale du district chinois qui recouvre ce qui était avant 1953 le royaume du Nangchen. Ling ne cesse de répéter qu'il nous faut coucher ce soir à Madoi, mais c'est encore bien loin.

Depuis que nous avons quitté Gonghé, une piste poussiéreuse a succédé à la route macadamisée. A certains endroits, elle est bordée des deux côtés de murs délabrés qui serpentent sur des dizaines de kilomètres, derniers vestiges des vains efforts déployés par les Chinois pour sédentariser les nomades du Qinghai. Soudain, une tempête de grêle s'abat sur nous, la première d'une longue série. En quelques minutes, le ciel bleu s'est obscurci, et la grêle tombe si drue qu'on ne voit presque plus rien. En un instant, le plateau prend une blancheur hivernale, et les collines des allures de sommets enneigés. Pourquoi grêle-t-il si fort sur le toit du monde ? Les météorologistes ne le savent toujours pas. Ce qui est sûr, c'est que les tempêtes de grêle du Tibet sont effrayantes, qu'elles emportent des troupeaux entiers de yaks, et tuent les humains éloignés de leur tente, le seul abri à ces altitudes. La grêle est si redoutée que les moines et chamans les plus vénérés des Tibétains sont les « hommes de la grêle », personnages sacrés dont on dit qu'ils protègent de ces tempêtes. Il n'est pas rare de voir des grêlons de la taille d'un œuf, conséquence des énormes variations de température à ces hauteurs.

« Une morsure de serpent, et dix ans de peur à la vue d'une corde » : tel est le proverbe chinois que m'assène Ling quand je lui explique combien de telles tempêtes de grêle peuvent être périlleuses. Je lui raconte ce qui m'est arrivé dans le sud-ouest du Tibet. J'étais à l'avant d'un camion quand la grêle se mit à tomber si fort que les montagnes environnantes devinrent blanches en un instant. La grêle accumulée sur les pentes s'écroula soudain en une avalanche de boue qui emporta la route devant nous. Le chauffeur freina brutalement, mais percuta la coulée de boue au moment même où une autre frappait l'arrière du camion. Tous les passagers de derrière, dont une Tibétaine, sautèrent du véhicule. Je sortis de la cabine, affrontant la grêle. Collines et montagnes n'étaient que ruissellements. En levant les yeux, on pouvait voir d'énormes grêlons et cailloux dégringolant vers nous. Nous nous ruâmes vers le lit asséché d'un torrent, pensant y trouver refuge. Mais à peine l'avions-nous atteint qu'un grand fracas se fit entendre : un mur liquide de près d'un mètre, boue et branchages mêlés, avançait à toute allure dans le lit de la rivière dans notre direction. Nous eûmes juste le temps d'esquiver cette déferlante et d'aller nous entasser sur un monticule que nous avait désigné la Tibétaine. Autour de nous les montagnes s'effondraient dans des torrents de boue. En nous protégeant de la grêle du mieux que nous pouvions, nous vîmes notre camion s'engloutir et la route disparaître complètement. C'était un miracle que nous ne fussions pas morts. Il nous fallut ensuite trois jours de marche pour nous en sortir, et j'ai su plus tard que la route était restée impraticable pendant deux ans.

Eh bien, oui, j'ai une peur bleue de la corde du proverbe, et je constate avec inquiétude que la grêle semble nous escorter. Nous sommes maintenant en vue des monts Amné-Machin, des pics dentelés émergeant de champs de neige à 5 800 mètres. Selon le père Huc, au siècle dernier, les Goloks qui y habitaient passaient pour dévorer le cœur de leurs victimes : ils étaient bouddhistes, sans doute, mais « avec un culte pour le banditisme ». Pour leur expédition vers Lhassa en 1845, les pères Huc et Gabet avaient beau voyager avec un ambassadeur de l'empereur de Chine et une escorte de trois cents soldats, leur caravane n'avait pas osé prendre la route directe à travers les monts Amné-Machin, vers lesquels nous nous dirigeons : ils avaient préféré les contourner par l'ouest, par peur des Goloks qui, l'année précédente, avaient attaqué une caravane officielle venant de Lhassa, et tué un envoyé du Dalaï-Lama.

Dans tous les voyages que j'ai faits, je n'ai été dévalisé qu'une fois, et d'une manière plutôt bizarre : ce fut moins une attaque qu'une inspection. Mon campement avait simplement été envahi par des partisans khambas (trop nombreux pour que j'ose tenter une quelconque résistance), qui, le visage souriant, avaient ouvert mes bagages pour en examiner le contenu, prenant ce qui leur convenait. Ils en étaient presque venus aux remerciements et avaient d'ailleurs eu la politesse de bien vouloir m'avertir, comme au dos d'un paquet de cigarettes, que « toute résistance serait mauvaise pour ma santé ». J'avais jugé plus sage de collaborer et de leur ouvrir moi-même mes sacs.

L'épisode m'avait laissé une étrange impression, bien différente de celle que donnent les bandits des films télévisés. Je savais que les voleurs n'en ont pas nécessairement la tête : ce sont en général des gens normaux dont la profession s'écarte un peu de la norme. Dans l'Inde du Sud, il existe même des tribus criminelles qui ne vivent que de rapines. Du temps de l'Empire des Indes, les Anglais avaient dû créer des tribunaux spéciaux pour les juger, car on ne pouvait leur appliquer le droit ordinaire. Isolés dans leurs montagnes, constamment à l'affût des voleurs de yaks, il est naturel que les Goloks se soient toujours méfiés des étrangers et aient cherché à se procurer auprès d'eux par le pillage des biens matériels inaccessibles par tout autre moyen : balles et or, pots et casseroles. Je doute cependant que leurs moines approuvent le crime, même s'il y a eu au Tibet des « moines criminels » qui mettaient tout leur zèle à renverser les pratiques établies (ils mangeaient des excréments, recouraient à la violence, etc.), pour mieux marteler ce grand précepte du lamaïsme : « La vie est une illusion des sens et donc absurde ; la vérité et l'absolu sont au-delà de l'existence phénoménale. »

Vers 6 heures, nous atteignons la première garnison chinoise en territoire golok. Des deux côtés de la rue, des échoppes en brique.

Tandis que nos chauffeurs partent chercher du gazole, je m'approche d'un groupe de Goloks de l'autre côté de la rue : un jeune homme aux longs cheveux avec une femme et deux petites filles. Alors que je commence à converser avec l'homme, une des fillettes pousse un cri en découvrant les poils sur le dos de mes mains. Stupéfaite, elle appelle sa sœur pour qu'elle vienne voir : je suis un de ces barbares à « tête de chien » dont on lui a parlé, un monstre poilu (et pourtant je n'ai pas de barbe). Nous oublions trop facilement combien le mâle européen, avec son visage couvert de poils, peut être choquant pour les imberbes.

« Vous ne devez pas parler à ces gens, monsieur Psl, me dit Ling quand je le rejoins dans une maison de thé. Ils sont ignorants, dangereux, on ne peut pas leur faire confiance. » Au début, j'ai cru qu'il faisait allusion à la mauvaise réputation des Goloks, mais je me suis aperçu par la suite que son avertissement visait tous les Tibétains.

Le crépuscule commence à tomber quand nous reprenons la route qui monte vers les monts Amné-Machin, si mal connus qu'en 1949 encore un pilote américain du nom de Clark a réussi à convaincre de nombreux géographes qu'ils comptaient un sommet plus haut que l'Everest : l'information était déduite des rapports des pilotes qui les avaient survolés au cours de la Seconde Guerre mondiale, mais il est aujourd'hui évident que leurs altimètres étaient mal réglés.

Les Goloks, redoutés depuis si longtemps comme bandits, étaient devenus des héros de la lutte tibétaine pour l'indépendance. Quand Mao est arrivé au pouvoir en 1950, son premier discours a été pour annoncer que le grand devoir de la Chine était de « libérer » Formose et le Tibet. Personne n'a jamais compris de quoi le Tibet devait être libéré : à l'époque, seule une poignée d'étrangers y résidaient, des missionnaires pour la plupart, installés à la frontière du Kham et du Sichuan. Quant aux Goloks, ils avaient toujours été indépendants, allant jusqu'à massacrer un détachement de partisans de Tchang Kaï-chek qui, fuyant l'avancée communiste, avait cherché refuge chez eux, dans la partie est des monts Amné-Machin. Il a fallu dix ans et le massacre de milliers de combattants goloks pour que la Chine considère enfin qu'elle tenait le pays. En 1986, plusieurs groupes de touristes furent même autorisés à parcourir ces montagnes à dos de cheval. Cependant, en 1993, comme je l'ai déjà mentionné, les Goloks se mirent à distribuer des tracts appelant à l'expulsion des Chinois, histoire de montrer qu'ils n'étaient nullement résignés à la défaite.

La nuit vient de tomber, et nous arrivons au pied du col principal, à 5 200 mètres. Je tente vainement de convaincre Ling qu'il vaut mieux nous arrêter ici pour la nuit, car Madoi est encore loin : poursuivre notre route dans le noir sous la grêle et la pluie risque d'être très dangereux. Mais il refuse de m'entendre, annonçant qu'il serait bien plus dangereux de passer la nuit en plein territoire golok, et d'ailleurs, la police nous attend à Madoi et nous enverra chercher si nous n'arrivons pas. Comme pour appuyer ma position, la pluie se met soudain à tomber si fort que nous ne voyons plus rien au-delà du capot. L'eau balaie la route, et je me dis que nous pouvons à tout moment être emportés par un glissement de terrain.

Lentement, dans la nuit, sous une pluie torrentielle, nous nous mettons à rouler vers le col, en nous frayant un chemin à travers la boue, sans rien voir d'autre que l'étroit rayon de nos phares illuminant la pluie battante mêlée de grêle.

Il est près de minuit quand, contre toute attente, et après avoir sans cesse risqué la panne, nous arrivons enfin aux casernes de Madoi. Tout le monde dort et nous avons du mal à trouver quelqu'un pour nous conduire dans les cellules que l'autorité locale destine aux hôtes de passage. A bout de souffle, nous nous allongeons enfin dans nos sacs de couchage sur des lits de bois qui ressemblent à des tables ; nous sommes épuisés par le manque d'oxygène et par ces quatorze heures de route cahotante. Nous avons couvert 450 kilomètres, la moitié de la distance entre Xining et Yushu, trajet qui aurait pris quinze jours, ou davantage, il y a quarante ans.

Je déteste ces garnisons sinistres, qui nous rappellent perpétuellement que nous sommes malgré nous du côté de l'oppresseur. Si seulement nous pouvions voyager seuls ou avec une escorte tibétaine ! Ma seule consolation est de me dire que nous allons bien vite quitter les chemins fréquentés. Mon plan est en apparence assez simple : essayer d'aller en jeep le plus loin possible, puis prendre des chevaux pour remonter le lit du Mékong jusqu'à sa source. L'absence de cartes précises, la difficulté de remonter le lit des rivières feront qu'en réalité ce ne sera pas chose facile.

Le risque de nous perdre n'est pas le seul, il en existe un autre tout aussi inquiétant : le manque d'oxygène, et ses deux effets contradictoires sur l'organisme ; il donne à la fois la sensation euphorisante d'avoir la tête très légère et celle d'être à bout de force. Le simple fait de me retourner dans mon sac de couchage me fait haleter, et le souffle saccadé de mes compagnons prouve qu'ils sont tout aussi épuisés que moi. Jacques a mal à la tête. Pour nous réconforter, ou pour exorciser ses craintes, il revient sur l'œdème pulmonaire et sur cette histoire d'écume dans les poumons. Il nous explique aussi pourquoi il n'a pas jugé bon d'apporter ces miraculeuses chambres de décompression gonflables, en plastique, inventées pour sauver les alpinistes frappés par l'œdème : il suffit de placer la victime dans le sac de plastique et de gonfler. Le problème, c'est qu'on risque de tuer le patient si on pompe trop. Et c'est au son de la voix de Jacques énumérant les composants chimiques des diurétiques salvateurs qu'il a préféré emporter que le sommeil finit lentement par nous gagner.

Je tousse, histoire de vérifier s'il y a de l'écume dans mes poumons, et je m'endors sur la vision de centaines de kilomètres de route toute droite défilant très rapidement devant moi.

4

Le toit du monde

Il pleut quand je me réveille et sors faire un tour. Autour de nous, la « prison dorée » où nous venons de passer la nuit se compose de six rangées de baraquements protégés par un grand mur. Entre les baraquements, dans des mares de boue, des petits cochons noirs folâtrent en grognant. Plusieurs Chinois en costume mao bleu foncé traînent lugubrement çà et là. Prisonniers ou policiers ? Peut-être les deux : des policiers en exil. Madoi n'est certainement pas une promotion pour quelqu'un qui est habitué à l'animation des grandes villes.

A 4 500 mètres d'altitude, Madoi est un des plus hauts lieux habités du monde, le record allant à la ville de Wenchuan (5 100 m), dans le Qinghai occidental. Mais Madoi remporte certainement la palme du sordide. Une longue artère macadamisée, bordée de murs analogues à ceux d'une prison, croise deux rues latérales tout aussi sinistres, où sont installés un dépôt de pétrole, une salle de spectacle ou de propagande particulièrement sinistre, reliée par antenne parabolique aux quartiers généraux de Pékin ou Xining, trois boutiques, deux gargotes tenues par des musulmans et un vaste cimetière pour les soldats chinois morts en « libérant » le Tibet de lui-même.

En attendant, dans l'aube glaciale, quelque chose qui ressemble à un petit déjeuner, Sebastian, Ling et moi bavardons avec un « fonctionnaire » chinois. Il a près de soixante ans, vient de Shanghai et a été exilé ici il y a une trentaine d'années pour raisons politiques. Nous lui demandons s'il a l'intention de retourner à Shanghai ; il répond qu'il aimerait beaucoup mais que c'est impossible, qu'il a pris l'habitude de l'altitude et de l'air froid, si salubre, et qu'il mourrait certainement s'il rentrait. Les Chinois qui ont séjourné longtemps sur le haut plateau tibétain ont en effet perdu les anticorps qui permettent de survivre aux bactéries des terres basses, et courent un risque sérieux s'ils tentent de rentrer d'exil. Aussi nombre d'entre eux sont-ils obligés de purger leur peine à vie au Qinghai.

Pour nous qui sommes arrivés de nuit, c'est un choc de découvrir le paysage à la sortie de Madoi, et un sentiment de désolation m'envahit. Disparus les verts pâturages et les crêtes montagneuses : autour de nous s'étend à l'infini un immense plateau aride parsemé de lacs gris où se reflète un ciel triste. C'est ici, près de la source du fleuve Jaune, une zone de partage des eaux, où les précipitations se concentrent en étangs et lacs sans issues, presque tous salés. L'endroit donne un avant-goût de l'univers désolé vers lequel nous nous dirigeons, un monde balayé par le vent, que les nomades eux-mêmes évitent autant qu'ils le peuvent.

Rien d'étonnant à ce que les mythiques sources du fleuve Jaune soient dans les environs, car c'est ici, à l'évidence un pôle de la terre, le dernier sommet avant le ciel et, si on se retourne, le premier pas vers la mer. Marais, fondrières, lacs et étangs recueillent toutes les eaux du toit du monde, qui vont lentement s'écouler pour former les grands fleuves irriguant toute l'Asie. Le spectacle de ces bassins miroitant sous les rayons du soleil matinal, à l'infini, me plonge dans une fascination croissante. Je comprends qu'il soit facile de se perdre ici, pas seulement parce que tout se ressemble, mais à cause des mortelles fondrières, un véritable labyrinthe de marais.

J'ai fait l'expérience de ces périls l'année précédente, quand j'étais à la recherche des chevaux du Nangchen : je galopais à travers ce qui avait l'air d'une plaine herbeuse quand notre guide khamba m'a crié de passer à droite. Ce que j'ai fait, mais sans prévenir à temps Caroline Puel, qui galopait joyeusement devant moi vers le cœur de la vallée. Soudain, son cheval s'est mis à donner des signes de panique avant de s'enfoncer dans ce qui semblait être de l'herbe épaisse, et de s'immobiliser aussitôt, de la boue jusqu'à l'estomac. Il avait fallu un bon bout de temps pour le tirer de là sans lui briser les jambes. Ces fondrières sont très difficiles à détecter car elles sont recouvertes de la même végétation que le reste. C'est une des raisons pour lesquelles j'ai décidé cette fois de faire le voyage en septembre, après les pluies. Fâcheusement, pourtant, la pluie ne cesse de tomber, et la saison sèche, si elle existe, n'est pas en vue.

Ces lacs sont parcourus de flottilles de canards, dont les plus beaux appartiennent à une variété tibétaine à plumes dorées, comme celles des faisans. Soudain, sur la gauche, j'aperçois un petit troupeau de kiangs ; je demande au chauffeur de stopper et fais de grands signes à l'intention de la seconde jeep en désignant les animaux. Jacques se glisse hors de son siège et entreprend posément de les filmer. Le kiang appartient à la famille des équidés sauvages, qui comprend les différents zèbres et les très rares ânes sauvages d'Afrique et d'Asie. En Afrique, une sous-espèce d'âne sauvage, *E. atlanticus*, vient de s'éteindre, et les deux autres ont été officiellement classées parmi les espèces en danger. En Asie, les équidés sauvages sont encore nombreux, et ils se divisent en deux groupes, *Equus hemionus* et *Equus kiang*.

Equus hemionus compte six variétés, allant de l'âne sauvage de Syrie au Djiguetaï de Mongolie et de Gobi. Quand on les croise avec les ânes domestiques, ils produisent des rejetons stériles, à la différence de la variété africaine. Les kiangs sont un sous-genre d'âne sauvage, dont trois types seulement ont été identifiés à ce jour, et encore grossièrement, faute d'études approfondies : le kiang de l'Est, qui vit dans les régions que nous traversons, le kiang du Sud, au sud du Brahmapoutre, et le kiang de l'Ouest, au Ladakh. Tous sont originaires des hauts plateaux tibétains.

En 1981, j'ai passé plusieurs jours à traquer en vain les kiangs dans les régions sauvages du Zanskar oriental. Ce n'est qu'en 1992 que j'en ai vu pour la première fois, au cours de ma traversée hivernale du Qinghai. Ces créatures exotiques ont généralement peur de l'homme. Les sept kiangs que nous avons devant nous ne semblent guère émus par notre présence. Nous les observons une demi-heure, marchant ou galopant en file indienne. Avec une hauteur d'un mètre quarante au garrot, ils sont aussi grands que les chevaux de selle locaux ; leur robe d'hiver, longue et cotonneuse, est jaune avec trois taches brunes, l'une au cou, l'autre sur le corps, la troisième recouvrant la croupe. Quand Jacques s'approche, ils se dirigent lentement vers une crête, d'où ils détalent au galop hors de notre vue. Il y a encore quelques décennies, les kiangs se comptaient par milliers, mais l'armée chinoise en a tué beaucoup pour se nourrir, et leur nombre a fortement diminué.

Cette rencontre nous paraît de bon augure, et nous reprenons notre chemin à travers les lacs et les collines. De temps en temps, au loin, un sommet couronné de neige s'aperçoit. Nous sommes maintenant au cœur du plateau du Qinghai, territoire qui s'est révélé plus difficile à explorer que les jungles les plus secrètes de l'Amazonie ou de la Nouvelle-Guinée. Notre objectif se trouve désormais à quelque 650 kilomètres au sud de l'endroit où nous sommes.

Après avoir franchi deux cols, la route devient un fleuve de boue, et nous tombons sur une longue file de camions militaires enlisés jusqu'au moyeu. Un bulldozer essaie de les dégager, mais la tâche paraît impossible, car chaque tentative ne fait qu'ouvrir de nouveaux pièges de boue où les véhicules s'enfoncent inexorablement. En poussant nos jeeps, nos réussissons à nous frayer un chemin sur le rebord de la route, que nous ne rejoignons que 4,5 kilomètres après la file de camions paralysés.

De temps en temps, nous rencontrons une tente solitaire entourée de vastes troupeaux de yaks noirs. D'autres fois, c'est un cavalier solitaire : nous sommes dans le Far-West de l'Asie, la terre des éleveurs nomades tibétains. Leurs chevaux sont parents de cette belle race à larges poumons que j'ai étudiée l'année précédente au Nangchen.

Il en va des chevaux comme des hommes : ils se ressemblent tous tant que vous ne les connaissez pas. Avec les années, j'ai acquis un « œil » pour les reconnaître. C'est une sorte de sixième sens, mais qui peut être acquis et développé. Depuis deux ans que j'étudie les différentes races tibétaines, je réalise combien le cheval a transformé l'histoire de l'humanité au cours des siècles. La domestication a été, avec celle des chiens, un véritable bond en avant pour l'homme. Mais que veut-on dire par « animal domestique » ? Quelle différence y a-t-il entre un cheval sauvage et un cheval domestiqué ? Les animaux domestiques ont parfois tendance, il est vrai, à être plus petits et à vivre moins longtemps que leurs frères restés sauvages. Les races domestiques gardent quelque chose d'infantile, comme si elles s'étaient arrêtées dans leur développement : elles conservent les proportions du jeune animal, tête plus grosse et corps plus lourd que les adultes sauvages, un peu comme l'homme par rapport aux primates.

Quand et où le cheval a-t-il été pour la première fois domestiqué ? Personne ne le sait. Mais il est une question plus importante : quel cheval a été domestiqué le premier ? Aujourd'hui, dans le monde, il n'y a plus de chevaux sauvages, à l'exception de celui de Przewalski, qu'on ne trouve d'ailleurs plus qu'en captivité. Bien que très proche du cheval domestique, le cheval de Przewalski présente quelques différences significatives dans son apparence, son caractère et ses chromosomes. Le nombre de ses chromosomes est $2n = 66$ au lieu de $2n = 64$, mais il peut cependant être croisé avec des chevaux domestiques et avoir une progéniture féconde. En ce qui concerne l'apparence, son cou présente une nette rupture de courbe, sa queue a de courts poils semblables à ceux d'un âne à sa racine, alors que celle des chevaux domestiques est fournie de longs poils. Son nez est blanc, comme celui des ânes et, ce qui n'est pas le moins important, il est d'un tempérament très agressif. Certains zoologistes sont convaincus que nos chevaux domestiques modernes viennent d'un croisement du Przewalski. Mais d'autres ne sont pas du tout d'accord. Et comment pourrais-je me douter, aujourd'hui, que nous allons découvrir l'année suivante une variété inconnue de cheval tibétain qui aidera peut-être à résoudre certains des mystères qui entourent la domestication du cheval ?

Ce qui est sûr, en tout cas, c'est que la domestication des animaux a changé le monde. Les plus anciennes pierres gravées découvertes sur les hauts plateaux tibétains, au Ladakh, montrent des hommes accompagnés de chiens chassant le bouquetin avec des arcs et des flèches. Ces premiers habitants du Tibet vivaient de chasse et de cueillette, et leur meilleur ami et allié dans la poursuite du gibier était le chien. Plus tard, on a domestiqué le bétail et les chevaux ; on ignore exactement dans quel ordre, mais l'hypothèse généralement retenue veut qu'on ait commencé par le mouton, suivi des bovins et enfin des chevaux.

Je fouille l'horizon dans l'espoir d'apercevoir un yak sauvage, le plus grand de tous les bovins. J'ai déjà eu l'occasion d'en rencontrer dans les montagnes du Bhoutan, mais ils sont moins grands que les yaks géants des hauts plateaux tibétains, qui peuvent atteindre deux mètres. C'était en 1968 ; nous avions grimpé deux jours durant pour atteindre le Ruto-la, un col à 4 060 mètres d'altitude, l'un des plus escarpés du centre du Bhoutan. Au sortir d'une forêt d'immenses pins douglas et de splendides haies de rhododendrons, nous débouchons dans une vaste clairière où je décide de planter nos tentes pour la nuit. A peine étions-nous installés qu'un petite horde de magnifiques yaks sortait de la forêt et envahissait notre camp. Impressionné par leur taille et leur étonnante robe de jais, je me précipite vers ma caméra : les yaks sont rares au Népal et au Bhoutan et je n'étais pas encore allé au Tibet. Je demande à qui sont ces yaks ; on me répond qu'« ils appartiennent au roi ». J'étais habillé d'un duvet rouge ce jour-là, et voyant un yak tout près, je donne mon appareil à Tsering, mon compagnon tibétain, pour qu'il nous photographie, le yak et moi. Je m'approche de l'énorme animal et lui tourne le dos pour faire face à l'objectif. Sourire aux lèvres, je ne me doutais pas qu'il appartenait au roi au même titre que les tigres, les gazelles et toutes les créatures sauvages du Bhoutan !

Le yak du Qinghai est une bête vraiment énorme, aussi haute que le cheval de trait le plus grand, et beaucoup plus lourde. Le colonel Przewalski a essuyé la charge de l'un d'eux et en a tué plusieurs. Aujourd'hui, contre versement de 50 000 dollars, on peut obtenir de la Société d'alpinisme du Qinghai le permis pour en tuer un, mais le résultat n'est pas garanti. Comment a-t-on fait pour domestiquer les grands yaks alors que les Indiens d'Amérique n'ont jamais pu dompter le bison ? Je ne suis pas un expert de la question, mais, à mon avis, il se peut bien que l'homme n'ait jamais domestiqué aucun animal, et que la bienveillance de certains d'entre eux envers les humains s'explique par une propension naturelle. C'est en cela que les chiens diffèrent des loups. Le yak domestiqué est simplement une variété différente du yak sauvage. Il est tout à fait possible que nos moutons et nos vaches soient congénitalement amis de l'homme. De nombreux animaux se laissent « domestiquer », tels les rennes de Laponie et de Sibérie, il suffit de les séparer des troupeaux où ils vivent ; quant aux éléphants de l'Inde, il ne faut que trois semaines, une fois arrachés à la vie sauvage, pour les rendre domestiques à vie.

En domestiquant le yak, les Tibétains se sont assuré les services d'un animal sans égal par la variété de ce qu'il apporte à l'homme. Pour commencer, on peut monter le yak, et dans de nombreuses régions du Tibet, un bon yak de selle (de préférence sans cornes) vaut trois fois le prix d'un cheval. Le pied sûr, capable de détecter les crevasses sur les glaciers, jamais aveuglé par la neige, il peut franchir les cols les plus difficiles. Le yak a une allure puissante et lourde, remarquablement douce à qui est sur son dos. On le monte avec une selle et des étriers, et certaines localités organisent même des courses de yaks. Bête de somme, le yak est capable de porter deux fois plus de charge qu'un cheval. Et comme c'est un ruminant, il a l'avantage supplémentaire de ne pas perdre un temps précieux à brouter. Il avale goulûment sa ration quotidienne de foin le matin et la mâchonne toute la journée sur la route. Autres bienfaits du yak : sa viande, délicieuse quand elle est fraîche, une chair d'un rouge sombre dû à l'abondance des globules rouges indispensables pour capter le rare oxygène des hautes altitudes. De nombreux experts assurent qu'elle est meilleure pour la santé que celle du bœuf. Malheureusement, les Tibétains la préfèrent séchée, quand l'air sec l'a transformée en une sorte de substance filandreuse, apparentée à la fibre optique. La laine du yak, tissée, est utilisée pour faire les tentes des nomades, des cordes, ainsi que les tentures des portails de monastères. Quant à sa peau, elle permet non seulement de faire des chaussures et autres objets de cuir, mais plusieurs peaux cousues ensemble et tendues sur des branches de saule forment la coque des canots, les seules embarcations que connaisse le Tibet. Et comme si ce n'était pas suffisant, la femelle du yak, la *dri*, donne du lait et le célèbre beurre de yak utilisé, une fois rance, dans les lampes à l'intérieur des tentes et pour éclairer les statues des sanctuaires, quand il n'est pas mangé sous toutes sortes de formes. Le fromage de yak, si dur qu'un marteau n'en vient pas à bout, est sucé et mâché pendant des heures ; salé et fumé, il peut se conserver un siècle, et on en donne parfois aux chevaux l'hiver quand l'herbe manque. Enfin, tous ces bienfaits ne sont rien à côté de celui de sa bouse séchée, unique combustible sur les hauts plateaux dépourvus de bois.

Il y a plusieurs variétés de yaks au Tibet, et bien qu'elles n'aient pas encore été complètement étudiées, on peut distinguer néanmoins trois familles : le yak à tête carrée, le yak à long nez et le yak nain. Je suis certain qu'une étude approfondie révélerait d'autres variétés. Il y a aussi de nombreux hybrides, issus du croisement de vaches et de yaks, qu'on appelle *dzo* (la femelle étant la *dzomo*). Comme tous les éleveurs, les Tibétains ont des centaines de mots pour décrire les différentes bêtes, selon leur robe, leurs cornes et leur conformation générale. Pour eux, le chemin du ciel, ou plutôt celui de la bonne réincarnation, est pavé de yaks. Les yaks qui sont consacrés aux divinités ne peuvent être mangés ; un collier de laine rouge indique leur caractère sacré. Ils vivent en paix et meurent de vieillesse, pour le plus grand prestige de leurs propriétaires.

Les grands plateaux du centre du Tibet sont le pays du yak, et c'est lui qui dicte aux nomades leurs migrations saisonnières. A la différence de tout autre bovin, et comme le renne, le yak a la capacité singulière de digérer les mousses et les lichens, ses sabots et ses pattes sont à l'épreuve du gel, et ses glandes sudoripares sont réduites pour assurer une meilleure protection contre le froid. Son estomac est même spécialement conçu pour rapidement emmagasiner de la graisse en prévision de l'hiver.

Malgré tout ce que le yak lui apporte, le nomade tibétain ne pourrait pas survivre sur le toit du monde avec ses seules ressources. Il n'y a pas grand-chose à manger sur les hauts plateaux, à part l'oignon sauvage et les orties piquantes qui font des soupes excellentes. En dehors de ces rares végétaux, il n'y a que les produits de la chasse, comme le bouquetin ou la gazelle. Les Tibétains ne mangent jamais de volaille, de kiang ou de viande chevaline, à la différence de leurs voisins mongols et chinois. Aussi la survie de ces nomades dépend-elle du commerce avec leurs cousins des vallées, qui leur vendent l'orge nécessaire à leur survie. Cette interdépendance des nomades et des agriculteurs est ce qui donne au Tibet son caractère spécifique.

Le Tibet recèle un échantillon de différentes ethnies. Fermé au reste du monde, protégé par son altitude, il a vécu pendant des siècles sans contact avec ses voisins des plaines. Bien des vallées sont si isolées qu'elles abritent des tribus qui n'ont qu'un seul patrimoine génétique. Ici les hommes ont de la barbe, là des traits occidentaux, ailleurs une ressemblance avec les Mongols. Il y a de nombreuses tribus où l'on ressemble aux Indiens d'Amérique. En somme, c'est une mosaïque d'ethnies, qui demandent encore à être recensées et étudiées.

De prime abord, les Tibétains n'impressionnent pas Jacques. Médecin, il a une aversion naturelle pour la saleté. Mais le Tibet est si haut que le froid et les ultraviolets tuent la plupart des bactéries. C'est ce qui fait que tant de Tibétains sont sales mais en parfaite santé, et donc bien plus propres qu'ils n'en ont l'air. Naturellement, il y a des exceptions : une jeune Tibétaine bien récurée, sa natte luisante de beurre de yak, est un plaisir pour les yeux, avec ses joues roses et sa peau claire. Le teint sombre des Tibétains est dû surtout au soleil et à la poussière : les parties de leur corps qui ne sont pas exposées sont d'une blancheur surprenante, insolite en Asie. Les jolies femmes soucieuses d'échapper aux morsures du soleil vont jusqu'à se couvrir le visage d'un mélange d'eau et de corne de chèvre brûlée, une pâte noire qui forme un masque hideux à voir et où viennent parfois s'engluer des bouts de laine. Impossible de soupçonner, quand on rencontre ces monstres noirauds et poilus, qu'il s'agit de jolies femmes soucieuses de leur teint.

Pour les Tibétains, amour rime avec humour : chez eux, le flirt est un assaut d'esprit. Comme dans d'autres pays d'Asie, garçons et filles se groupent en équipes opposées pour échanger des railleries en chansons ou en vers. Celui ou celle dont les reparties sont les plus spirituelles remporte la palme de la séduction.

« Même les grands lamas ont des puces », dit un proverbe tibétain, à quoi l'on ajoutera que certains sont également mordus par l'amour. Le sixième Dalaï-Lama, par exemple, était un libertin notoire, qui tentait de concilier, en vers, ses aspirations spirituelles et son goût marqué pour les filles :

Si je m'unis au cœur d'une belle,
Adieu le devoir, la vertu,
Mais si je me fais ermite,
Que dira le cœur de la belle ?

Finalement, il décida de se consacrer la nuit aux belles et à son monastère le jour. Cette double vocation semble avoir été gérée au mieux, jusqu'à ce qu'il perde la vie, lors d'une invasion mongole, en 1706, laissant à la postérité un recueil de chansons d'amour des plus lestes.

Le lamaïsme est extrêmement tolérant, et ce sixième Dalaï-Lama est aujourd'hui tout aussi vénéré, sinon plus, que ses chastes frères en réincarnation. Certains moines tibétains se consacrent à la quête de l'orgasme parfait, qui serait l'expérience la plus proche du nirvana qu'on puisse connaître ici-bas. Tout cela est un peu difficile à comprendre pour nous, Occidentaux, dont la religion fait si peu de place à la sensualité.

Pouvons-nous vraiment espérer comprendre un monde aussi éloigné du nôtre que le Tibet ? Pendant des années, j'ai été convaincu que c'était possible, mais aujourd'hui, sur cette piste, je ne sais plus. Pour la première fois, je m'interroge sur la perception qu'ils ont de nous. Qu'il s'agisse des Indiens d'Amérique et des Papous de Nouvelle-Guinée face aux Européens, ou des

Tibétains face aux Chinois, les peuples envahis ont presque toujours la même réaction. Confrontés à une culture dotée d'une technologie supérieure, dont les objectifs (l'or, la terre) leur sont incompréhensibles, les populations indigènes sont incapables d'éviter domination et destruction.

Le plus souvent, l'étranger est d'abord bien accueilli. Mais quand ses vrais desseins deviennent clairs, il est trop tard : les dirigeants, prêtres et nobles, sont prestement massacrés ou exilés dès qu'ils tentent de résister. Privées de leurs chefs spirituels et politiques, démoralisées par la perte de leur identité, les victimes s'abandonnent souvent à l'alcool. Et c'est ainsi que plus d'un peuple autrefois brillant devient « fataliste, résigné à sa perte », comme on l'a souvent dit des Indiens d'Amérique. Au Tibet, ce processus fatal est déjà bien engagé. Leurs dirigeants étant exilés, ou contraints de collaborer avec les Chinois, bien des Tibétains commencent à avoir ce regard résigné et sans espoir des Indiens d'Amérique.

Ces tristes réflexions m'accablent alors que nous roulons à travers d'interminables vallées herbeuses encadrées de sommets enneigés. Un peu partout, des tentes noires au milieu de troupeaux de yaks semblables à des fourmis. Nous approchons du cœur profond du Qinghai, la zone la plus lointaine du haut plateau, l'ultime frontière, là où la confrontation que je viens d'évoquer en est encore à ses débuts : ici, les Chinois affrontent les derniers hommes libres de l'Asie centrale.

La nuit tombe, nous venons de franchir le col de Karong, à 4 877 mètres d'altitude, et commençons notre descente le long du cours supérieur du Yang-tsé, ici un maigre torrent qui serpente dans une vaste vallée verdoyante. C'est dans ces parages que, l'année dernière, j'ai assisté à une scène tragique et intemporelle : un loup jaune, aux yeux dorés et brillants, en train de pister une délicate gazelle tibétaine, lui glissant furtivement, et elle mal à l'aise, ignorant où se trouvait ce danger qu'elle humait sans le voir. Le prédateur et sa proie : le drame éternel, semblable à celui qui se joue aujourd'hui sur les hauts plateaux du Tibet entre Chinois et Tibétains. Ce qui me préoccupe, ce n'est pas tant de savoir qui est dans son tort ou dans son bon droit, car cette vision manichéenne de l'Histoire ne m'intéresse pas ; je suis surtout curieux de savoir si, à la veille du troisième millénaire, les nomades ont encore une chance de triompher de notre « civilisation », comme ils l'ont toujours fait dans le passé. Je pense que la confrontation en cours ici n'est pas seulement une bataille entre Chinois et Tibétains, mais le dernier grand conflit entre deux conceptions de l'existence radicalement opposées, rendu plus cruel encore par le fait qu'il intervient à un moment de l'Histoire où beaucoup mettent en question les idéaux de la société moderne et expriment de sérieux doutes quant à la validité de ce que nous appelons le Progrès.

Le XXe siècle à ses débuts espérait que la science et la technologie libéreraient l'homme de l'ignorance, de la faim, des tortures du travail, de la maladie, des horreurs de la guerre. Mais rien de tout cela ne s'est produit, et certains, aujourd'hui, regardent au contraire vers le Tibet pour y chercher une réponse aux promesses non tenues de nos sociétés technologiques : c'est peut-être là, dans ce monde si ancien, que l'on trouvera les remèdes aux problèmes de notre monde.

En cherchant à découvrir la source du Mékong, j'inscris mes pas dans ceux des explorateurs du siècle passé que j'ai tant admirés dans mon enfance, et qui auront été, sans le savoir, l'avant-garde d'un processus destructeur. Me sera-t-il possible d'échapper à ce destin ? L'ironie du sort veut que je reprenne le même rituel que celui qui a conduit à ce résultat que je déplore. Découvrir, c'est, hélas, trop souvent détruire.

Dans le noir, sous la grêle, nous franchissons le grand pont que les Chinois ont construit sur le haut Yang-tsé, et amorçons la montée, courte mais raide, vers Yushu. A 11 heures du soir, trempés jusqu'aux os, nous atteignons l'auberge du Bureau de sécurité publique, plongée dans l'obscurité, une triste bâtisse en béton sur la principale artère de cette ville de garnison chinoise.

Epuisés par l'altitude, mes deux amis et moi-même grimpons en haletant deux étages, en traînant nos sacs, jusqu'aux chambrettes qu'on nous a réservées, des deux côtés d'un petit couloir de béton malodorant et bordé de crachoirs, le tout à la lueur d'une bougie, car le générateur électrique de la ville est à l'arrêt.

Surprise : des voix françaises se font entendre. Elles proviennent des chambres voisines occupées par un groupe de scientifiques français et chinois appartenant à la mission qui, depuis 1980, étudie la géologie du Tibet et la composition de la croûte terrestre sous le haut plateau – vaste programme de recherches pluridisciplinaires qui mobilise des experts en tectonique des plaques, paléomagnétisme, géochronologie et séismologie. Grâce au formidable travail accompli par ces équipes, qui ont pratiquement exploré tous les derniers « espaces blancs » du Tibet, on commence à bien connaître les mécanismes qui ont présidé à la formation de cette région du monde.

Je rends une brève visite au chef de la mission, le professeur Paul Tapponnier, et à son épouse américaine, Kevin Kling, auteur de plusieurs très beaux livres de photos sur le Tibet. La tâche actuelle de Paul Tapponnier consiste à étudier le bassin supérieur du Yang-tsé. A sa connaissance, aucune étude du même type n'a jamais été entreprise sur le haut Mékong. Il ne sait rien de l'expédition sino-japonaise, nos rivaux en puissance, dont les objectifs exacts nous sont encore inconnus.

Cette nuit-là, de nouveau épuisé par le manque d'oxygène et la fatigue de la longue journée en jeep, je repasse dans ma tête l'organisation de notre expédition. Jusqu'ici, tout va bien : nos deux véhicules sont en parfait état. Un point faible : nos provisions, à la fois inadéquates et insuffisantes. Notre dernière chance de trouver du porc en conserve, des nouilles chinoises, du sucre et du riz est ici, à Yushu. J'espère aussi pouvoir acheter des selles chinoises de l'armée, car j'ai toujours les escarres que m'a infligées l'année derrière ma selle tibétaine, très élégante à l'œil, mais impitoyable à mon anatomie.

En tout cas, je tiens absolument à ne pas passer deux nuits à Yushu : personne ne doit arriver avant nous là où le Mékong prend sa source.

5

Le royaume de Nangchen

Au réveil, Sebastian m'informe que j'ai ronflé, Jacques a de nouveau la migraine, et Ling est d'avis que nous devrions passer la journée à Yushu et nous reposer. J'emmène tout le monde au marché pour procéder aux achats nécessaires à la dernière étape avant le Mékong.

Yushu est dominée par l'impressionnant monastère de Jeykundo, une sorte de forteresse qui appartient à l'ordre Sakyapa, celui dont les moines ont converti les Mongols au lamaïsme au début du XIIIe siècle. Cet ordre, bien que considéré comme traditionaliste, est à bien des égards le plus intellectuel de tous. Chacun des dix-sept ordres, ou sectes tibétaines, a son propre corpus de textes ou commentaires religieux, et celui du Sakyapa est le *Sakya-kha-bum*, les « Cent mille mots » de Sakya.

Jeykundo, aujourd'hui Yushu, a toujours été une étape majeure pour les rares voyageurs qui se rendent dans le nord-est du Tibet. Monastère et ville sont situés à un carrefour de première importance : ici la piste, en provenance de Xining, se scinde en trois branches : l'une va vers le sud-est jusqu'au Sichuan chinois, à travers les royaumes du Kham ; l'autre, par le sud et le Nangchen, mène à Chamdo, la capitale du Tibet oriental ; la troisième se dirige vers les zones aurifères du haut Yang-tsé et rejoint ensuite la grande piste Xining-Lhassa qui traverse le Qinghai occidental. C'est ici que, dans le passé, de nombreux explorateurs ont été contraints par les autorités locales à faire demi-tour sans pouvoir accéder au Tibet central : entre autres, l'Américain Rockhill, en 1889, et Alexandra David-Néel dans les années 1920. Autant que je sache, aucun étranger n'a jamais réussi à atteindre Lhassa par cette route. En fait, comme nous le découvrirons l'année suivante, la difficile route du nord vers Lhassa, qui traverse les hauts bassins du Mékong et du Salouen, est encore à ce jour inexplorée.

Les seuls étrangers à avoir pénétré quelque peu le Tibet par le nord-est en traversant le Nangchen sont l'explorateur et savant russe P.K. Kosloff et Sir Eric Teichman, consul britannique à Chengdu – homme remarquable, qui, en 1913, partit seul pacifier les tribus guerrières du Kham et réussit à y rétablir la paix, au moins temporairement : exploit diplomatique considéré comme l'un des plus risqués et des plus remarquables du siècle. Un troisième explorateur, l'Allemand Albert Tafel, nous a laissé le seul texte existant sur l'organisation politique du royaume de Nangchen (récit de voyage publié en 1914). Mais lui-même ne s'était pas aventuré très loin de Jeykundo.

C'est à une journée de cheval à l'est de Jeykundo que la petite caravane de Dutreuil de Rhins fut attaquée, il y a tout juste un siècle, et que celui qui prétendait avoir découvert la source du Mékong perdit la vie. La découverte avait été contestée, mais sans que personne ait jamais pu vérifier les choses sur le terrain. A nous aujourd'hui d'éclaircir cette affaire, à moins que les autorités chinoises ne changent d'avis à notre sujet, ou que d'autres ne nous coiffent au poteau.

Au moment où nous nous installons dans une petite maison de thé près de l'hôtel Yushu pour le petit déjeuner (galettes rustiques), Ling marmonne qu'il doit aller à la police faire enregistrer notre autorisation de passage jusqu'à Zadoi, la garnison la plus éloignée, chargée de contrôler les nomades du haut bassin du Mékong.

L'année dernière, grâce à la protection du ministère chinois de l'Agriculture, j'ai été parmi les tout premiers étrangers autorisés à aller jusqu'à Zadoi et trois autres garnisons dans le district chinois de Yushu. Ce voyage m'avait permis non seulement de recenser les plus beaux pur-sang de la région mais aussi d'avoir un premier contact, encore que rapide, avec les différentes tribus du

Nangchen. Je m'étais servi de Yushu comme d'une base, explorant systématiquement les quatre coins de l'ancien royaume de Nangchen. Fondé au VIIIe siècle de notre ère, le Nangchen a été brutalement rayé de la carte en 1958, sans qu'aucun Européen ait eu la possibilité d'explorer cet immense territoire peuplé de vingt-cinq tribus de nomades khambas.

Tout avait commencé en 1950 quand le roi du Nangchen, dans sa retraite montagneuse, avait appris que des soldats chinois de l'Armée rouge approchaient, soldats d'une espèce rare car, loin de venir piller comme leurs prédécesseurs, ils entendaient seulement punir les seigneurs de la guerre, ces grands trafiquants d'opium qui depuis des années opprimaient les Tibétains.

Le Qinghai était encore sous le contrôle du musulman très redouté, le général Ma Pu-feng. A l'annonce qu'une armée communiste approchait, il avait pris la fuite avec ses innombrables concubines, son or et ses joyaux. Le roi du Nangchen considéra qu'il était de son devoir de porter assistance à cette « armée populaire de libération » si honnête et lui offrit un millier de soldats tibétains pour aider les communistes à débarrasser la terre du terrible général Ma.

Comme bien d'autres chefs locaux, le roi du Nangchen avait donc été d'abord favorable aux communistes, espérant qu'ils chasseraient ces tyrans corrompus qui étaient le fléau de ces terres lointaines depuis des dizaines d'années. Comment un chef tribal aurait-il pu suspecter l'hypocrisie de Mao ? Le maître de la Chine avait juré de mettre à genoux le Tibet et ses tribus, de réussir ce qu'aucun empereur, ni aucune muraille, si grande fût-elle, n'avaient jamais pu faire. A peine les trois DC-3 du général Ma, chargés d'épouses et d'or, avaient-ils quitté la piste herbeuse de l'aéroport de Xining, à destination du Caire (où le seigneur de la guerre allait finir ses jours dans l'opulence), les Rouges se retournaient aussitôt contre les Khambas, dont les chefs étaient soudain décrétés « tyrans féodaux ». Rêvant de s'emparer du Tibet et de détruire la noblesse et le bouddhisme tibétains, Mao lança la moderne armée chinoise contre la cavalerie féodale des tribus khambas. Ainsi éclata une guerre qui devait durer six ans, connue sous le nom de « guerre de Kanting ». Elle fut longtemps indécise et dura jusqu'en 1959, année où les Khambas, repoussés vers Lhassa, obligèrent le Dalaï-Lama à se ranger à leur côté, pour une ultime tentative de résistance à la Chine.

Pour établir leur contrôle définitif sur le Nangchen, les Chinois installèrent à partir de 1959 leur quartier général à Yushu et entreprirent de se frayer un chemin vers l'ouest, installant une autre garnison à Zadoi, dans la haute vallée du Mékong. Au fur et à mesure qu'elle avançait, l'armée chassait devant elle les chefs de la guérilla khamba vers les zones désertes et inhabitables, où des centaines d'entre eux périrent. Plus loin, au nord, sur le Yang-tsé, on installa un second fort, celui de Zaidoi (à ne pas confondre avec Zadoi, et d'ailleurs prononcé *Driduo*), puis un troisième à Nangchen Dzong, naguère résidence d'hiver des rois du Nangchen. J'ai pu visiter ces trois postes en 1993, mais comme on m'avait interdit d'aller plus loin vers l'est à la recherche de la source du Mékong, j'avais dû me contenter de descendre la vallée jusqu'à Gar, la capitale d'été des souverains du Nangchen, un vaste camp flanqué d'un monastère et d'une forteresse. L'endroit, stratégiquement placé dans un cirque montagneux, n'est accessible que par un défilé étroit, ce qui en faisait un lieu sûr pour les réunions annuelles des chefs des vingt-cinq tribus nomades venus faire hommage au roi. Dans le monastère (récemment reconstruit), on m'avait lu à huis clos les chroniques de l'ancien royaume et de sa gloire.

Le petit déjeuner terminé, nous parcourons le bazar de Yushu, dernier espoir d'acheter ce qui nous manque. Yushu/Jeykundo a toujours été plus qu'un simple carrefour de routes et, aujourd'hui encore, la ville est le principal marché pour plus de deux cent mille nomades, qui viennent y vendre la peau, la laine et la viande de leurs moutons et de leurs yaks. Fonction plus importante encore, la ville accueille la plus grande foire de la région, où chaque année, en juillet, les meilleurs cavaliers du pays s'affrontent. La foire dure deux semaines, et les épreuves vont de la course à plat au tir à la cible, au fusil ou à l'arc, au grand galop. Dans le passé, les conflits sanglants entre tribus étaient fréquents, avec leur cortège de représailles meurtrières : aucune réparation en argent ne pouvait mettre un terme aux vendettas, et la soif de vengeance se transmettait de génération en génération. Néanmoins, la tradition voulait que les grandes foires du pays, et celle de Jeykundo en particulier, bénéficient d'une trêve. Ces réunions annuelles étaient vitales pour les tribus, non seulement pour y acheter l'orge, mais aussi parce qu'elles étaient l'occasion de se trouver des épouses appartenant à d'autres tribus (souvent ennemies) et d'éviter ainsi les ravages de l'endogamie. Pour séduire ces demoiselles, toute une gamme d'exercices était pratiquée, allant du concours de chansons d'amour à la pure et simple chasse aux jolies filles, à cheval. Le rapt y était chose courante.

Ce qui fait encore aujourd'hui des foires du Nangchen les plus spectaculaires de toutes, ce sont les courses de chevaux et autres démonstrations de l'agilité des cavaliers et de la vigueur de leurs montures, les meilleures – et l'orgueil – du Tibet.

Autant que la source du Mékong, c'est ce légendaire cheval du Nangchen qui motive mon voyage actuel. Avec une fierté enfantine, je montre à Sebastian les chevaux qu'on trouve au bazar et tente de convaincre Jacques de leur splendeur : « Note bien les petites oreilles, les sabots ovales et la finesse des crinières » (une tradition arabe veut que ce soit les trois signes distinctifs des chevaux de bon sang). Jacques fait la moue. Plus compétent en anatomie humaine, il admet que les chevaux ne lui disent rien, et qu'il en a peur. Sebastian, lui, m'approuve de la tête quand j'énumère les autres qualités des chevaux du Nangchen : les jambes fines, le cou délicat, la croupe puissante et, bien entendu, le large poitrail qui loge les poumons agrandis, résultat d'une adaptation génétique à la haute altitude du plateau tibétain.

Les Chinois n'ont pas manqué d'apprécier la remarquable conformation de ces animaux, qu'ils appellent : « cheval de Yushu ». L'an passé, j'ai lu un rapport détaillé rédigé à l'intention du ministère de l'Agriculture qui commençait dans l'enthousiasme mais finissait assez tristement : « En dépit de l'excellent rapport chair/os du cheval de Yushu », il n'était pas jugé souhaitable pour la Chine moderne de consommer sa viande. Et de conclure qu'il fallait encourager les nomades à en abandonner l'élevage au profit de celui du yak, bien plus avantageux pour la mère patrie.

On estime que, pendant la guerre de Kanting, cinq cent mille Khambas ont préféré mourir plutôt que de rendre leur fusil et de renoncer au port de leur poignard à gaine d'argent. Je ne vois pas comment ils pourraient aujourd'hui renoncer à leurs chevaux.

En 1993, en compagnie de Caroline Puel, j'ai couvert près de 3 000 kilomètres à travers le Nangchen pour répertorier les diverses races de chevaux locaux, à la recherche des plus beaux, que nous avons fini par trouver dans le district de Ghegi, non loin des sources du Mékong. Le *do-ta* de Ghegi, littéralement le « cheval de pierre de Ghegi » se distingue par sa taille et son agilité.

A 10 heures, nous partons pour Zadoi, nos deux jeeps pleines à ras bord, galerie de toit comprise : tentes, vaisselle, provisions s'y entassent. Sebastian, Jacques, Ling, un des chauffeurs et moi-même occupons le véhicule de tête ; le cuisinier suit dans l'autre voiture avec le second chauffeur. Malgré la fatigue des deux premiers jours de route, nous faisons de notre mieux pour aborder cette troisième journée avec bonne humeur. A la sortie de Yushu s'étend une large vallée appelée *Ba thang*, « plaine des Ba », du nom de la tente tibétaine noire en poil de yak. *Ba thang* est un nom de lieu fréquent au Tibet, et notamment celui d'une grande ville du Kham. Ce peuple manque un peu d'imagination toponymique : tous les cours d'eau importants sont appelés *tsang-po* (« clairs ») ou plus simplement *chu*, qui signifie à la fois « rivière » et « eau », ou *dam-chu*, « rivière marécageuse ».

La vaste vallée verdoyante, entourée de majestueuses montagnes crénelées de pics, est comme une immense pelouse jusqu'à l'horizon, parsemée de grandes tentes noires rectangulaires, chacune flanquée d'une petite tente blanche, celle que chaque famille réserve à celui de ses fils dont la vie est dédiée à la religion et à l'étude du canon tibétain : ces sortes de moines sont rattachés à un monastère, mais ils passent beaucoup de temps dans leur famille et dorment dans leur petite tente distincte.

Toutes les tentes que nous voyons, séparées les unes des autres par 3 kilomètres environ, appartiennent à la même tribu, l'une des vingt-cinq du Nangchen. Chaque tribu possède ses propres vallées dans un territoire bien délimité et divisé entre pâturages d'hiver et d'été. Les pâturages d'été sont en général à une altitude supérieure, mais pas toujours. Dans certains endroits, la puissance du rayonnement solaire à très haute altitude entraîne une fonte des neiges en plein hiver, dégageant des surfaces herbeuses, alors que, dans la vallée, le sol reste gelé et couvert de neige. Selon la situation de leurs terres, la taille des pâturages et leur richesse en herbe, les nomades doivent changer de campement entre trois et dix fois par an. Il est très rare de voir deux tentes l'une à côté de l'autre : la vie du pasteur de yaks est une vie solitaire, centrée sur la famille réduite à un couple, leurs enfants et les grands-parents.

La *ba* tibétaine est une tente ordinaire très différente de la yourte mongole. Alors que la yourte est une maison de feutre, très chaude mais encombrante et tendue sur une armature en saule, la *ba*, bien plus légère, est formée de bandes de laine de yak lâchement tissée, de 30 centimètres, cousues l'une à l'autre. La forme et la taille peuvent varier, mais elles sont en général rectangulaires. Ici, dans la région de Jeykundo, elles mesurent huit mètres sur dix, ce qui est grand. Il n'y a que deux poteaux pour soutenir la tente à l'intérieur, et de six à douze piquets à l'extérieur pour tenir les côtés et les angles. Des cordes de laine de yak tressée, alternant avec d'autres plus solides en nerf de yak, sont tendues de la pointe des piquets extérieurs jusqu'au sol, ce qui fait ressembler la tente à une énorme araignée noire. Pour adoucir cette apparence, ces cordes de soutien portent souvent, en guirlande, des drapeaux de prière en coton, où sont imprimées des formules sacrées et des images pieuses.

Entrer dans la tente d'un nomade est un privilège qui ne s'obtient que sur invitation, car chaque tente est gardée par au moins deux féroces mâtins, parfois quatre. La faveur immense dont jouit en Occident, parmi tous les chiens de salon, le shitzu tibétain ou *kyi-tsu* (qui signifie simplement « petit chien ») ne saurait faire oublier que le Tibet est avant tout le pays des grands chiens de garde. Certains dogues tibétains sont vraiment énormes, et presque tous sont de féroces chiens de garde. Le jour, attachés par de longues chaînes d'acier, ils surveillent la tente. On leur a appris à attaquer les étrangers, les loups, les léopards des neiges et les ours, et certains sont si féroces que leurs propriétaires, pour pouvoir rentrer chez eux, doivent d'abord leur jeter de la nourriture avant de se faufiler dans la tente sans péril.

La première fois que je suis entré dans une tente de nomade, j'ai été surpris de la trouver si claire à l'intérieur, car le soleil filtre à travers le poil de yak lâchement tissé. Pour une raison inconnue, due peut-être au noir de fumée ou à la capillarité, la pluie et la neige ne transpercent pas ce matériau translucide. Malgré leur apparente légèreté, il fait chaud dans ces tentes, car le noir absorbe la chaleur du soleil le jour, et, la nuit, un feu de bouse de yak allumé dans un foyer d'argile les réchauffe. L'âtre est à gauche de l'entrée. Aux yeux des Tibétains, l'âtre est la porte qui mène au monde souterrain, alors que la porte vers le ciel est la cheminée, une simple fente entre les deux poteaux, qui peut être fermée quand il pleut au moyen de rabats de tissu.

La tente – piquets, cordages et bandes tissées – pèse environ 250 kilos, et il faut deux yaks pour la transporter. Chaque année, on tisse trois nouvelles bandes de poil de yak de 30 centimètres de largeur sur 10 mètres de longueur, celle de la tente. Ces trois bandes sont alors cousues sur l'un des bords de l'immense toile, et trois vieilles bandes usées sont arrachées sur l'autre bord : il faut donc environ dix ans pour que toutes les bandes aient été remplacées ; ce renouvellement constant et régulier assure que la tente sera toujours en bon état et pourra durer indéfiniment. Il est stupéfiant de penser que les tentes que l'on voit aujourd'hui au Nangchen sont virtuellement les mêmes que celles qu'on aurait pu voir il y a des siècles, voire il y a plus de mille ans.

Je voudrais montrer à Jacques de plus près une de ces merveilles, mais quand je propose de nous arrêter, Ling devient livide et commence à marmonner qu'il ne faut pas communiquer avec les indigènes, et que c'est même interdit ! Nous nous arrêterons un peu plus tard dans un endroit désert pour un déjeuner sans joie composé de pain et de fromage achetés à Yushu.

Après deux heures dans la vallée, nous montons de nouveau vers un col escarpé. Au moment où nous atteignons le sommet, marqué par des perches plantées dans un cairn sur lesquelles volettent des drapeaux de prière rouge et blanc, le ciel s'obscurcit soudain et la grêle s'abat sur nous. En un instant les monts deviennent blancs, comme si l'hiver était là, mais le soleil réapparaît assez vite et tout se met à fondre, libérant des torrents d'eau sur la piste de terre.

De l'autre côté du col, une nouvelle grande vallée nous attend. En son milieu, la piste se scinde en deux ; une des branches tournant vers le sud va rejoindre Nangchen Dzong à 300 kilomètres de là. *Dzong*, qui signifie « fort » en tibétain, désignait la place-forte d'un souverain local. Aujourd'hui, Nangchen Dzong est enserrée dans les casernements de l'armée chinoise. Jadis simple village, c'est maintenant une petite ville et la nouvelle capitale de la région, car la vieille capitale royale, Nangchen Gar, est presque inaccessible.

On a beaucoup discuté sur l'étymologie de Nangchen, qui signifierait « nombreux fidèles » ou « terre de la grande foi » : quoi qu'il en soit, le royaume a compté jusqu'à soixante-douze monastères, chiffre considérable par rapport à ce qu'on croit savoir de la population du pays. Les Chinois estiment aujourd'hui que le Nangchen compte environ 250 000 habitants, dont les quatre cinquièmes seraient des nomades. Sur les époques antérieures, les données font défaut, mais, selon une estimation des années trente, les nomades représentaient alors 12 133 familles, soit 71 410 âmes. Ces chiffres sont rapportés par Ma Ho-t'ien, un Chinois qui accompagnait le Panchen-Lama à son retour au Tibet, voyage pendant lequel il devait mourir. Il semble que ces chiffres aient été donnés à Ma Ho-t'ien par un Chinois résidant à Jeykundo, dont les relations avec les chefs nomades étaient, dans la meilleure hypothèse, des plus sommaires.

Non loin de la bifurcation se dresse un vaste monastère de l'ordre Gelugpa, où vivent aujourd'hui un millier de moines, ce qui en fait le plus peuplé du Tibet depuis que les religieux des grands monastères de Lhassa ont été dispersés en 1950. L'abbé nous précisera que son monastère a compté dans le passé jusqu'à 3 000 moines. Comme bien d'autres monastères du Nangchen, on dirait que celui-ci est venu directement du ciel atterrir dans ces pâturages au pied des contreforts de la haute chaîne avoisinante. Les couvents sont les seules constructions en dur de ces hauts plateaux : monuments élevés à la foi, inattendus dans un tel paysage, ils témoignent de la technique architecturale des nomades qui pourtant ne connaissent pour eux-mêmes que la tente en poil de yak. Ces édifices religieux sont le seul point d'ancrage des tribus nomades, et la preuve de la prospérité de ces éleveurs, encore accrue de nos jours par les achats chinois de bœuf, de mouton et de laine.

L'abbé actuel, un homme d'une petite cinquantaine, est un bâtisseur de cathédrale, un authentique héritier des architectes de notre Moyen Age : il a entièrement reconstruit son monastère, que l'armée chinoise avait totalement détruit. A partir de 1984, année où les moines tibétains furent de nouveau autorisés à pratiquer leur religion et à restaurer leurs couvents, il entreprit de collecter de grosses sommes auprès des nomades. Il engagea ensuite des coolies chinois, ainsi que des architectes et des ingénieurs, et commença la reconstruction, dans un esprit moderniste et tourné vers l'avenir : si certains des bâtiments sont de cette brique de terre sèche qu'on voit partout au Tibet, d'autres sont en béton armé, choisi pour sa pérennité, puisqu'il est à la fois à l'épreuve de l'incendie et des tremblements de terre. Les poutres de béton armé sont sculptées en pur style tibétain : motifs fleuris alternant avec des dragons laqués et dorés. Le lama espère pouvoir bientôt accueillir 2 000 moines.

Plus que tout autre, cet abbé symbolise l'endurance et le dynamisme des Tibétains, qui ont su s'adapter du jour au lendemain aux nouvelles techniques modernes sans rien perdre de leur caractère et de leur culture. Cette faculté d'adaptation est la marque du Tibet, pays qui célèbre sa jeunesse et lui permet d'accéder très tôt aux responsabilités politiques et économiques. A cet égard, le Tibet est à l'opposé de la Chine, où le culte des ancêtres et le respect des gens âgés ont longtemps engendré une société traditionaliste, presque immobile. Les anciennes chroniques chinoises font état d'un sentiment de scandale devant le respect et l'admiration que les Tibétains ont pour les jeunes.

Quand un jeune Tibétain se marie, il succède aussitôt à son père à la tête de la famille et de ses biens. Nous autres, Occidentaux, héritiers d'une tradition agricole où pouvoir et argent restent aux mains des anciens, nous avons beaucoup à apprendre des Tibétains. Paradoxalement, alors que le culte de la jeunesse s'étale dans la mode, dans nos magazines et nos films, chez nous la plupart des jeunes doivent attendre l'âge mûr pour hériter de leurs parents ou jouer un rôle significatif dans la vie politique ou dans les affaires.

La coutume tibétaine de favoriser les jeunes remonte sans nul doute à l'époque où l'homme vivait de chasse et de cueillette. Partout dans le monde, les tribus qui vivent de la chasse considèrent que la dextérité et la force, qui sont par excellence des qualités liées à la jeunesse, sont plus utiles que la sagesse et l'expérience.

On peut se demander si le passage à l'agriculture a été pour l'humanité une si bonne chose que ça. Il y a deux manières de considérer l'agriculture. Pour les uns, elle représente un progrès, parce qu'elle a permis, à territoire égal, de nourrir une population supérieure. Avantage à double tranchant, dira-t-on, car c'est elle qui a entraîné la surpopulation, et donc, les mauvaises années, la famine. Pour les autres, et j'en fais partie, l'agriculture sédentaire a apporté à l'humanité plus de maux que d'avantages, au premier rang desquels figure l'exploitation universelle des paysans par ceux qui contrôlent la terre arable.

Pour une espèce comme la nôtre, qui a évolué pendant des centaines de milliers d'années en vivant de chasse et de cueillette, cultiver un champ est, au mieux, une activité profondément ennuyeuse. Les hommes étaient accoutumés à utiliser leur esprit et leur dextérité à la poursuite du gibier, poursuite qui représentait pour eux un défi et développait en eux un mépris génétique pour la routine et l'immobilité. Pas besoin d'une vue parfaite pour regarder pousser des poireaux, ni d'intelligence ou d'astuce pour engraisser un porc, ou, dans le cas qui nous occupe, pour traire une *dri*. Il semble que ce que nous appelons « progrès » a consisté à échanger la liberté contre le confort, la passion contre la sécurité, l'intelligence contre l'application et la routine.

Les nomades du Nangchen, tout éleveurs qu'ils soient, continuent à chasser pour vivre, et mobilisent toute leur astuce pour survivre dans la haute toundra. Intelligence et rapidité, promptitude du jugement et du corps, jeunesse et alacrité sont, bien plus que sagesse et savoir, les vertus nécessaires à cette survie.

L'homme n'est pas fait pour le confort
Comme la chèvre n'est pas conçue pour vivre dans la plaine,

dit un proverbe tibétain, et tous ceux qui sont allés au Tibet savent que le confort y est inconnu, sauf, et bien chichement, à Lhassa.

Ceux qui aiment l'effort peuvent accomplir des milliers d'actions,
Ceux qui aiment le confort n'accomplissent rien,

dit un autre proverbe khamba.

Dès mon premier voyage aux frontières du Tibet, il y a trente-sept ans, j'ai été frappé par l'intelligence et la rapidité d'esprit des Tibétains, par leur finesse et leur ardeur. Ils sont tellement plus brillants et vifs que les lents et lourds paysans d'Inde, de Chine et même d'Europe !

Beaucoup pensent que l'intelligence est innée, génétiquement déterminée ; d'autres nous assurent qu'elle est acquise et due à des facteurs environnementaux. Ce qui est sûr, c'est qu'il n'y a pas eu de grande mutation biologique chez l'homme depuis des milliers d'années, ce qui veut dire que l'homme de l'Âge de pierre était aussi intelligent que nous. Et sur le rôle de l'acculturation pour aiguiser cette intelligence, on sait que l'homme de l'Âge de pierre, comme les nomades du Nangchen, vivait dans un monde où l'adresse et l'astuce étaient essentielles à la survie. Dans le monde d'aujourd'hui, trop de métiers sont tragiquement simplistes, et si on ajoute au bilan cinq heures quotidiennes d'une médiocre télévision, il n'y a pas à s'étonner si nos capacités innées de raisonner ne font guère le poids face à celles de nos ancêtres, même les plus lointains.

Les enfants de nos ghettos urbains, riches du savoir de la rue, sont peut-être notre dernier espoir. Vivant de leur astuce, et livrés à leurs seules ressources, il leur faut une intelligence plus aiguë et plus rapide qu'à l'employé de bureau ou à l'ouvrier agricole.

Bien entendu, tout cela n'est pas bon à dire. Un interdit social majeur pèse de nos jours sur toute idée exprimée de disparité d'intelligence entre peuples de races et de cultures différentes. Pourquoi ? La réponse, une fois de plus, se trouve en Occident, où l'intelligence est souvent moins appréciée que redoutée. Dans des sociétés surpeuplées, c'est la discipline et le conformisme qui font vertu, et l'audace intellectuelle, celle d'un esprit indépendant, et donc imprévisible, est ressentie comme potentiellement dangereuse.

Bref, il n'y a rien que les sociétés organisées redoutent autant que l'intrusion des « barbares à cheval », flamboyants, insouciants, audacieux, du type de ceux qui sont descendus des hauts plateaux d'Asie centrale depuis 6 000 ans pour secouer les « civilisations » sédentaires de la Chine, de l'Inde et de l'Europe, conquête après conquête. Ces prétendus barbares venaient du Nangchen ou de régions pastorales voisines, tibétaine ou mongole.

Trop occupé à débiter à Jacques et Sebastian mon cours sur l'intelligence tibétaine, je n'ai pas aperçu tout de suite ce beau Khamba solitaire chevauchant à travers l'immense plaine, son fusil sur l'épaule, un poignard d'argent à la ceinture, et jetant sur les jeeps des regards pleins de haine et d'inquiétude. Nos 4 × 4 sont pour lui un symbole de l'oppression chinoise, un rappel de cette guerre perdue par le Tibet, la première de son histoire. Voyager avec des Chinois dans des véhicules chinois fait de nous des ennemis, des alliés de ceux qui ont tué enfants, frères, parents, et qui ont incendié les bibliothèques et les monastères. Comment le convaincre que nous sommes des amis ? Même si nous n'avons aucune sympathie pour la Chine communiste et condamnons son invasion du Tibet, ne sommes-nous pas nous-mêmes l'avant-garde d'une autre invasion, celle d'un mode de vie qui détruit les civilisations traditionnelles ?

Le simple fait d'être là, avec nos vêtements occidentaux, nos caméras et notre argent, fait de nous les fers de lance d'une façon d'être matérialiste, qui s'est répandue sur toute la planète, détruisant bien des coutumes traditionnelles, notamment en Asie. Un mode de vie qui privilégie l'amour de soi, et tellement facile à adopter ! Il suffit de raser sa natte, d'acheter une paire de jeans, un T-shirt en coton bon marché, des lunettes noires, des baskets, et de se mettre à la cigarette et aux sodas. Au terme du processus, on abandonne sa liberté pour un emploi, n'importe lequel, pourvu qu'il paie.

« Mais alors, tu veux que le Tibet devienne un zoo humain, qu'il refuse tout progrès ? » objecte Jacques. Je n'ai jamais voulu l'avouer, mais j'ai effectivement été tenté dans les années soixante par des projets de ce genre, comme créer une réserve écologique en Amazonie pour les Indiens. Dans le confort de mon appartement parisien, chauffé à l'électricité nucléaire, j'ai souvent rêvé aux délices d'une caverne préhistorique, et de dormir sur la peau d'un ours que j'aurais moi-même tué, sans crainte d'être réveillé par le téléphone.

Mais j'ai perdu cet idéalisme, et je sais que le simple fait de pénétrer ces territoires, les plus secrets du Nangchen, même en ami, est un premier acte de destruction. Je sais que les Tibétains ont eu raison de fermer leur frontière au XIXe siècle, car les explorateurs, les missionnaires et les savants étaient tout aussi dangereux que les soldats : tous étaient les émissaires d'un mode de vie différent, propre à ébranler les certitudes des Tibétains sur la validité du leur.

Aujourd'hui, à Lhassa ou Yushu, et même dans des coins encore plus perdus, comme Zadoi, notre destination, on peut voir de jeunes Tibétains à lunettes noires perdre leur temps à jouer au billard en buvant du Coca-Cola chinois. Tous ces jeunes gens, beaux, intelligents, qu'on envoyait jadis faire leurs études dans les monastères (les universités du Tibet), commencent à poser un grave problème, en particulier à Lhassa : n'ayant rien de productif à faire, ils constituent une population instable, mal formée, qui va peut-être se révéler le meilleur allié de la Chine dans ses efforts pour oblitérer la culture et la société traditionnelle tibétaines.

Ici, sur cette piste qui mène à des zones inexplorées, je ne peux m'empêcher de penser que nous approchons de la dernière frontière entre deux mondes, du dernier endroit sur la terre où deux civilisations sont face à face. Partout ailleurs, en Amérique, en Amazonie, en Nouvelle-Guinée, en Afrique et en Australie, les peuples indigènes ont perdu la partie. Mais je cherche à croire, désespérément, qu'ici, au Tibet, ils vont triompher, eux qui jadis, et contre toute attente, ont défait les civilisations les plus avancées. Pékin, Rome, Babylone et Byzance, malgré leur splendeur, leur puissance, leur raffinement, n'ont-elles pas été envahies par des barbares nés sous des tentes ou des yourtes ?

Est-il possible qu'en ces dernières années du XXe siècle, l'énergie de ces barbares, la seule force capable de défier, à grande échelle, ce que nous appelons civilisation, puisse être anéantie à jamais ? Ou est-il possible qu'ils soient vainqueurs, apportant à nos sociétés décadentes la dynamique de leur inlassable enthousiasme ? Quand on voit le lama Urgyen, le constructeur de monastère, quand on parle avec des Khambas, ces gens forts, fiers, intelligents, il est difficile de croire qu'ils vont succomber devant la pacotille miroitante de notre modernisme idéal occidental. Et tandis que le cavalier khamba se détourne et s'éloigne fièrement de notre jeep, je guette secrètement le signe qui me confirmera que lui, ses frères, ses cousins, ces « derniers barbares », sont toujours prêts à engager le combat et à dominer une nouvelle fois nos prétendues civilisations.

Bercé par le ronronnement du moteur, je m'assoupis un peu, rêvant à ces barbares sauvages dont les exploits ont bercé mon enfance : les Goths et les Wisigoths, les Heptalites, ces mystérieux

« Huns blancs » dont Procope, l'historien byzantin du Vᵉ siècle, nous dit qu'ils étaient « barbares dans leurs mœurs mais à visage humain », les Francs, qui ont balayé les Celtes, eux-mêmes venus de l'Est, les Vandales, qui ont peuplé l'Andalousie, les Huns d'Attila, et enfin, en l'an Mil, les Magyars, qui ont poussé jusqu'à la Côte d'Azur, destination bien recherchée pour des barbares... Je suis réveillé par une embardée de la jeep : la boue et l'eau ont envahi la piste, qui serpente dans une gorge encaissée.

Il n'est que 5 heures, mais des nuages noirs obscurcissent le ciel. Je sais qu'il n'y a aucun espoir d'atteindre Zadoi avant la tombée de la nuit, et cela me préoccupe : je me souviens que les derniers 80 kilomètres de la route empruntent une étroite corniche dominant le Mékong. D'une façon générale, je n'ai pas peur des mauvaises routes, ni des mauvais conducteurs : depuis que j'ai commencé à m'intéresser à l'Himalaya, les mauvaises routes ont été le lot de chaque expédition. Mais pourquoi risquer un accident ? Jacques et Sebastian, consultés, sont de mon avis : il faut nous arrêter avant la nuit. Sans même parler des dangers de la route, la sagesse demande de toujours installer le campement quand on y voit encore. Ce terrain boueux n'est pas ce qu'il faut pour planter solidement un piquet de tente, mais j'aperçois au loin une zone rocheuse plus favorable. L'état de la piste empire, et nous ne sommes pas surpris de rencontrer une équipe de terrassiers chargés de la réparer : les hommes, des Tibétains pour la plupart, ont cherché refuge contre la grêle dans leurs tentes le long de la piste.

Je dis à notre chauffeur de s'arrêter. Ling veut savoir pourquoi, et je lui explique que je compte demander aux ouvriers si la route est aussi mauvaise jusqu'à Zadoi, et où nous pourrions trouver un abri. Le chauffeur obtempère, mais quand j'ouvre la portière, Ling se met à hurler : « Non, n'y allez pas, ces gens sont dangereux, tous des menteurs ! Il faut continuer ! » Cet éclat nous surprend tous, et m'inquiète. Notre voyage ne fait que commencer, et je me demande ce que Ling pensera des rudes muletiers qu'il nous faudra engager là où la piste s'arrête. Comment va-t-il réagir face à des Khambas vraiment arrogants ? Je me dis alors que Ling n'a peut-être aucune idée de ce qui nous attend, et, pour la première fois, un atroce soupçon me traverse l'esprit : et s'il n'avait nullement l'intention de nous laisser pénétrer à cheval en territoire nomade à la recherche de la source du Mékong ?

Pendant une heure, dérapant sans cesse dans la boue, nous nous frayons un chemin sur la piste spongieuse, en vérifiant que la seconde jeep suit. Le tranquille professionnalisme de notre chauffeur est étonnant. C'est un homme bien plus maître de lui que cet excité de Ling. Il connaît quelques mots de tibétain (dialecte de l'Amdo), mais ne veut pas que Ling le sache.

Il fait presque nuit quand nous atteignons le pied d'une grande montagne grise et découvrons des baraquements entourés d'un mur. La grêle a cessé, mais bien que le sol soit encore tout blanc et plein de flaques, je fais arrêter la jeep. Nouvelles protestations de Ling quand je me dirige vers le petit groupe de Tibétains qui nous regarde : il y a là des nomades en *chubas* (ample manteau de laine rouge : le vêtement traditionnel) et des personnages en kaki qui ont vaguement l'air d'être des officiels. Comme chaque fois, il faut un certain temps pour que quelqu'un se rende compte que je parle vraiment tibétain. Les gens d'ici sont convaincus qu'aucun étranger ne peut parler leur langue, et ils sont souvent si surpris de notre physionomie (long nez et yeux clairs) qu'ils n'écoutent même pas, sûrs de ne rien comprendre. Il faut que je répète plusieurs fois la même phrase pour que l'un d'eux s'exclame enfin : « Il parle tibétain ! » Et tous de tendre l'oreille.

« Est-ce que la route est mauvaise comme ça jusqu'à Zadoi ? Est-ce qu'il y aura de la neige ? » On m'assure que la route s'améliore notablement un peu plus loin, au pied du col, mais que nous sommes encore à cinq bonnes heures de notre destination.

Ling a sauté de la jeep et vient près de moi, répétant sans cesse d'une voix irritée, en anglais : « On ne peut pas faire confiance à ces gens-là ! »

« Il vaudrait peut-être mieux passer la nuit ici », dis-je, et Ling perd alors tout contrôle : « Non, non, ces gens vont nous voler, il faut continuer ! » J'essaie de le raisonner : passer le col la nuit, puis rouler sur la corniche au-dessus du Mékong que va suivre la route serait très dangereux. Lui répète que nous ne sommes pas autorisés à « nous arrêter en des endroits où nous ne serions pas sous la protection du Bureau de sécurité publique », et il ajoute que la police de Yushu a téléphoné (par satellite) à celle de Zadoi pour la prévenir de notre arrivée.

Là-dessus, les Tibétains nous expliquent qu'il n'y a pas assez de place pour nous dans leurs vieux baraquements, et j'ai la folie d'accepter ce que demande Ling : nous dépêcher de passer le col, avant que la nuit ne soit complètement noire.

Les Tibétains avaient raison : au bout de quelques kilomètres, la route s'améliore, il semble qu'elle ait été refaite récemment. Nous entamons lentement notre ascension du col, virage après virage. En dessous, le paysage s'élargit, révélant, au loin, un entassement chaotique de pics enneigés. Nous approchons du rebord sud du haut plateau du Qinghai, où commence la longue chaîne de sommets tourmentés, sur 1 500 kilomètres, qui forme le Tibet oriental. Dans ce dense réseau de montagnes se découpent les vallées perdues et parallèles du Yang-tsé, du Mékong et du Salouen, qui se fraient un chemin vers le sud. Notre carte établie par satellite montre clairement ce haut plateau, parsemé, tel un glacier, d'immenses rochers détachés de la montagne et découpé en gorges vertigineuses – le séjour inaccessible des Khambas.

Le ciel se dégage, et bien qu'il soit tard, on y voit encore, ce qui nous rappelle qu'au Tibet la nuit ne tombe que vers 10 heures, non pas en raison de la latitude mais en vertu d'un décret « démocratique » qui veut que toute la Chine suive l'heure de Pékin, bien que le pays recouvre quatre fuseaux horaires.

Quand nous atteignons le sommet du col, à 4 877 mètres, nous découvrons un de ces horizons que les explorateurs d'antan qualifiaient de « vide infernal ». Tout autour de nous, à 360 degrés, ce ne sont que sommets déchiquetés, jouant à cache-cache les uns avec les autres, une sorte d'océan pétrifié prêt à nous engloutir dans ses immenses vagues grises, crénelées de blanc.

La désolation est autant dans mon cœur que dans le paysage. Après ces deux affreuses journées à tressauter au rythme des cahots, je me sens fatigué et déprimé. Déprimé parce que Ling se révèle très désagréable, déprimé à l'idée que toute l'entreprise est absurde si d'autres doivent nous coiffer au poteau, déprimé parce que, vu de ces altitudes, l'objet même de ce voyage me paraît ridicule. Qu'est-ce que je fais ici, moi qui ne me suis jamais vraiment intéressé aux sources des fleuves ? Je déteste ces trajets en jeep, et je soupire secrètement après mes expéditions passées, où je voyageais à pied en compagnie d'un Tibétain, moine ou autre, avec qui il était possible de partager l'aride beauté de ce territoire farouche. Je ne nie pas que Sebastian soit un bon compagnon : ancien d'Eton, il en a le bagage et l'affabilité, et il est aussi emballé que moi par le Tibet. Quant à Jacques, malgré des dehors sévères, son intelligence détachée, analytique, en fait un interlocuteur fascinant. Mais qu'est-ce que je vais pouvoir faire au Tibet sans un seul Tibétain à mes côtés ?

Mes expéditions précédentes se sont toujours déroulées dans la tradition des voyages du passé : à pied ou à cheval. Je n'aime donc pas beaucoup l'idée d'être réduit à m'asseoir dans une Mitsubishi Pajaro en compagnie de quatre Chinois qui sont avant tout des policiers en civil.

Lentement, nous abordons une interminable série de virages en épingles à cheveux, et la nuit est pratiquement tombée quand nous atteignons le fleuve. Il est là, à peine visible, large tache noire dans la nuit, masse mystérieuse, mouvante et rapide, sans fracas, avançant dans le bruissement tranquille des remous de surface, dans l'obscurité, vers les rives lointaines de la mer promise.

S'il y a de la magie dans les mots, il y a du mystère dans les noms. Ici, penché sur les eaux noires, ce sont des images guerrières qui m'assaillent. Déjà, dans mon enfance, le mot « Mékong » évoquait en moi des sampans hérissés de fusils, des eaux charriant des cadavres, des tireurs embusqués dans des marais et des rivages déchiquetés par les obus de mortier. Les grands fleuves sont surtout associés à la puissance, et la puissance à la violence, à la chute des civilisations nées pourtant de l'abondance fertilisante de leurs eaux, Babylone ou Karnak, capitales de souverains puissants dont les temples, les forteresses et les richesses suscitent tôt ou tard l'envie et l'assaut de ceux qui les renverseront.

6

Prison dorée

Le Mékong a vu fleurir sur ses rives plus de civilisations différentes qu'aucun autre fleuve au monde. De nos jours, il traverse sept pays – le Vietnam, le Cambodge, le Laos, la Thaïlande, la Birmanie, le Yunnan chinois, le Tibet – et, naturellement, le royaume de Nangchen.

L'immense delta du Mékong, au Vietnam, compte neuf bras : les « neuf dragons » du fleuve selon une tradition locale. Chaque année, ils déversent dans la mer des centaines de milliers de tonnes d'alluvions, dont une partie vient du lointain plateau du Nangchen. Chaque année, grâce au Mékong, le Vietnam gagne de 70 à 100 mètres sur la mer de Chine. Cet immense delta est une des régions les plus fertiles de l'Asie, car elle bénéficie d'un climat tropical : elle atteint le 10e degré de latitude Sud, ce qui est aussi méridional que la pointe de l'Inde ou le canal de Panama.

Dans sa descente du nord vers le sud, le Mékong traverse de nombreux climats, des hauteurs glaciales des hauts plateaux tibétains, où nous sommes, jusqu'aux étouffantes plaines tropicales du Vietnam. Remonter le Mékong du delta jusqu'au Nangchen est impossible, pour des raisons à la fois géographiques et politiques. Dans le delta, enfin pacifique après des décennies de guerre, les « neuf dragons » sont de navigation facile, même s'ils sont parsemés d'épaves de vaisseaux, rappels d'un passé dramatique. Les neuf bras se réunissent à la frontière du Vietnam avec le Cambodge, à quelque 240 kilomètres de la mer. Ensuite, sur 350 kilomètres, c'est la traversée du Cambodge, pays qui sort à peine de la tyrannie sanglante des Khmers rouges. En chemin, le fleuve baigne Pnom Penh, la capitale, jadis la plus belle et la plus charmante des villes coloniales françaises.

En 1975, sous l'afflux de paysans fuyant les communistes, la ville s'est gonflée, jusqu'à atteindre 2 millions d'habitants. Quelques mois plus tard, les hommes de Pol Pot y faisaient leur entrée et le massacre commençait. Tous les habitants de Pnom Penh eurent l'ordre de quitter la ville pour aller travailler la terre. Les intellectuels, voire ceux qui portaient tout simplement des lunettes, ainsi que ceux qui n'évacuaient pas la ville assez vite furent tués sur place. Pnom Penh devint une ville fantôme, empuantie par les cadavres décomposés. Plus d'un sixième de la population cambodgienne périt au cours des années suivantes, et d'innombrables corps furent jetés dans le Mékong.

Pnom Penh est bâtie au confluent du Mékong et de la rivière qui mène au Tonlé Sap, au nord. Le Tonlé Sap est un lac immense, dont les eaux, à la saison sèche, s'écoulent vers le Mékong par un émissaire long de 112 kilomètres. En revanche, à la saison des pluies, quand le Mékong est en crue, le flux s'inverse, et le lac reçoit une partie des eaux du fleuve. Rares sont les cours d'eau qui coulent dans deux directions, et il y a de bonnes raisons de considérer que ce flux naturel à double sens fait partie intégrante du Mékong. Angkor Vat, l'ancienne capitale des rois khmers, se trouve juste au nord du lac. Après une paisible traversée du Cambodge, le Mékong aborde le sud du Laos par les chutes de Khône, qui interdisent à un navire de remonter plus haut : des milliers de tonnes d'eau rugissantes déferlent sur d'énormes rochers en cascades de plus de deux mètres, comme une vague qui vient se briser sur une côte rocheuse.

Une fois cette barrière passée, le Mékong constitue la frontière entre la Thaïlande et le Laos sur des centaines de kilomètres. C'est là que l'on rencontre un monstre effrayant mais inoffensif, le *pla buk*, poisson-chat géant, qui peut atteindre 3 mètres de longueur et peser jusqu'à 250 kilos. C'est aujourd'hui le plus grand poisson d'eau douce au monde, depuis l'extinction de son cousin, plus grand encore, le fameux silure du Danube.

Au Laos, le Mékong baigne la capitale moderne, Vientiane, où se trouvent d'autres rapides. Quittant un bref moment la frontière avec la Thaïlande, il coupe dans le nord du Laos pour rejoindre, à travers de basses collines couvertes d'une jungle, l'ancienne capitale, Louang Prabang, petite ville assoupie, dont les temples et stupas (monuments funéraires bouddhistes) dominent le fleuve du haut d'un promontoire. Au-delà, le Mékong redevient brièvement frontière entre la Thaïlande et le Laos, avant d'opérer la démarcation entre la Birmanie et le Laos, à la lisière du tristement célèbre Triangle d'or. Ici, le Mékong sert au trafic de l'opium, et la violence hante ses deux rives. Ensuite, il entre au Yunnan, aujourd'hui province chinoise, où il prend le nom local de Lancang.

Au Yunnan, ses berges sont le territoire de tribus pittoresques dont la langue est parente du tibétain. C'est là que le fleuve pénètre les premières gorges étroites qui s'étendent sur près de 1 000 kilomètres et reçoivent très peu d'affluents. Cette sorte de canal au creux des falaises traverse tout le Tibet oriental. Il finit par atteindre Chamdo, la seconde agglomération du Tibet, jadis cité monastique dirigée par les moines, aujourd'hui énorme ville de garnison chinoise, affairée, polluée, siège du haut-commandement oriental et clef du contrôle du Tibet. A Chamdo, le Mékong se scinde en deux bras : celui du sud, qui mène au monastère de Riwoche, et celui du nord, le plus long, qui pénètre le Qinghai, avant de se diriger vers l'est, baignant Nangchen Dzong, puis Zadoi.

Impossible de visualiser dans sa plénitude un cours aussi étonnamment varié, dont la longueur doit être comprise entre 4 200 et 4 800 kilomètres : personne n'a jamais pu remonter le fleuve jusqu'à sa source. Impossible aussi de dire combien de millions de personnes vivent le long du Mékong, mais il est certain qu'aucun autre fleuve n'a une telle importance pour autant de nations. Les Nations unies considèrent aujourd'hui le Mékong comme un des grands axes de développement pour l'Asie du Sud-Est et patronnent la conclusion d'un accord international sur la construction de barrages, à la fois pour l'irrigation et la production d'électricité, et aussi, bien entendu, pour en améliorer la navigabilité. Tâche difficile : en effet, le spectre de la guerre civile au

Cambodge, les différends entre le Laos et la Thaïlande, l'antagonisme ancestral entre la Chine et le Vietnam, et l'instabilité politique de la Birmanie sont autant d'obstacles quasi insurmontables à un règlement négocié.

La nuit est tombée, mais Ling insiste pour que nous poursuivions jusqu'à Zadoi. Commence alors notre avancée sur la périlleuse corniche qui domine le fleuve que nous ne pouvons voir. Au ras de la falaise, sans cesse à quelques pas du désastre, nous remontons une gorge verticale. Périodiquement, les phares captent la silhouette d'un genévrier solitaire.

L'an passé, la découverte de ces premiers arbres après l'interminable désolation du haut plateau m'avait rempli de joie. Le genévrier est l'arbre sacré du Tibet : selon les anciennes croyances, antérieures au bouddhisme, le genévrier est le séjour et le symbole de la déesse de la Fécondité, laquelle ne le cède en importance qu'à la déesse de la Fortune. La ramille de genévrier est un symbole de vie ; en briser une est présage de mort. L'encens de genévrier est le parfum dont usent les dieux, et c'est lui qu'on brûle dans tous les monastères tibétains. Il provient de l'Himalaya, où le bois de genévrier est broyé par des moulins à eau jusqu'à devenir une sorte de pulpe, passée ensuite dans des tamis de toile et séchée, pour constituer enfin les bâtonnets odorants qui seront brûlés jour et nuit dans tous les sanctuaires du pays. Quand les prêtres païens du fin fond de l'Ouest tibétain sacrifiaient une chèvre à la déesse de la Fortune, ils avaient à la bouche une baguette de genévrier : si elle se brisait, c'était le pire des augures.

Mais si le genévrier est si important comme symbole et pour fournir l'encens dans tout le pays, les forêts de genévriers sont extrêmement rares. Des textes anciens, mais aussi des souches d'arbres morts, attestent qu'il a probablement recouvert de grandes parties du Tibet il y a très longtemps. J'ai vu moi-même les traces de telles forêts au Mustang et ailleurs : des arbres noueux, vieux de trois siècles. Même à Pékin, c'est l'arbre favori des vieilles cours de palais et de monastères, et certains d'entre eux auraient plus de cinq siècles. Au Ladakh oriental, les poutres et les piliers des maisons sont parfois en genévrier, dont la forme serpentine évoque quelque séjour baroque de gnomes et d'elfes. Au Zanskar, où il n'y a pas d'arbres, un tronc de genévrier vaut une fortune.

La grêle recommence à tomber, et nous voilà de nouveau à scruter anxieusement l'obscurité, avançant à une lenteur d'escargot sur la route fangeuse, dans le vacarme des grêlons sur le toit de la jeep. Je fais des prières pour que nous ne dégringolions pas au fond de la gorge du fleuve avant d'avoir pu tenter de découvrir sa source.

A 11 heures du soir, à bout de force, nous déboulons enfin dans la grand-rue boueuse de ce qui ressemble à une ville de l'Ouest américain : Zadoi, la dernière agglomération sur la carte avant que le Mékong ne nous emmène vers l'inconnu. Personne n'a jamais décrit la désespérante laideur des garnisons chinoises. Pour commencer, on passe un portail orné de l'étoile rouge de l'Armée populaire de libération. Qu'on soit à Zadoi ou à Zaidoi, les logis sont partout les mêmes : des files de baraquements d'un étage aux allures d'écuries, composés de cellules à une porte et une fenêtre. C'est l'unité d'habitation de base qui sert aussi bien (ou plutôt aussi mal) de foyer à une famille chinoise, de chambre à trois lits pour voyageurs et de chambrée à quatre lits pour les troupes d'occupation. Les toits sont de tuile industrielle rouge sale, les murs de brique sèche recouverts de chaux, et le sol est fait des mêmes planches rugueuses que les lits sur lesquels on étend son sac de couchage.

Ce qui rend l'endroit si sinistre, c'est la saleté : planchers poussiéreux, murs constellés de crachats, portes brisées qui ne s'ouvrent ni ne se ferment et, surtout, l'odeur omniprésente des toilettes publiques, trop célèbre pour que je m'attarde à l'évoquer davantage. Et comme si ce n'était pas suffisant, il faut ajouter la présence des hargneux commissaires politiques chinois qui dirigent ces camps semblables à des prisons.

Notre marathon des derniers jours nous a trop fatigués pour que nous prenions la peine d'allumer la bouse de yak du fourneau dans notre chambre.

Au réveil, j'aperçois par la fenêtre sale un ciel gris. Puisque nous sommes parvenus là où la route s'arrête, il nous faut louer des chevaux et trouver un ou deux Tibétains, moines ou laïques, qui accepteraient de nous accompagner.

Sur ma carte-satellite, les pointillés qui représentent le haut Mékong finissent à 250 kilomètres d'ici. Mais je compte qu'il nous faudra faire environ 300 kilomètres à cheval, car nous serons obligés de contourner les gorges les plus profondes. Ce qui signifie que nous avons devant nous de huit à dix jours de cheval.

Après un autre petit déjeuner désolant, je rassemble tout mon optimisme et décide d'aller voir les monastères locaux, car les moines sont les meilleurs compagnons de voyage. Libres de toute obligation familiale, généralement érudits et pleins de sens moral, ils se sont toujours révélés, lors de mes précédents voyages, des gens de confiance et de bonne compagnie.

Il y a deux monastères près de Zadoi, et c'est même leur présence qui a conduit les Chinois à installer une garnison dans cette région où il n'y avait même pas un hameau. Nous sommes maintenant au cœur du district de Ghegi, le territoire de la tribu pastorale du même nom, dont les chevaux sont les meilleurs de la race Nangchen.

Trouver un cheval devrait être moins difficile que de mettre la main sur un moine : nous passons devant de nombreux cavaliers khambas tirant derrière eux une cordée de chevaux, les uns superbes, les autres moins. Tout ce qu'il nous faut, c'est un Tibétain jeune et honnête pour nous aider à négocier la location de nos montures. Ensuite, débarrassés de nos chauffeurs chinois, nous pourrons enfin quitter les sentiers battus.

Nous prenons une des jeeps pour aller au monastère de Dzer, de l'ordre Kargyupa. Le chemin longe une petite corniche qui nous découvre pour la première fois le Mékong de jour. C'est comme retrouver un ami perdu. Ce qui pendant un an n'a été qu'un mot

Dutreuil de Rhins, l'infortuné explorateur français qui, en 1894, approcha la source du Mékong, avant de périr sous les balles de villageois khambas pour une obscure histoire de chevaux volés.

La mort de Dutreuil de Rhins, que ses porteurs abandonnent. Sous une pluie de balles, son second, Grenard, tente en vain de l'emmener à l'abri. Il se peut qu'il ait été jeté encore vivant dans un torrent voisin.

Le cinéaste de l'expédition, le docteur Jacques Falck, toujours disponible pour un patient éventuel quand il ne filmait pas.

Sebastian Guinness, dont la permanente bonne humeur aura été particulièrement précieuse sous la grêle, tout comme sa connaissance du chinois dans bien des situations délicates.

A moins de 160 km de la source du Mékong, notre campement, en plein vent, sur le plateau désolé où vivent, le plus souvent invisibles, et mal connus, les fiers nomades de Ghegi.

Une tente de drapeaux de prière, cathédrale frémissante érigée au cheval dieu des vents, l'un des rares signes de la présence humaine sur l'âpre plateau, au faîte du « toit du monde ».

« Sauvages et vivant de rapines » : telle est la réputation faite aux Goloks par les rares Européens revenus vivants d'une exploration des monts Amne Machin, leur territoire, le bout du monde.

Dans chaque famille, un ou plusieurs cadets sont envoyés chaque année au monastère local pour y étudier quelques mois. De retour chez eux, ils enseignent lecture et écriture à leurs frères, parfois à leurs sœurs. Grâce à eux, le niveau intellectuel de la plupart des nomades tibétains est supérieur à celui des paysans chinois.

Une famille de nomades de l'Amdo. La coiffure à nœuds de l'homme est celle que portaient ses ancêtres d'il y a deux mille ans, et qu'arborent les soldats de terre cuite dans la célèbre tombe du Premier Empereur à Xian.

A 300 km de sa source, le Mékong est déjà un fleuve puissant, rouge du limon qu'il charrie.

Nangchen Gar, la capitale du vaste royaume nomade de Nangchen, n'est qu'un campement pour les chefs des douze tribus du pays lorsqu'ils viennent rendre hommage au souverain et dressent leurs tentes à côté du monastère et de l'immense cairn de pierres empilées.

Le monastère de Nangchen Gar, l'un des soixante-douze que compte le Nangchen, royaume non encore complètement exploré.

Surgissant de nulle part sur son cheval miniature aux formes harmonieuses, ce nomade du Nangchen est venu voir ce que nous fabriquons dans ces parages.

Entre les jambes de Michel Peissel, ce filet d'eau est le Mékong, à peine sorti de terre sur les pentes du col de Rupsa-la.

Très semblable au mystérieux « cheval n°2 » des peintures rupestres, le cheval de Riwoche, reclus dans des vallées montagneuses fermées par des cols élevés, n'a pas connu la même évolution que les autres chevaux domestiqués de la planète. Ci-dessous, les chevaux de la grotte Chauvet, dans l'Ardèche, découverte en 1994.

est devenu enfin réalité. Bien que nous ne soyons pas bien loin de la source, le fleuve a quand même une centaine de mètres de large, et ses eaux tourbillonnantes sont d'un rouge laiteux et profond. Il est gonflé des dernières pluies, le courant est rapide. En nous penchant, nous apercevons un pont de béton qui relie les deux parties de Zadoi, chacune d'un côté du fleuve.

La route s'est rétrécie en une étroite piste qui, soudain, plonge dans un tunnel. A sa sortie, nous débouchons sur une pente herbeuse où l'on découvre les bâtiments blancs d'un monastère. Très vite, nous nous retrouvons devant l'entrée, d'où le panorama est splendide : un cirque montagneux et le grand fleuve rouge, qui disparaît vers l'ouest derrière les pentes herbeuses.

Une foule de jeunes moines se précipite pour nous accueillir, ce qui est de bon augure. Mais j'ai du mal à me faire comprendre. Finalement, je repère un grand gaillard entre deux âges, à la tête rasée, qui parle un tibétain que je comprends bien. Son visage avenant me rassure temporairement : au moins, c'est quelqu'un à qui je vais pouvoir confier mon projet. Peut-il nous aider à trouver des chevaux ? Sur sa réponse affirmative, nous voilà repartis vers la ville avec lui.

Nous nous arrêtons dans la grand-rue, l'unique artère de Zadoi, en terre et gravier, cernée par les hauts murs des casernes. A même la chaussée, devant de misérables gargotes et maisons de thé, une demi-douzaine de tables de billard. Il semble que le billard soit le grand cadeau fait par la Chine au Tibet. Ce sont des tables demi-format, à six trous, mais avec le même nombre de boules que dans le billard américain. Elles passent la nuit dehors, recouvertes d'un plastique hideux, fixé avec des pierres.

Certains reprochent aux Chinois d'avoir inculqué la paresse à la jeunesse tibétaine, mais il est difficile de dire ce qu'il en est exactement. Il est évident que les Tibétains, qui viennent dans cette lugubre petite ville de garnison pour y vendre leur beurre, leur laine et leur viande séchée, n'ont pas grand-chose à faire en attendant le client. A Lhassa, en revanche, l'oisiveté des jeunes commence à être un problème car les Chinois ne laissent aux Tibétains que très peu d'emplois : ils font venir de Chine une main-d'œuvre bon marché. Quant à l'éducation, en dépit de ce que les autorités prétendent, bien peu de Tibétains ont une formation convenable.

Des yaks et des chevaux lourdement chargés, venus de campements éloignés, circulent entre les tables de billard, menés par des nomades au pas lourd, aux jambes légèrement écartées, pleins d'assurance. Certains ont un rosaire à la main, d'autres s'accrochent à leur sac en peau de yak en parcourant des yeux les étals en plein air des boutiques : vêtements, chapeaux, sirops, rênes, thermos, batteries, montres, seaux en plastique, bassines en émail fleuri, chaussures de plastique et tout un assortiment de pots et casseroles en aluminium.

Notre moine va conférer avec plusieurs commerçants, puis avec des confrères de rencontre et revient en disant que trouver des chevaux ne va pas être commode. Quand je lui demande à nouveau s'il pourra venir avec nous, il se lance dans une explication embarrassée d'où il ressort finalement que c'est impossible. Je l'encourage à poursuivre quand même ses recherches, tandis que, de mon côté, je pars en quête de l'administrateur tibétain local.

On m'explique : « Ici, nous avons des bicyclettes et des jeeps. Les chevaux sont dans la montagne. » En vain je parcours des yeux les pentes avoisinantes : pas une tente en vue. Je n'ai pas plus de chance avec l'administrateur de Zadoi : « Il est absent », m'assure sa femme, en retenant un gros dogue hurlant. Au moment où je repars vers le pont, j'ai la surprise de m'entendre héler d'un « Good morning, Sir ». Je fais demi-tour et me trouve nez à nez avec un petit homme tout racorni, aux cheveux longs. Comme il vient d'épuiser tout ce qu'il sait d'anglais, je poursuis la conversation en tibétain. D'emblée, il me raconte qu'il s'est enfui en Inde au moment de l'invasion chinoise, qu'il y a passé plus de trente ans et qu'il vient tout juste de rentrer au Kham. Que son itinéraire soit connu des Chinois ne semble pas l'inquiéter, et je me souviens d'avoir déjà rencontré de ces guérilleros khambas revenus finir leurs jours au pays. Les Chinois avaient fait savoir partout, en Inde et au Népal, que les Tibétains qui rentreraient n'auraient pas de représailles à craindre. Peu l'ont fait, mais plus qu'on ne le croit généralement à l'étranger, et pour des motifs divers : parce qu'ils avaient perdu leurs illusions sur l'Inde, ou qu'ils ne supportaient pas l'idée de ne jamais revoir leur famille restée au Tibet, ou tout simplement pour revenir mourir sur le sol natal.

Ce vieil homme semble plutôt digne de confiance, et je lui parle de notre problème de chevaux. Comme il est midi, nous nous dirigeons vers un restaurant musulman. En chemin, nous tombons sur une troupe bruyante d'instituteurs tibétains du pensionnat chinois pour enfants de nomades. On nous montrera plus tard les bâtiments de cette école, qui n'accueille que des garçons. C'est un des rares établissements de ce type que j'aie pu voir, et je note qu'il a très peu d'élèves, comparé à la population qu'il est censé desservir. La raison en est simple, m'explique un instituteur chinois originaire de Xining : aujourd'hui, au Nangchen, tout comme par le passé, le fils cadet est envoyé au monastère local tandis que l'aîné reste à la maison pour aider son père et apprendre de lui son métier. Aussi, bien peu de familles sont-elles intéressées par une école laïque.

Au restaurant, une vieille femme s'offre à nous aider. Ce n'est que plus tard, quand elle nous suivra partout, informant tout le monde de nos intentions d'une voix criarde, comme si elle était chargée de nos relations publiques, que je comprendrai qu'elle est légèrement marteau. Impossible de rester seuls : notre petit groupe est constamment escorté par une horde d'enfants qui viennent nous regarder sous le nez, car nous sommes sans doute les premiers étrangers qu'il leur soit donné de voir.

7
La guerre de Kanting

Très rares sont effectivement les étrangers qui ont été autorisés à aller à Zadoi. En plus de mon précédent voyage, il y a eu, récemment, celui d'un zoologiste britannique et, à la fin du printemps 1992, celui d'une équipe du *National Geographic*, le journaliste Thomas O'Neill et le photographe Mike Yamashita, qui avaient le projet de suivre le Mékong jusqu'à sa source. Leur guide, un nomade tibétain, les avait conduits jusqu'à un certain champ de neige et leur avait dit qu'ils venaient d'atteindre la source sacrée, une des sources du Mékong. Dans le *National Geographic* de février 1993, O'Neill écrivait : « Nous avons contourné la montagne et découvert dans un ravin peu profond une plaque de glace de quelque 300 mètres de long, en forme de sablier. En m'accroupissant sur la surface gelée, je pouvais entendre en dessous un goutte-à-goutte : c'étaient les premières notes du Mékong. D'après mes recherches, Mike et moi sommes les premiers Occidentaux à les entendre. »

Cette revendication plutôt vague s'amenuise encore quand on considère les explications données par leur guide : « Il y a deux sources. D'abord la source de montagne sur un glacier, où personne ne va, et ensuite la source spirituelle, derrière une montagne sacrée. » Les deux journalistes avaient atteint la source spirituelle. Ni la longitude, ni la latitude, ni même le nom de la montagne n'étaient précisés. Avant de partir, j'ai téléphoné à la National Geographic Society pour en savoir plus long sur la « découverte » d'O'Neill, et l'on m'a dit qu'elle n'avait fait l'objet d'aucun enregistrement officiel. De plus, sur les photographies publiées à l'appui de l'article, on voit les monts Tangla au sud-ouest, ce qui semble indiquer que les deux hommes ont été trompés par leur guide.

Il est évident que cette source est encore à découvrir.

Le jour avance, et je me demande si nous allons nous en sortir. Le vieux Khamba revient nous dire qu'il n'a pu dénicher aucun cheval et que notre seule chance est d'aller en demander aux nomades des hauts pâturages, si nous arrivons à mettre la main sur eux, ce qui peut prendre plusieurs jours. A ces nouvelles décourageantes s'en ajoute une autre : le moine athlétique nous confirme que ni lui ni aucun de ses frères ne pourra nous accompagner. Sans quelqu'un du pays pour nous aider à gagner la confiance des nomades, nous n'avons guère de chances de pouvoir louer des chevaux.

Je décide alors d'aller voir l'abbé de l'autre monastère de Zadoi, plus important, qui appartient à l'ordre réformé, à « Chapeau jaune », qui est celui du Dalaï-Lama. Ce couvent se trouve à plusieurs kilomètres, au bout d'une piste impraticable pour nos véhicules. Haletant (Zadoi est à 4 700 mètres d'altitude), nous atteignons enfin un long bâtiment d'un étage, en brique, qui domine la ville. La cour intérieure est bordée de fenêtres à grillage de bois. Au sommet d'un haut mât, un drapeau de prière blanc flotte au vent. Un jeune homme habillé à l'occidentale nous fait entrer, nous offre du thé salé et nous invite à nous installer sur de longs matelas recouverts de tapis tibétains, dans les tons bleu, orange et blanc. C'est le secrétaire du lama ; il nous informe que Sa Sainteté est en pèlerinage. Selon lui, personne n'osera nous accompagner dans notre quête du *chu-go* (littéralement : « tête du fleuve » ; alors que *chu-mik* signifie « œil de l'eau, source »).

En conversant avec ce jeune homme qui parle le tibétain raffiné de Lhassa, je m'aperçois que, jusqu'ici, j'ai toujours considéré comme allant de soi que tout le monde au Tibet comprend ce que je veux dire en parlant de source du Mékong. Or, même en Europe, les avis divergent sur l'exacte définition de la source d'un fleuve.

S'agit-il de la source la plus éloignée de la mer ou du début du bras qui a le plus fort débit ? Ou est-ce simplement la source consacrée par l'histoire, celle que les habitants du pays reconnaissent comme telle ? La source officielle du Mississippi n'est ni la plus éloignée de la mer (c'est celle du Missouri), ni l'origine du bras au plus fort débit : les atlas ont toujours choisi de lui attribuer la source que l'histoire lui a donnée et non pas celle qui aurait la faveur des géographes ou des hydrologues.

Sans doute ma connaissance du tibétain est-elle indispensable pour déterminer la source historique du Mékong, mais elle ne me sera d'aucune utilité pour expliquer aux gens d'ici ce que les géographes modernes considèrent comme la vraie source d'un cours d'eau. Pour commencer, il faudrait que j'explique ce qu'est la mer. Or les seules « mers » du Tibet sont de très grands lacs, et le seul « océan » est celui, mythique, qui entoure le mont Meru, centre d'un univers dont les lamas assurent qu'il est plat et en forme d'omoplate de mouton. Inutile de préciser que personne ici ne sait jusqu'où va la Dza-chu, que les Chinois appellent Lancang et nous Mékong.

Tout cela est impossible à expliquer et, au bout du compte, ce sera à nous de remonter la Dza-chu, de mesurer le débit de chaque affluent pour établir quel est le lit principal du fleuve. Sans doute pourrons-nous nous aider de notre carte-satellite, et recourir éventuellement à des nomades, si nous avons la chance d'en rencontrer.

Alors que je commence à désespérer de trouver des chevaux, quelqu'un nous dit qu'au sud de Zadoi il y a une vieille piste qui remonte la vallée d'une rivière appelée A, pour en rejoindre une autre, laquelle, à travers plusieurs cols très élevés, nous mènera jusqu'à un endroit du nom de Moyun, sur le haut Mékong. Des questions complémentaires et la consultation d'une carte militaire chinoise, dans la caserne, confirment l'existence de cet itinéraire. Je sais néanmoins qu'on ne peut guère faire confiance à ces cartes, et des fonctionnaires chinois, interrogés, me disent que cette route doit être impraticable à cause des pluies récentes. Nos chauffeurs ont fait leur propre enquête et viennent nous dire que ce serait une folie de nous engager sur cette piste, que nous finirions enlisés.

Comme nos chances de trouver des chevaux à Zadoi semblent nulles, je décide néanmoins en faveur de cette piste, ne serait-ce que pour quelques kilomètres, le temps de rencontrer un campement de nomades. Je préfère encore me retrouver bloqué dans les alpages que de moisir à Zadoi, que je trouve de plus en plus sinistre. « Mais, monsieur Psl, nous n'avons pas assez d'essence, et le Bureau de sécurité publique... » Je coupe Ling au milieu de sa phrase : « Il n'y a qu'à nous procurer de l'essence, et vous savez comme moi que j'ai l'autorisation d'aller jusqu'à la source, où qu'elle soit. » Ling prend un visage désespéré et commence à conférer à voix basse avec les chauffeurs. Puis il déclare que les jeeps sont trop chargées, ce sur quoi je propose de laisser à Zadoi une partie de nos provisions et tout ce qui ne nous est pas absolument indispensable. L'opération faite, j'insiste pour que nous nous mettions immédiatement en quête d'essence.

Là encore, l'affaire n'est pas simple. Il faut d'abord dénicher le seul homme qui peut nous donner l'autorisation écrite d'acheter de l'essence, denrée rare et coûteuse en ces parages, à des milliers de kilomètres du plus proche puits de pétrole. Ce papier obtenu, nous nous rendons dans un immense hangar, où un employé fouille longuement dans des tas de tentes de yak pliées à la recherche de l'entonnoir qui lui permettra de faire passer dans nos bidons le carburant tiré d'un baril rouillé. Ensuite, fatigués, pantelants, Sebastian et Jacques traînant l'équipement photographique, nous traversons à nouveau le pont sur le Mékong pour retourner chez l'administrateur : j'ai encore l'espoir qu'il pourra nous aider à trouver un Tibétain de confiance pour nous servir de guide.

L'administrateur n'est toujours pas rentré, mais au retour, dans la grand-rue boueuse, nous tombons sur notre Khamba, puis sur notre moine : on dirait que nous connaissons tout le monde à Zadoi ! En tout cas, tout le monde en ville sait qui nous sommes et que nous cherchons des chevaux. Une petite foule de Tibétains me suit dans un magasin, je leur parle, la réponse fuse : « Combien payez-vous ? » Evitant une réplique directe, je réponds : « Qui a des chevaux ? » Personne n'en a.

Assis sur les marches de béton de l'entrée de notre baraquement, j'ai une nouvelle longue dispute avec Ling, parce que je voudrais me mettre en route le plus tôt possible.

Je m'aperçois que Ling est trop jeune pour en imposer aux chauffeurs, qui ont au moins dix ans de plus que lui, et n'ont nullement l'intention de s'entendre dire par un blanc-bec où ils doivent aller et ce qu'ils doivent faire. Ling est à leur merci, et ils ne sont pas de très bonne composition. En Chine, il existe une règle d'or, probablement transmise de génération en génération chez ceux qui doivent lutter chaque jour pour leur survie : dans un monde où les chiens se dévorent entre eux, si vous avez une quelconque emprise sur quelqu'un, vous devez l'utiliser. Chantage et extorsion sont monnaie courante dans de nombreuses régions de la Chine. Même avant le communisme et sa rigide bureaucratie, le fonctionnaire chinois était un vrai tyran dès lors qu'il avait prise sur quelqu'un. Nos chauffeurs savent qu'ils ont prise sur Ling, et peut-être même sont-ils plus élevés que lui dans la complexe hiérarchie interne de la bureaucratie chinoise.

Je m'efforce de convaincre tout le monde de l'importance de notre expédition, mais le sentiment du ridicule m'envahit. Que penseraient Burton, Speeke et tous les autres explorateurs à me voir, dans ce misérable équipage, aussi dépendant de chauffeurs récalcitrants ? J'aime à penser que mon année passée à la Harvard Business School m'a enseigné les techniques du marchandage, mais mes négociations avec ces chauffeurs de jeep sont un échec complet.

D'ailleurs, je hais les jeeps – Land Cruisers, Range Rovers et autres monstres à roulettes. Je n'aime que la marche à pied et le cheval. Ai-je assez ricané sur l'explorateur en 4 × 4 des publicités, fumant sa cigarette au volant de son véhicule maculé de boue, au toit couvert de pneus de rechange ! Par définition, il n'y a pas de routes vers l'inconnu et les territoires vraiment inexplorés. Je n'aspire qu'à échanger ces engins et leurs conducteurs contre le seul véhicule qui convienne aux terres inconnues : le fameux quatre-pattes, sans plomb, carburant au foin, le cheval sans vapeur. Mais où diable sont-ils ?

Le lendemain matin, dans l'atmosphère fétide de la caserne, je suis de nouveau en train de négocier notre départ, quand deux jeunes Chinois d'apparence très civilisée débarquent d'une jeep. Je me dis d'abord que ce sont des policiers venus à notre intention, mais il apparaîtra qu'ils font partie de la logistique de l'équipe sino-japonaise (ils ne l'ont pas dit d'emblée et ce n'est que plus tard que nous les identifierons). Nous apprendrons néanmoins que les Japonais en question appartiennent à la faculté d'agronomie de l'université de Tokyo et qu'ils ont dix jours d'avance sur nous – information parfaitement démoralisante. Même Sebastian en perd un moment sa bonne humeur ; quant à Jacques, son impassibilité coutumière tourne brièvement à la catatonie. Il serait peut-être raisonnable de nous reposer quelques jours, mais nous ne pouvons nous permettre de traîner, même si nous ne savons pas avec certitude ce que recherche cette équipe sino-japonaise.

Le lendemain, à 9 h 30, nous quittons Zadoi par le pont sur le Mékong (une seule arche de béton). L'optimisme est revenu, et nous contemplons, à l'ouest, la gorge dont jaillit le fleuve et ses rapides eaux rougeâtres, qui filent vers la mer de Chine, à 4 300 kilomètres de là. Si les cours d'eau et les vallées offrent des itinéraires parfaits en plaine, ce n'est pas le cas en montagne : nous ne pouvons pas suivre le fleuve qui disparaît entre deux falaises, et nous ne savons pas davantage d'où il vient. A un kilomètre et demi de Zadoi, nous obliquons vers le sud et entamons l'ascension d'une étroite vallée entourée de sommets escarpés. Pour toute piste, deux ornières de terre croûteuse dans l'herbe, sans aucune trace de pneus. Et si cette route était effectivement fermée ?

Je suis content d'avoir quitté Zadoi, et ma joie est encore accrue quand j'aperçois, venant dans notre direction, un troupeau de yaks conduit par trois beaux cavaliers, le fusil sur l'épaule. Nous stoppons : les puissants yaks, chargés de grandes balles de laine de mouton, passent contre la voiture, à dix de front, en se bousculant, excités par les cris et les sifflements des fiers bouviers khambas, qui vont à Zadoi vendre leur laine. Le fait qu'ils aient une arme surprend mes compagnons, peu habitués à voir des hommes armés qui ne soient ni des chasseurs ni des soldats. Montés sur de superbes chevaux de la région, drapés dans d'amples vestes de peau de mouton dont une manche pend sur l'épaule, un chapeau de renard sur la tête, ces hommes armés sont une apparition romanesque, agressive.

Ils ont les cheveux longs et des traits amérindiens, le nez fin et les yeux noirs légèrement obliques. Pour une fois, Ling est peut-être dans le vrai : il y a de bonnes raisons de redouter ces gaillards. Bien que les Khambas aient été officiellement vaincus, ils n'ont pas pour autant déposé les armes. En fait, c'est la tentative faite par les Chinois en 1953 pour les désarmer qui a déclenché la guerre de Kanting, cette guerre peu connue qui a opposé les Khambas du Tibet oriental, seuls, à l'Armée populaire de libération.

Il y a trente ans, au Mustang, quartier général des Khambas à la fin de cette guerre, j'ai pu recueillir des informations de première main et reconstituer pour la première fois les principaux épisodes de ce conflit. Aujourd'hui, dans la province la plus reculée du Kham, j'espère bien retrouver les sites de batailles jamais célébrées, et rencontrer les derniers survivants de cette guerre obscure qui a fait rage pendant six ans dans les montagnes. A en juger par ce qu'on dit de soulèvements périodiques et par l'arrogance de nombreux nomades rencontrés, il semble que les Khambas du Nangchen n'aient pas entièrement renoncé à la lutte.

Si les hommes du Kham se sont révélés de remarquables combattants, ce n'est certes pas grâce à leur armement : en 1953, beaucoup n'avaient que d'archaïques fusils à mèche, qui se chargeaient par le canon. A voir ces beaux cavaliers, si sûrs d'eux, effleurant au passage nos véhicules de la crosse de leur fusil, je me dis que le secret de leur résistance doit être recherché dans la nature même de leur vie sur le haut plateau. La survie de nomades dépend de leurs troupeaux, dont la taille est fonction de l'étendue de leur territoire. Pour conserver un territoire délimité, il faut être capable de le défendre. Des livres entiers ont été écrits sur l'« impératif territorial », mais on n'a guère étudié la différence entre sociétés de pasteurs et sociétés d'agriculteurs en matière d'idée du territoire.

Les plus anciens documents tibétains nous montrent des tribus nomades fières jusqu'à l'arrogance mais très dévouées à leur chef, dont l'autorité n'était que rarement contestée. Leur loyauté reposait sur un serment d'allégeance, la base même de la force militaire des tribus. Ce système social était bien différent de celui des communautés d'agriculteurs, où les chefs n'avaient le pouvoir que parce qu'ils possédaient la terre et les serfs, et non par la libre adhésion de leur parentèle. Alors que le chef nomade commandait à des hommes qui lui étaient liés par le sang, le seigneur terrien commandait à des paysans qui étaient ses sujets. D'où la supériorité des sociétés de guerriers nomades sur les Etats féodaux agricoles gouvernés par des princes. Machiavel, le meilleur analyste du pouvoir des princes, avait bien vu leur vulnérabilité : dès qu'ils perdent leurs terres, ils perdent leurs sujets, car un paysan change d'allégeance quand son champ change de main. Il n'en va pas de même chez les nomades, car la terre n'appartient pas à un prince mais à la tribu. La règle traditionnelle veut que le chef d'une tribu nomade tibétaine possède dix pour cent de tous les animaux appartenant à la tribu, et que ses hommes s'occupent de ces bêtes comme des leurs. En échange, il est responsable de la défense de la tribu et de l'observation de ses lois.

Chaque nomade possède un fusil : il lui est nécessaire pour protéger ses troupeaux des loups, des léopards des neiges, des ours et des maraudeurs des tribus voisines. Il vaut mieux être en bons termes avec ces fiers cavaliers (faute de le savoir, l'infortuné Dutreuil de Rhins y avait laissé la vie). Je préfère croire que je n'ai rien à craindre puisque je parle tibétain.

Après ce premier troupeau, nous en croisons un second, qui bloque entièrement le passage : cette fois, ce sont des nomades qui reviennent de Zadoi, leurs bêtes chargées de sacs d'orge en laine de chèvre blanche et marron. Impossible de les contourner, car le chemin est pris entre la falaise et la rivière A. Je décide donc de sauter de la jeep et de marcher à leurs côtés. Ils sont tout contents de pouvoir bavarder avec moi, et les questions habituelles fusent : est-ce que j'ai rencontré le Dalaï-Lama ? Où ai-je appris le tibétain ? D'où est-ce que je viens ? Et que faisons-nous par ici ? Quand je dis que mon premier professeur de tibétain a été le frère aîné du Dalaï-Lama, Tagster Rimpoche lui-même, on me regarde avec admiration, et quand je raconte que j'ai aussi rencontré le Dalaï-Lama, c'est la ferveur.

Cette rencontre avec le dieu-roi, imprévue, et d'ailleurs dépourvue de romanesque, avait eu lieu au Centre d'étude des religions de Harvard, en 1980. Je n'avais pas cherché à rencontrer Sa Sainteté, surtout pour ne pas me faire repérer par les multiples agents des services secrets qui surveillent ses activités en Inde. Je pensais bien qu'Elle avait lu mon livre sur les Khambas, sans doute un peu trop sévère sur l'attitude de son entourage à l'égard des Chinois entre 1950 et 1959, pour ne rien dire de la sienne. Quand on m'eut présenté, le Dalaï-Lama manifesta une grande surprise, mais il s'ensuivit une conversation animée avec lui-même et sa suite. Je lui ai demandé de bien vouloir pardonner une certaine dureté dans l'article que je venais de publier le jour même dans le *Boston Globe* et où j'écrivais notamment : « Le Dalaï-Lama ne doit pas oublier qu'il est de son devoir, au cours de sa visite aux Etats-Unis, d'appeler à la libération du Tibet. » Le gouvernement Carter, en effet, avait exigé qu'il ne fît aucune déclaration politique pendant sa visite, et il avait accepté, ce que, avec d'autres, je considérais comme inadmissible, étant donné qu'il était le chef politique du Tibet.

Les longues hésitations du Dalaï-Lama face à la Chine ont engendré bien des tensions au Tibet et ailleurs, en particulier entre son entourage et les Khambas, qui se sont battus seuls contre l'armée chinoise entre 1950 et 1959, alors que le Dalaï-Lama et sa cour, ministres, abbés et aristocrates de Lhassa, collaboraient avec l'envahisseur en échange du maintien de leurs privilèges. Le fossé entre Khambas et gens de Lhassa était ancien : longtemps, les Khambas avaient refusé de reconnaître le Dalaï-Lama pour souverain. Le fossé s'était encore élargi à partir du 6 octobre 1950, premier jour de l'invasion chinoise, quand les troupes communistes avaient attaqué Denko, un poste militaire à la frontière du Kham et de l'Amdo, à 150 kilomètres au sud-est de Jeykundo. Sous la conduite d'un chef local khamba, Muha, les Tibétains avaient contre-attaqué et réussi un temps à repousser les Chinois.

Entre-temps, le Dalaï-Lama avait dépêché à Chamdo, la capitale khamba du Tibet oriental, un ministre du nom de Nawang Nagbo, vite baptisé « Nagbo le Traître ». L'homme était convaincu que le Tibet devait se montrer coopératif avec les communistes. Apprenant que les troupes chinoises avaient pris Denko et se dirigeaient vers Chamdo, non seulement il avait refusé de puiser dans l'arsenal local pour armer les Khambas, mais il le fit sauter avant de s'enfuir, pour se rendre finalement aux Chinois. Sept mois plus tard, à Pékin, il signait l'infâme accord en dix-sept articles qui ouvrait Lhassa aux Chinois et payait d'un renoncement à l'indépendance le maintien des privilèges de l'aristocratie locale. Le Dalaï-Lama, alors âgé de seize ans, n'avait pas été en mesure de trouver des appuis pour contrer son ministre et dénoncer cet accord.

Dès 1953, les Chinois avaient consolidé leurs positions au Tibet en construisant des routes stratégiques, et ils décidèrent que le moment était venu d'imposer des réformes communistes à ceux des territoires tibétains qui n'étaient pas contrôlés par le Dalaï-Lama. Les réformes en question exigeaient la destitution des chefs de tribus du Kham et de l'Amdo déclarés « ennemis du peuple et corrompus ». Vint ensuite l'assaut contre les monastères et les moines, ces colporteurs de l'« opium du peuple », la religion. Les Khambas, je l'ai dit, se soulevèrent aussitôt contre ces « réformes » et pour la défense de leurs chefs. Le jour où la guerre de Kanting éclata, un appel à l'aide fut adressé au Dalaï-Lama et à son gouvernement. La réponse fut plus que décevante : Lhassa conseillait aux Khambas de déposer les armes et de s'accommoder de l'occupation ennemie.

J'ai raconté ailleurs* les atrocités dont les Khambas furent victimes et leurs longs et amers efforts pour enrôler le Dalaï-Lama à leurs côtés. Leur pays envahi, leurs monastères détruits, les parti-

* *Les Cavaliers du Kham. La guerre secrète au Tibet*, Paris, Robert Laffont, 1972.

sans khambas se réfugièrent dans les montagnes, d'où ils continuèrent à harceler les troupes chinoises. Inférieurs en nombre comme en armement, et pourchassés de plus en plus loin à l'intérieur de leur forteresse naturelle, ils n'eurent jamais le moindre répit face à un ennemi qui étendait son réseau de routes, de forts, de garnisons, et inondait le pays de quelque 300 000 soldats.

Au début de 1959, les guerriers khambas et des milliers de civils furent contraints de chercher refuge dans la « Région tibétaine autonome » du Dalaï-Lama, restée neutre. Lhassa, la ville sainte, se remplit de Khambas ivres de colère et de frustration, qui espéraient que les gens de la capitale finiraient par se joindre à eux dans cette lutte désespérée. En février, les attentes des Khambas furent communiquées au Dalaï-Lama lui-même par le jeune abbé de Jeykundo, Chime Yudong, figure révérée, qui venait d'atteindre Lhassa après s'être battu dans le Nangchen pour s'ouvrir un chemin jusqu'à la capitale. Le millier de Khambas qui l'escortaient avaient dû subir le mitraillage des avions chinois et d'innombrables embuscades, qui en avaient tué plus de la moitié. Au nom de tous les Khambas, Chime Yudong sollicita une audience du Dalaï-Lama, pour une ultime demande d'assistance.

La rencontre eut lieu le 16 février 1959, et, si l'on en croit le journaliste anglais Noel Barber, dans son livre *The Land of Lost Content*, ce fut un des moments les plus dramatiques, tragiques même, de la récente histoire du Tibet. Ces deux hommes jeunes, tous deux originaires de l'Amdo, tous deux réincarnations de grands lamas, n'auraient pu être plus différents. Chime venait de se battre pendant six ans contre les Chinois, il avait vu leurs bombardiers attaquer les monastères, des milliers de soldats périr dans des raids ennemis contre leurs refuges des montagnes, les femmes et les enfants enfermés dans des camps ou déportés en Chine. Le Dalaï-Lama était, lui, un jeune homme de vingt-cinq ans, pieux, plutôt timide, pris entre ses convictions religieuses, qui lui interdisaient la violence, et ses obligations morales envers ses sujets. Depuis 1950, sa vie était protégée, mais difficile : courtisé par les Chinois, il avait été contraint malgré lui d'accorder sa collaboration tacite à leur entreprise de mainmise complète sur le

Tibet. Il avait même subi une sorte de lavage de cerveau. Lors de son séjour à Pékin en 1954, on lui avait fait composer une ode à la gloire de Mao où il comparait le dirigeant chinois, bourreau de son peuple, « à une personne semblable au soleil qui illumine le monde, né d'une infinité de bonnes actions ».

A cette audience de la dernière chance, le jeune lama de Jeykundo lui fit le récit de toutes les horreurs de la guerre de Kanting et le supplia d'envoyer enfin des troupes porter secours aux habitants du Kham. Selon Noel Barber, le Dalaï-Lama refusa tout net. Bouleversé, le lama de Jeykundo osa déclarer qu'« il ne croyait pas que les ministres de Sa Sainteté eussent vraiment compris ce que les Chinois étaient en train de faire aux gens de l'Amdo et du Kham ». On sait néanmoins, par ce qu'en a écrit le Dalaï-Lama plus tard, que son cabinet et lui-même étaient parfaitement informés de la situation. Mais il était déchiré entre son désir de faire quelque chose et son refus de la violence. Au bout du compte, il ne fit rien du tout.

Désespéré, le lama de Jeykundo lui représenta qu'après six ans de combats solitaires pour préserver leur religion et leurs coutumes, ses compatriotes se voyaient obligés de conclure que le gouvernement tibétain se souciait d'eux comme d'une guigne. Et il lança un dernier appel au souverain en lui disant qu'il ne pouvait pas rester à ne rien faire tandis que son peuple se faisait massacrer.

Le Dalaï-Lama lui répondit : « Je ne peux rien faire. Votre peuple [les Khambas] devrait se montrer moins farouche et accepter l'accord en dix-sept articles. J'admire leur courage, mais ce qu'ils font est très préjudiciable à ceux d'entre nous qui recherchent une coexistence avec les Chinois. » Les Khambas comprirent alors que la seule solution était de contraindre le Dalaï-Lama et son gouvernement à rejoindre leur lutte contre les Chinois. Et c'est ainsi qu'ils organisèrent une insurrection du peuple de Lhassa contre les ministres du Dalaï-Lama.

L'événement qui allait donner le signal de la révolte intervint quinze jours après la tragique rencontre entre les deux chefs spirituels. Le Dalaï-Lama ayant donné son accord de principe à l'invitation faite par les Chinois à assister à un spectacle théâtral dans leur quartier général à Lhassa, deux officiers étaient venus lui demander, le 1er mars, de bien vouloir fixer une date pour sa venue. Les Khambas firent aussitôt courir le bruit que l'occupant voulait l'enlever. Le 9 mars, la veille de la représentation, une foule d'habitants de Lhassa, encadrés par les Khambas, encerclèrent la résidence d'été du Dalaï-Lama pour empêcher sa sortie. Il apparut que leurs craintes étaient justifiées car les Chinois, à la dernière minute, avaient demandé que le souverain vînt sans ses habituels gardes du corps. La fureur des Khambas visait tout particulièrement les ministres du Dalaï-Lama, dont Nagbo le Traître, toujours très influent, lequel jugea plus prudent de quitter le palais d'été, résidence du gouvernement, pour se réfugier à l'état-major chinois. Un autre ministre, Samdrup Photrang, dont les inclinations prochinoises étaient tout aussi notoires, eut sa jeep renversée alors qu'il tentait de quitter le palais, et il n'échappa à la mort que par miracle. Un troisième prochinois, Phakpa, n'eut pas cette chance : il fut tué d'un coup de poignard par un Khamba, et son cadavre porté en cortège dans les rues de la ville.

Les rebelles montèrent la garde autour du Dalaï-Lama et se proclamèrent « Comité de libération du Tibet » : l'accord en dix-sept articles fut déclaré caduc, le cabinet du Dalaï-Lama dissous et quatre ministres mis aux arrêts domiciliaires. Désespéré, le Dalaï-Lama écrivit au général Tang, commandant de la garnison chinoise, une lettre (bientôt suivie de deux autres) dans laquelle il exprimait ses regrets et condamnait l'insurrection, assurant les Chinois qu'il faisait tout ce qu'il pouvait pour calmer ces vils réactionnaires et qu'il irait se réfugier auprès d'eux dès qu'il réussirait à déjouer leur surveillance. Ces lettres ont donné lieu par la suite à une grande controverse, car elles confirmaient que le Dalaï-Lama se considérait comme prisonnier des Khambas, ce que les Chinois ne se firent pas faute de faire savoir, et qu'elles étalaient au grand jour la profondeur du fossé existant entre le souverain et le peuple tibétain.

Le Dalaï-Lama était bel et bien indirectement un otage des Khambas, et ils le firent sortir clandestinement de Lhassa pour être bien sûrs qu'il ne conclurait pas un autre accord avec l'occupant. Ils l'emmenèrent dans le sud du Tibet (ce ne fut donc pas une fuite), à Lhünze Dzong, où ils obtinrent enfin de lui une déclaration de guerre contre la Chine, au nom d'un nouveau Tibet unifié qui, comme dans le passé, inclurait le Kham et l'Amdo. Ce n'est qu'après la déclaration officielle de belligérance, avec danses et rituels appropriés, qu'on décida de mettre le Dalaï-Lama en sécurité en Inde.

La révolte tibétaine fut de courte durée : en moins de deux ans, les Chinois réussirent à chasser les partisans khambas du Tibet central. Un comité directeur de la nouvelle Région autonome du Tibet fut créé, avec à sa tête Nagbo, et plus tard le Panchen-Lama. Le Tibet avait perdu son indépendance. Les partisans khambas survivants se regroupèrent dans la petite principauté tibétaine du Mustang, au nord-ouest du Népal, d'où ils attaquaient les convois chinois de l'autre côté de la frontière, avec l'aide et les conseils de la CIA. En 1972, Nixon fit un voyage en Chine, et la CIA abandonna les Khambas, dont beaucoup périrent lors d'une opération montée en commun par les Népalais et les Chinois pour les chasser du Népal. Certains survivants allèrent s'enrôler dans les troupes indiennes, mais d'autres se suicidèrent quand le Dalaï-Lama leur demanda à nouveau de déposer les armes.

Telle fut la guerre sans espoir menée pendant vingt ans par les Khambas pour défendre leur foi et leur identité. Comme j'ai pu l'observer au cours de mes différents voyages au Kham, l'esprit de rébellion est encore très fort chez leurs fils. Alors que nous roulons sur une des pistes stratégiques les plus avancées en territoire rebelle que les Chinois aient construites pour lutter contre la résistance khamba, je me demande si la Chine a vraiment gagné la guerre.

Je marche un long moment à côté de cette seconde caravane, échangeant des propos avec les hommes et des plaisanteries avec les jeunes femmes. Et je me dis qu'avec leurs fusils, leurs splendides chevaux et ces milliers de kilomètres de steppes, ils sont en passe d'échapper à la complète extinction, encore libres de la plupart des contraintes de la civilisation moderne.

Je remonte en voiture et nous doublons enfin la caravane chargée d'orge – il y en a assez pour nourrir plusieurs familles pendant un an. Nous avons quitté Zadoi depuis trois heures et nous n'allons pas plus vite qu'un cheval qui traîne la patte. Et voilà qu'au début d'une côte très étroite, alors que les roues gauches sont à quelques centimètres du précipice, le moteur tousse et s'arrête.

Il refuse de repartir. Aussitôt, les deux chauffeurs plongent sous le capot, se parlant avec excitation. Tout cela est très préoccupant. Je n'ai pas cessé de penser à ce que nous devrions faire en cas de panne. Le plus simple serait de nous mettre tous dans la jeep restante, mais je sais que les chauffeurs ne seront pas d'accord. Une autre possibilité serait d'attendre des secours, mais ils peuvent ne jamais arriver. La meilleure solution serait que certains d'entre nous aillent chercher des chevaux pour continuer, mais je commence à connaître assez Ling pour savoir qu'il s'opposera à ce que le groupe se scinde en deux. Tandis que les deux chauffeurs farfouillent dans le moteur, je m'éloigne un peu pour consulter le GPS. Nous sommes à 4 750 mètres, entourés de sommets très découpés, dont l'un est si conique qu'on dirait un volcan. La route mène à un col, mais sans carte où elle figure, pas facile de déterminer où nous nous trouvons exactement. Il faudrait reporter les données du GPS sur notre carte-satellite pour le savoir, mais le vent empêche de mener à bien l'opération, et tout ce que je peux faire est de me replier sur la banquette avant et donner quelques pauvres conseils de réparation.

La chance veut que le moteur redémarre. Apparemment, c'était un problème de carburation, mais Sebastian, qui ne maîtrise pas le vocabulaire mécanique chinois des chauffeurs, n'est pas en mesure de nous en dire plus. Cette panne a douché notre optimisme, et j'espère que le moral de l'équipage, déjà récalcitrant, ne s'en ressentira pas trop. Un des chauffeurs répète qu'il est bien tard dans la saison pour emprunter une telle route, et que, s'il neige, nos jeeps seront bloquées pour un an – perspective accueillie par Ling d'un visage livide, mais que je trouve parfaitement exagérée : nous ne sommes qu'au début de septembre, et l'été indien ne va pas tarder. Autant que je sache, il n'existe pas de relevés météorologiques pour cette région. Nous allons sous peu découvrir que la partie la plus élevée du haut plateau jouit d'un climat très étrange – qui lui est propre – à cette période de l'année : tempêtes de grêle et orages d'une violence extrême alternant avec un temps gris.

Nous voici maintenant au sommet du col, amorçant notre descente le long de hautes falaises, dont l'une abrite à mi-hauteur une immense grotte. En bas, une vallée perdue, entièrement fermée par des montagnes d'un rouge grenat dont la base est parsemée de plaques d'herbe vert pâle, combinaison stupéfiante, la plus grandiose et la plus séduisante que j'aie jamais vue. La couleur de la terre rappelle la bruyère et la combinaison du rouge avec le vert de l'herbe évoque, sur une échelle encore plus spectaculaire, les landes d'Ecosse. En nous retournant, nous apercevons un autre sommet, couronné de bastions rocheux, que nous reconnaissons pour l'avoir vu sur les photos de Mike Yamashita dans le *National Geographic*, à l'appui de l'article où O'Neill et lui prétendaient avoir découvert la source du Mékong.

Nous atteignons enfin la vallée de l'A. Devant nous, un renard bleu en train de faire ses courses au petit trot, pas du tout effrayé par notre bruyante arrivée, nous laisse tout loisir de le filmer avant de disparaître dans son terrier en jappant. J'ai toujours cru jusqu'ici que l'emploi de l'adjectif « bleu » était une exagération, mais c'est vraiment la couleur de sa queue. Une mue saisonnière ? Une couleur qui disparaît quand l'animal est mort ? Quoi qu'il en soit, je n'ai jamais vu de renard bleu sur la tête d'aucun Khamba ni autour du cou d'une femme.

Au loin, dans cet encadrement de montagnes rouges ourlées de vert, j'aperçois une manade de chevaux, vision qui ajoute au romantisme du paysage. Quelques kilomètres au-delà, une trentaine de chevaux galopent sur une pente herbeuse de l'autre côté du fleuve. Ils sont suffisamment proches pour que je les identifie : ce sont des chevaux du Nangchen, aux membres fins, à la croupe droite, à la longue crinière et à la queue flottantes et au large poitrail caractéristique.

Jusqu'à la fin du XIXe siècle, en Europe et en Amérique, les constituants d'un bon cheval étaient un sujet d'une aussi grande importance stratégique que, par exemple, la valeur relative des différents chasseurs supersoniques aujourd'hui. D'innombrables traités, études, expériences ont été dévolus à la création et à l'amélioration des races, si bien que l'Occident possède des centaines de chevaux différents. Quelques-uns appartiennent à des races naturelles qui se sont développées seules, mais la plupart des autres races ont été inventées par l'homme pour répondre à un besoin précis : poney pour travailler dans les mines, chevaux de guerre, dont le comportement a été génétiquement modifié pour que le bruit d'une explosion les laisse de marbre, chevaux pour la course, le saut d'obstacles, pour tirer de lourdes charges, pour parcourir de longues distances. Cela va du Clydesdale d'Ecosse, grand cheval de trait d'un mètre quatre-vingt au garrot, conçu « pour répondre aux exigences de la révolution industrielle », nous dit un historien, au cheval miniature mis au point en Argentine qui, avec à peine soixante centimètres au garrot, ne peut être monté.

A notre époque de génie génétique, nous avons tendance à oublier que les éleveurs de chevaux ont longtemps eu une longueur d'avance dans l'art de manipuler (empiriquement) l'ADN. Au fil des siècles, des observations très précises avaient permis aux éleveurs d'Europe et d'Arabie de déterminer les caractéristiques qui font un cheval rapide : long cou mince, larges naseaux, garrot élevé, canons allongés et sabots ovales. Au début du XIXe siècle, la recherche de la vitesse passe au premier plan, et le pur-sang européen est mis au point, par croisement entre pur-sang arabes, chevaux du Turkestan russe, poneys de Galway et divers chevaux anglais.

Ce qui est certain, c'est que les meilleurs chevaux, l'arabe ou le turkmène, proviennent de contrées où l'herbe étant rare, l'homme était contraint de les nourrir, d'en prendre soin, et finalement de les loger en écurie, ce qui a facilité la sélection des étalons et poulinières. Cette intervention de l'homme dans la sélection des animaux reproducteurs, pierre angulaire de l'élevage de qualité, était inconnue dans les vastes étendues herbeuses de Mongolie, par exemple, où les chevaux vivaient en liberté et s'accouplaient à leur gré : aussi le poney de Mongolie est-il un animal assez rustique comparé à l'arabe ou au pur-sang miniature de la Caspienne, découvert en 1960, et dont on pense qu'il a été mis au point par les Perses pour leurs chars de guerre.

Le cheval du Nangchen, tout comme l'arabe, est le résultat d'une sélection attentive. L'herbe étant rare sur le haut plateau tibétain et les loups et léopards des neiges nombreux, la race n'aurait pu survivre sans la constante intervention de l'homme : les nomades aident les poulains à survivre en les enveloppant dans des sortes de manteaux, ils nourrissent leurs bêtes de fromage et, à l'occasion, de viande quand l'herbe et le fourrage manquent. Plus important encore, ils sélectionnent attentivement les juments et les étalons pour obtenir des produits en accord avec leurs besoins de pasteurs de yaks et de guerriers, qui n'aiment rien tant qu'une bonne course. Aussi le cheval du Nangchen est-il l'un des rares pur-sang d'élevage de l'Extrême-Orient, et sans doute le plus beau. Son histoire est ancienne et passionnante.

Ils sont là en train de galoper sous nos yeux, et il est difficile de croire qu'il y a quatorze siècles, quand l'Europe était plongée dans la nuit barbare, les nomades de ces régions s'intéressaient déjà à la sélection de leurs chevaux. Plus étonnant encore, ils écrivaient sur le sujet, comme on en eut la révélation en 1907 quand Sir Aurel Stein fit une des grandes découvertes archéologiques du siècle dans les déserts du Xinjiang : quatre tonnes de documents anciens cachés dans la section murée d'une grotte du très ancien monastère troglodyte de Tung-huang. Il s'agissait de rouleaux de manuscrits enluminés qui avaient été enfermés là au xe siècle ! La cachette venait d'être découverte par un moine taoïste, qui, après de longues négociations, accepta de vendre certains des précieux manuscrits à Sir Aurel Stein. Une grande partie des autres furent achetés par l'orientaliste français Paul Pelliot, et le reste fut vendu par morceaux, puis volés ou perdus.

Dans cet extraordinaire trésor figuraient des textes écrits en trois langues disparues et même un livre imprimé, datant de 868, sans doute le plus ancien que l'on connaisse. La plupart des textes étaient en tibétain et en chinois parce que Tung-huang faisait partie du Tibet au IXe siècle. Ce monastère est situé sur la « route du Cheval » (notre « route de la Soie ») qui relie la Chine au Turkestan, pays qui, avec l'Arabie, possède les plus beaux chevaux de tout l'Orient. Parmi les documents découverts à Tung-huang figurent plusieurs traités tibétains vieux de dix siècles sur l'art d'élever les chevaux. Nombre de ces textes ont été classés, traduits et analysés par Anne-Marie Blondeau, que j'ai connue au cours du professeur Rolf Stein (pas de rapport avec Sir Aurel), éminent spécialiste de la langue et de la civilisation tibétaines. Il va sans dire que les travaux de Mme Blondeau* sur l'élevage des chevaux dans l'ancien Tibet m'ont fasciné. Les documents trouvés à Tung-huang établissent clairement que les Tibétains ont été de grands éleveurs, et que, pendant dix siècles ou plus, leurs chevaux sont restés très différents des chevaux des Asas, un ancien peuple turc qui vivait sur la route de la Soie : en d'autres termes, les chevaux tibétains n'étaient pas de souche arabe ou turque, mais bien indigène.

A l'époque où je découvris la traduction de ces textes due à Anne-Marie Blondeau et entamai mes propres recherches sur les races tibétaines, les spécialistes du monde entier croyaient que les seuls chevaux du Tibet étaient les rustiques poneys de l'Himalaya (décrits, à juste titre, comme de « petites créatures rustiques et costaudes »). Personne ne s'était soucié de pousser l'enquête au-delà et de rechercher ces splendides races tibétaines, dont la réputation, jadis, s'étendait de la Chine au Pakistan. En 1983, je m'étais rendu dans la province pakistanaise du Baltistan (l'ancienne province tibétaine de Bolor), où la population, musulmane, parle encore un dialecte tibétain archaïque. Au dire des gens de là-bas, les meilleurs chevaux n'étaient pas ceux du proche Turkestan chinois, ni de Samarcande, mais ceux de « Siling » (ancienne pro-

* *Matériaux pour l'étude de l'hippologie et de l'hippiatrie tibétaines*, Droz, Genève, 1972.

nonciation de « Xining »). De quel cheval s'agissait-il ? Etait-ce une race qui avait survécu au Baltistan pendant 1 300 ans depuis son introduction au VIIe siècle dans le nord du Pakistan, ou tout simplement un cheval de Xining, la capitale du Qinghai, c'est-à-dire un simple cheval de la « route du Cheval », mélange de turc, d'arabe et de mongol ? La seule autre hypothèse envisageable était qu'il s'agissait d'une race spécifiquement tibétaine, oubliée par l'histoire, provenant non pas de Xining mais de l'Amdo (*Sining* ou *Siling* désignant parfois non la ville mais toute la région).

Il m'aura fallu trois voyages à travers tout le Tibet pour trouver la réponse. J'ai commencé par éliminer une à une les différentes sous-races de chevaux des zones frontalières, mêlées de sang indien, bhoutanais, chinois, mongol et turkmène. Cela laissait six races spécifiquement tibétaines, dont quelques-unes pouvaient d'ailleurs avoir du sang mongol, en raison des nombreuses invasions mongoles subies par le Tibet à partir du XVIe siècle.

Ce n'est qu'en 1993 qu'il devint clair à mes yeux que le cheval du Nangchen était bel et bien ce cheval de « Siling » dont on m'avait tant parlé, le plus beau et le plus rare des chevaux tibétains. Le plus beau parce que sa morphologie répond autant aux critères d'excellence des Européens qu'à ceux des Arabes : le cou étroit, essentiel pour la vitesse, les larges naseaux, l'abondant toupet, la crinière et la queue fines et très fournies, le dos plat et les jarrets droits. Le plus beau aussi par son énergie et sa résistance, dont je peux porter témoignage après une chevauchée de cinq jours sur 400 kilomètres, à un train d'enfer, agrémentée de passages de cols de plus de 5 000 mètres. Avec sept chevaux choisis près de Nangchen Dzong, j'ai remonté et descendu la vallée moyenne du haut Mékong pour aller à Nangchen Gar, l'ancienne place-forte des souverains du Nangchen. Ces chevaux galopaient vers le sommet des cols à qui arriverait le premier, ce qui est stupéfiant à une altitude où la plupart des autres seraient à bout de souffle.

Je regarde ces chevaux dans la montagne. J'ai toujours l'espoir de progresser dans leur connaissance. Que ce soit au Animal Health Trust anglais ou à l'Institut national de recherche agronomique (INRA) français, j'ai passé de nombreuses heures à décrire le cheval de Nangchen aux spécialistes et à établir avec eux les recherches complémentaires qu'il faudrait mener pour mieux connaître leurs particularités : nous sommes convenus qu'il fallait connaître la taille du cœur, le volume sanguin, le rythme et le débit cardiaques, et bien d'autres précisions ayant trait à leur physiologie particulière, à leurs poumons démesurés.

En nous interdisant de sortir des échantillons sanguins, les Chinois nous avaient empêchés jusqu'alors d'analyser leur ADN. Une expédition scientifique dans les régions les plus reculées du Tibet coûte cher. Sans appui ni sponsor, je n'avais pas pu emmener avec moi l'indispensable vétérinaire. C'est ce manque de moyens financiers qui m'a poussé à centrer ce second voyage au Nangchen sur la recherche de la source du Mékong, en limitant nos objectifs, en ce qui concerne les chevaux, à la simple mise à l'épreuve de leur endurance et à une étude plus poussée de leur distribution régionale à l'intérieur du Nangchen. J'avais espéré que Jacques pourrait faire office de vétérinaire, mais mes espoirs se sont évanouis quand il s'est révélé, comme nous, incapable de localiser exactement le cœur de la bête pour en prendre le pouls.

Non loin du Nangchen, vers l'est, se trouve la terre natale de Kesar, ou Cesar de Ling, le grand héros légendaire du Tibet. Les bardes tibétains connaissent des milliers de vers sur ses aventures, et des dizaines de versions écrites de sa vie couvrent des volumes entiers. La plupart des spécialistes considèrent qu'il a vraiment existé, et certains pensent qu'il s'agissait du fameux Gar, le ministre du grand roi Songtsen Gampo. Ce qui est certain, c'est qu'il y a un district de Ling et que, comme le ministre Gar, ce sont ses prouesses à cheval qui l'ont porté au pouvoir.

Dès que le superbe troupeau a disparu derrière une crête, nous reprenons la route dans la haute vallée, qui conduit à un second col. En chemin, nous rencontrons une nouvelle caravane de nomades, mais ceux-ci ne sont ni en route vers Zadoi, ni sur le chemin du retour, mais tout simplement en train de changer de pâturages. Deux yaks transportent leur lourde tente, dont les pesants poteaux raclent le sol, les autres ne portent rien que leurs selles de bois vides. Les chevaux sont superbes, et l'élégance avec laquelle les nomades les montent, femmes comprises, est admirable. En plus des yaks, il y a aussi un grand troupeau de moutons tibétains aux longues cornes plates en tire-bouchon, réputés pour leur laine puisque c'est le sous-poil soyeux de leur cou qui donne le cachemire.

A peine avons-nous dépassé la caravane qu'un loup traverse la piste, si lentement et l'air si parfaitement insouciant de notre présence que c'en est presque désobligeant. Pas un coup d'œil vers nous, pas d'accélération soudaine : il se contente de poursuivre tranquillement son chemin, ne s'arrêtant que vingt mètres plus loin pour se retourner et examiner l'étrange yak à moteur qui nous transporte.

Au fur et à mesure que nous montons, le paysage s'élargit, les pics s'éloignent vers l'horizon et la terre rouge cède provisoirement la place à un sol gris, tacheté d'herbe courte, de mousse et d'edelweiss. La présence du renard et du loup signale notre entrée dans un territoire plus familier aux animaux sauvages qu'à l'homme. Au bout de l'immense horizon, on aperçoit une lisière de sommets enneigés. C'est ici vraiment le toit du monde, l'abord du plus haut plateau de la planète. Ni un buisson ni une plante en vue. Les aigles et autres oiseaux doivent se poser à même le sol, faute de perchoir.

Nous approchons d'un nouveau col, ou plus exactement d'une vague ligne de partage des eaux, et tombons sur un petit torrent. Nous stoppons, et nos chauffeurs commettent un crime affreux : ils attrapent les petits poissons qui s'ébattent dans une mare aux flancs du torrent (le pire péché pour un bouddhiste, parce que le poisson ne peut pas crier pour se défendre). Des poissons vivant à 5 000 mètres au-dessus du niveau de la mer, voilà qui ressemble à un record. Je m'empresse de les photographier, en implorant le pardon des cieux. Il est curieux que les adeptes du bouddhisme soient si tendres à l'égard de toutes les créatures animales, eux qui considèrent que la vie humaine est pure « illusion des sens ». Mais je suis sans doute trop corrompu par le matérialisme pour comprendre que le respect ne doit nullement se proportionner à la valeur et à l'importance : la plus faible créature est tout aussi digne de respect que le plus formidable des êtres.

Alors que je regarde les poissons morts, une immense chouette se détache d'un rocher, ses ailes d'un mètre quatre-vingt faisant planer une ombre menaçante sur les centaines de terriers des rats de glacier qui pointillent le sol. Ces petites bêtes sont à la base de la chaîne alimentaire des carnivores de la région, que ce soit les loups, les léopards des neiges ou les aigles.

Quelques heures plus tard, nous retrouvons la terre rouge et les nuances d'herbe verte. Soudain, la piste se perd, et nous escaladons une énorme dune de sable rouge. Au sommet, nous comprenons qu'il n'y a plus de chemin. Un vent glacial souffle de l'ouest. Accroché à mon couvre-chef, je scrute l'horizon, l'immensité plane apparemment sans fin, et je comprends que nous venons d'entrer dans un monde qui n'a plus rien à voir avec tout ce que nous avons connu jusqu'ici.

8

Des bulles dans l'eau

J'ai toujours eu une vision linéaire de mon existence : où que je sois, je suis relié à mon passé par un chemin fait d'une succession ordonnée d'événements, et tout ce qui m' arrive est à gauche ou à droite, au nord ou au sud, derrière ou devant. Aujourd'hui, face à cet horizon, j'ai l'impression que ce système s'écroule autour de moi, que ce plateau est infini, sans forme, et qu'il enveloppe toute chose, y compris moi-même, indistinctement.

A la création du monde, disent les Tibétains, des demi-dieux sont nés de la terre, mais ils étaient reliés aux divinités supérieures du ciel ou des sommets par un fil ou une échelle sacrée, le *mu*. Plus tard, le *mu* se brisa (d'abord par accident) et c'est alors que l'homme apparut, séparé des dieux. Je crois que nous avons tous la nostalgie d'une sorte de *mu*, un fil mystérieux qui nous relie à de nobles idéaux et à notre passé. Mais ici, je me sens complètement coupé de tout, perdu. Ici, il n'y a ni ville ni village ; ici, les rares habitants, en perpétuel mouvement, sont insaisissables ; ici, il n'y a ni signalisations ni références fixes ; ici, il n'y a pas de place pour des gens comme nous, qui sommes à la recherche d'un concept précis, d'un lieu fixe : le point où le Mékong n'existe plus. L'objet de notre quête, c'est une absence... située dans le grand vide de la toundra.

Et la question revient, lancinante : pourquoi ? Pourquoi venir si loin ? Je n'ai pas de bonne réponse. Au début, j'ai vu dans notre aventure une sorte de sport, où il faut souffrir pour « réussir ». Ensuite, je l'ai simplement considérée comme un plaisir fait à ma vanité. Aujourd'hui, je juge notre entreprise totalement privée de sens ; au mieux, un alibi pour explorer une région que bien peu de gens ont eu la chance de visiter, avec l'espoir complémentaire d'en découvrir un peu plus sur nous-mêmes.

Je ne suis pas un mystique ou, en tout cas, je ne le suis plus. Elevé dans la foi catholique, j'ai cru jadis de toutes mes forces dans les enseignements de l'Eglise. Enfant, j'ai appris à ne pas laisser la raison tempérer la foi. Croire, avoir la foi, demande d'interrompre les processus de la pensée logique et analytique. La foi est un acte de volonté, le désir d'adhérer à un monde de magie et de miracles, d'êtres surnaturels, d'anges et de saints. Jamais je ne laissais ma raison y mettre le nez. La foi m'a quitté quand j'ai commencé à découvrir, avec les Tibétains, la tolérance. Mes yeux se sont ouverts, et j'ai compris que l'intolérance était trop souvent le résultat d'une foi aveugle. Alors mon *mu* s'est brisé, mon lien avec le ciel s'est évanoui, et j'ai compris que je n'étais qu'un mortel, très solitaire.

Le grand poète mystique tibétain Milarepa disait, avec ce nihilisme où se complaît le bouddhisme : « On naît seul, on vit seul, on meurt seul. » Je n'ai jamais beaucoup apprécié cette vision de l'existence, mais ici, elle sonne sinistrement vrai. Depuis que nous avons quitté Xining, j'ai l'impression que les liens d'amitié qui nous unissaient, Sebastian, Jacques et moi, se sont rompus. Est-ce seulement la fatigue ou cette inconfortable promiscuité dans une jeep cahotante pendant d'interminables heures ? Nous ne sommes plus des amis en voyage : nos véhicules ont fait de nous des passagers, une abstraction, des objets humains pris dans une sorte de parenthèse entre deux destinations. Parqués dans une étroite caisse métallique montée sur roues, comment pourrions-nous exister comme individus alors que nous ne sommes que des colis tressautant dans un paysage immense, toujours changeant, sans odeur, sans oxygène – un monde que nous regardons d'une cage de verre ? Est-ce Matisse qui disait que, dès qu'on se déplace à plus de huit kilomètres à l'heure, on ne peut plus voir « les feuilles remuer au vent » ?

De toute façon, ici, aucun arbre en vue, pas même un buisson. En descendant de la jeep tout à l'heure, j'ai été frappé par le vent, un vent qui vient de loin, de très loin : c'est l'esprit des immensités désolées. Je me souviens, lors de mon premier voyage au Mustang, des paroles de mon compagnon tibétain, Tashi Karmay, devant cette aridité : « Le Mustang est aussi stérile qu'une biche morte. »

« La route est très mauvaise. Je pense que nous ne devrions pas continuer », m'annonce Ling, influencé par les chauffeurs, qui semblent encore plus préoccupés que lui. Ignorant sa remarque, je fais signe aux chauffeurs de me suivre lentement tandis que je scrute le sable rouge à la recherche de la piste évanouie. A gauche, la pente d'un ravin. D'une voix artificiellement assurée, j'annonce que les jeeps doivent la descendre, conscient que toute hésitation de ma part les déciderait à ne plus continuer.

Du sable jusqu'à l'essieu, et penchant dangereusement, la première jeep amorce sa descente, puis la seconde. Et tandis que je les suis, à pied, je me dis qu'avec un 4 × 4 il est toujours plus facile de descendre que de monter. Et si j'avais fait une erreur ? Sommes-nous au point de non-retour ? Au bas du ravin, une seule option : rouler dans le lit d'un petit torrent. Pendant près d'un kilomètre et demi, nous nous frayons précautionneusement un chemin dans le courant entre deux parois rouges, presque verticales. A un tournant, nous tombons nez à nez avec deux superbes chevaux, qui s'enfuient au galop à notre approche.

Une demi-heure plus tard, à notre grand soulagement, nous repérons, sur une des rives du torrent, quelque chose qui ressemble aux traces d'une piste. Obliquant vers le nord, nous abandonnons le torrent pour entamer la montée vers un autre col. En fin d'après-midi, nous découvrons enfin une grande tente noire, la première depuis Zadoi.

Tout excité, je me dis que nous devrions dresser nos tentes dans le coin, car j'ai grande envie de parler avec au moins un des nomades de cette région perdue. Objection immédiate de M. Ling, comme un disque rayé : « Ces gens sont de dangereux menteurs. » Sans lui répondre, je m'adresse à un superbe Khamba qui arrive, ses cheveux tressés pendant négligemment dans le cou. Mais il ne fait aucun effort pour retenir son gros chien féroce qui nous aboie au nez, ni pour comprendre ce que je lui dis. Il se contente de montrer la piste du doigt en répétant : « Allez-vous-en ! » Quand il finit par comprendre que je lui parle en tibétain et que je veux planter notre tente près de la sienne, il s'écrie d'une voix agressive : « Votre tente, non, pas ici ! Pas ici, allez-vous-en, plantez-la ailleurs... Allez-vous-en ! » Je suis embarrassé. Ling a peut-être raison. Tous les Tibétains ne sont-ils pas mes amis ? Alors, pourquoi tant d'hostilité ? « Les gens d'ici sont très mauvais », hurle Ling, victorieux. Si furieux que je sois, comment le contredire ?

Cinq kilomètres plus loin, nous tombons sur un pont construit par l'armée au-dessus des eaux bleues et cristallines d'un important cours d'eau, lequel, après consultation de notre GPS, doit être le lit principal de l'A, que nous avons cru suivre au début du parcours. Mais sans carte précise, comment savoir ? De l'autre côté du pont, une berge plane semble l'endroit idéal pour planter la tente, au pied d'une haute montagne, rouge et verte. Mais Ling proteste : il faut poursuivre, même de nuit, jusqu'au plus proche poste chinois. Je refuse, sachant que c'est le meilleur moyen de nous perdre. En plus, d'après mes calculs, nous sommes encore à deux jours de voiture du poste de Moyun. Par bonheur, les deux chauffeurs sont épuisés et se rangent de mon côté. Et nous voilà tous affairés à dresser notre grande tente, pour la première fois. Je me risque à dire que c'est un « excellent exercice », mais Jacques ne trouve pas ça drôle, il a l'air fatigué. Sebastian, lui, semble en pleine forme. Il a acheté cette tente à New York et a hâte de voir à quoi elle ressemble.

J'ai toujours été partisan d'emporter en voyage une grande tente, un abri où tous peuvent s'asseoir ou se tenir debout. Bien que chacun d'entre nous ait sa tente personnelle pour dormir, la grande tente servira de dortoir aux chauffeurs, au cuisinier et par la suite aux muletiers.

Nous voilà à assembler l'un après l'autre les bizarres piquets d'acier en forme d'U. Après bien des difficultés, le tout est devenu une élégante chaumière de nylon, vert pâle et blanc, avec des fenêtres munies de moustiquaires. Tout ça a l'air un peu trop beau pour être vrai.

La tente me semble trop peu résistante pour affronter les vents violents qui nous attendent à coup sûr. En plus, faute de double toit, elle sera très vite trempée. Cela dit, elle est vaste et étonnante de confort, avec ses grandes fenêtres, son tapis de sol et une partition intérieure qui en fait une sorte de petite suite. Nous découvrons que nous n'avons pas de tente de cuisine. Le cuisinier, Wang, pensant qu'il pourrait opérer dans notre grande tente, a laissé la tente de cuisine à Zadoi. Il ne pouvait pas savoir qu'une étiquette en gros caractères avertirait que toute présence de feu dans la tente en nylon serait un danger mortel. Il va lui falloir batailler longuement dans le vent, à l'abri d'une simple bâche de plastique, pour allumer notre premier feu.

La nuit tombe et nous nous dépêchons de dresser nos petites tentes individuelles. Nous voilà maintenant réunis autour de nos lanternes, dans la grande tente, devant un dîner spartiate de biscuits et de saucisse chinoise, couleur orange. Le sévère visage enfantin de Ling s'illumine pour la première fois d'un sourire : il se déclare « fier de notre installation ».

Plus tard, un loup hurle dans la nuit, sinistre, et je me retourne dans mon sac de couchage, en me demandant une fois de plus ce que je fais ici. Ma passion toute victorienne pour l'exploration s'est quelque peu évanouie. Le pire, c'est que je hais les sacs de couchage, qui se tire-bouchonnent inévitablement quand on se retourne dans son sommeil, pour finir en camisole de force. Ils sont toujours trop chauds ou trop froids, et jamais assez longs pour couvrir les épaules. Et puis il y a la question des bottes boueuses : faut-il les rentrer à l'intérieur, qu'elles vont empuantir, ou les laisser dehors, à la merci des éléments et des renards bleus ? Je me souviens d'une épouvantable randonnée au mont Minyag Konka, le plus haut sommet du Kham oriental, où j'avais des bottes gelées : tous les matins, pendant quatre heures, mes pieds étaient dans la glace, et quand enfin elle fondait, ils étaient trempés pour le restant de la journée. J'avais finalement échappé à cette torture en me cassant d'abord une jambe, puis l'autre sept jours plus tard, dans un tremblement de terre : au moins, je n'avais plus à mettre les bottes gelées.

Autres délices des expéditions : les puces et les poux, qu'on attrape inévitablement si on « fraternise avec l'ennemi », comme dirait Ling. Le passage de la puce d'un corps à un autre est grandement facilité par la religion tibétaine : le vrai croyant ne doit pas la tuer, mais simplement la prendre et la déposer sur le sol devant lui, d'où elle n'aura qu'un saut à faire pour atteindre l'endroit où je suis assis. Avant chacun de mes voyages annuels au Tibet, je fais le tour des boutiques d'articles pour chiens de Paris en expliquant que le mien a la taille d'un homme et qu'il lui faut la poudre insecticide la plus puissante qui existe. Il va de soi que lorsque personne ne les observe, bien des Tibétains ont un comportement criminel envers les puces. Un vieux proverbe dit : « Mordre une puce ne nourrit pas l'estomac, mais quelle jouissance pour l'âme ! »

Quand je rumine sur l'inconfort de mes expéditions, les mauvais repas, les nuits sans sommeil, j'envie ceux qui ont connu l'art ancien du voyage élégant. La baisse des tarifs aériens et une réglementation scélérate qui n'autorise que 20 kilos de bagages par passager ont eu raison du camping de luxe. Mais on peut encore voir dans certains musées, de par le monde, des équipements de voyage d'antan, quand rois et généraux, administrateurs et juges, passaient une grande partie de leur temps en déplacements. Tout était prévu, du nécessaire à cognac, avec sa carafe de cristal, aux élégantes chaises pliantes tendues de velours et aux tentes à cordons de soie agrémentés de glands en passementerie. C'était la belle époque où les caisses de bordeaux étaient transportées sur les sentiers de l'Himalaya pour que le sahib n'ait pas à souffrir des horreurs de l'inconfort au-delà du strict nécessaire. Hélas, les voyages modernes dans l'Himalaya sont devenus un sport et un loisir de masses. De même que les embarcations en plastique ont succédé aux beaux yachts de teck d'antan, Pepsi a remplacé le bordeaux dans notre monde spartiate d'hédonisme discount. Jadis, la vie était un art ; aujourd'hui, elle n'est plus qu'un passe-temps. Les mêmes qui n'hésitent pas à dépenser des milliers de francs en billets d'avion deviennent pingres dès qu'il s'agit des services et du confort élémentaires. Tout cela vient de cette forme perverse de démocratie qui s'acharne à convaincre les masses que l'inconfort est une vertu, un sport. Au-dessus de 4 000 mètres, je m'affiche élitiste, je soupire après les temps heureux où le simple fait d'être blanc évitait toute mauvaise conscience au voyageur assis dans sa chaise à porteurs, agacé par la toux tuberculeuse des coolies (« si seulement ils pouvaient se taire... »). L'impérialisme n'est que délices quand on est du bon côté du manche, alors que la démocratie ne recherche que ce juste milieu fadasse, si cher aux bouddhistes, qui prient chaque jour de se voir épargner les excès du trop ou du pas assez. Franchement, nous vivons le temps du trop peu. Oh, comme je voudrais être appelé « sahib » et voir mes porteurs se battre à qui lacera mes chaussures ! Je devrais avoir le courage d'exiger d'être servi, même au risque de renforcer Ling dans sa croyance que le communisme est un mal nécessaire inventé pour débarrasser la terre des capitalistes décadents dans mon genre. Surtout, je sais d'expérience qu'un peu de confort est indispensable si nous voulons aller plus loin et avoir encore assez d'énergie au bout du voyage pour dresser méthodiquement la carte de cette région reculée.

Au matin, il fait froid. L'un après l'autre, chacun sort de sa tente en s'étirant lentement. Je suis brisé : non seulement il y a eu ce mauvais sommeil dans un étroit duvet sur un matelas de plastique de deux centimètres d'épaisseur, mais aussi mes contorsions, tuantes pour le dos, dès qu'il faut farfouiller dans la tente à la recherche de la lampe de poche, des chaussures, de la fermeture à glissière de l'entrée, avant de ramper dehors, courbé en deux, pour soulager ma vessie dans la nuit glaciale. La seule consolation aura été l'immense ciel tibétain, ses étoiles d'une luminosité stupéfiante, la Voie lactée en feu. Et moi, minuscule, obligé de répondre à cet appel routinier, humiliant, de la nature. Oui, l'homme est un ange déchu, et le *mu* qui nous reliait au ciel a bien été brisé depuis longtemps.

S'il n'y avait pas les rayons du soleil pour chasser le froid et les ténèbres de la nuit, nous n'aurions pas le courage de continuer. Quelle importance, après tout ? Personne ne sait où le Mékong prend sa source, les cartes sont toutes fautives. Et alors ? Pourquoi mettre fin à cette bienheureuse ignorance ? La curiosité finit toujours par tout gâcher.

Depuis la révolution industrielle, l'homme n'a cessé de mettre son nez dans les affaires de la nature pour savoir comment telle ou telle chose fonctionnait et comment il pourrait la modifier, l'agrandir, la détruire. Les Chinois ont été plus sages que nous dans leur approche séculaire de la technologie : de leurs feux d'artifices, nous avons fait de la poudre à canon, de la moutarde un terrible gaz de combat, du pavot l'opium, que nous leur avons revendu. De la plus exquise particule, nous avons fait la bombe atomique. Bien sûr, la technologie nous a dispensé ses bienfaits, notamment dans le domaine médical : nous vivons plus longtemps pour mieux profiter de l'entassement humain et de la pollution. Je tente de provoquer un peu Jacques : « Est-ce que tu te rends compte que la médecine est l'œuvre du diable ? Une parfaite santé, la jeunesse éternelle, une longue, très longue vie, telles sont ses promesses. Alors que nous sommes tous mortels et sur terre pour apprendre à mourir... »

Je rêve de quelque génie génétique qui nous permettrait de transcender nos enveloppes mortelles et d'en finir avec les illusions des sens. Qui sait si les bouddhistes n'ont pas raison, eux qui pensent que la vraie vie n'est pas de ce monde mais au-delà de ce grain de poussière que nous sommes ? Le nirvana, c'est la fin du monde que nous connaissons.

Tout est maintenant rempaqueté. Reste à faire la collecte des Kleenex souillés, des emballages de pellicules, des sacs en plastique, des boîtes en carton ondulé, des conserves vides, des papiers de bonbons, des canettes de Pepsi, des bouteilles de bière, des bouts de ficelle et de ruban, l'étiquette de garantie de la tente, bref les habituels déchets d'une nuit dans les solitudes sauvages, rappels d'une société où rien ne vient de l'endroit où on le consommera, où tout doit être enveloppé, mis en bouteille, en boîte, sous emballage et sous étiquette, pour pouvoir voyager et, surtout, être vendu. On dit que nous vivons dans une société de consommation, mais la vérité est que nous vivons dans une société du profit, où les fins dernières sont de vendre des biens et des services. Qu'ils soient consommés ou non est secondaire : l'important, c'est que tout ait été d'abord vendu.

Et le nomade, lui, qu'attend-il de la vie ? Rêve-t-il d'immenses troupeaux, de richesse ? Pense-t-il à sa retraite avec impatience ? Est-il obsédé par l'âge ? Ou ses obsessions sont-elles de nature religieuse : celle d'accomplir son karma, d'obtenir une bonne réincarnation, tout comme j'avais rêvé jadis de béatitude éternelle après la mort ?

« La vie de chaque être est comme des bulles sur l'eau », dit un proverbe tibétain. Pourtant, les Tibétains sont fondamentalement optimistes :

Bonheur ou chagrin, c'est l'homme qui décide.
Seules la chance et une longue vie ne dépendent pas de nous.

Ce proverbe du Kham illustre bien l'attitude positive, réaliste du Tibétain devant la vie. Un autre dicton assure :

Les mangeurs et les buveurs gagnent,
Les pleurnichards perdent.

En raison du mystère qui entoure le Tibet, lointain, inaccessible, on s'imagine volontiers en Europe que ses moines et ses sages détiennent la clef des problèmes du monde. De prétendus textes de sages tibétains (en fait, des faux) étaient à la base de l'enseignement d'un Gurdjieff ; les théosophes se sont aussi beaucoup servis de l'exotisme tibétain, et, de nos jours, à New York, au Colorado, en Ecosse, en France et ailleurs, il existe des centaines de faux monastères tibétains où des milliers de personnes affluent chaque année pour obtenir des réponses aux mystères de l'existence.

Moi-même, j'ai un temps cherché au Tibet quelque recette perdue, secrète et savante, du bonheur, mais tout ce que j'ai découvert, c'est que le bonheur est une chose aussi simple que le dit le proverbe khamba : le bonheur est un choix.

L'idée que la vie n'est que souffrance, elle, est née dans l'esprit pessimiste de Çakyamouni, le Bouddha, un prince raffiné né dans les étouffantes jungles du Téraï népalais. Il était convaincu que le seul moyen de vaincre la souffrance était de maîtriser le désir, en suivant, sur le fameux sentier à huit branches, la voie du milieu, celle des désirs et aspirations raisonnables. Mais, finalement, le Seigneur Bouddha en vint à la conclusion que la vie n'est qu'illusion des sens, et que ce que nous pouvions espérer de mieux était de vivre aussi rapidement que possible notre vie actuelle et nos réincarnations ultérieures, pour atteindre au nirvana, qui verrait enfin l'existence soufflée comme une chandelle.

Les pleurnichards perdent, disent les Tibétains, et là-dessus je suis d'accord. Je préfère me joindre aux mangeurs et aux buveurs. Comme le dit un autre dicton khamba :

Pour qui n'a pas de soupe en ce bas monde
A quoi bon une louche au Ciel ?

Tressautant au rythme des ornières dans ma cage d'acier à quatre roues, je suis bien loin du suave nirvana, mais fasciné par le monde dans lequel nous entrons. Les montagnes rouges et vertes ont disparu, le sol est couvert de mottes de terre, sombres et denses. Sur ce qui est le vrai toit du monde, la terre et l'eau n'ont pas encore décidé de se séparer : çà et là de tranquilles lacs reflètent le ciel immense, comme porté à bout de bras par les lointains sommets enneigés. Nous atteignons maintenant une sorte de terre plate et désolée, une zone marécageuse entre deux lignes de partage des eaux : c'est ici que commence la haute vallée de la Damchu.

A ma connaissance, Dutreuil de Rhins et Grenard, son compagnon, sont les seuls étrangers à avoir traversé cette haute vallée, mais il est possible qu'elle ait également vu passer la malheureuse Susie Carson Rijnhart, hagarde, après la mort de son bébé dans le froid de la toundra et la disparition de son mari, emporté par un torrent ou assassiné par des brigands. Cette Américaine, épouse d'un missionnaire hollandais, a subi une des plus épouvantables épreuves de toutes les annales de l'exploration du Tibet. Décidés à aller prêcher l'Evangile dans la ville sainte de Lhassa, les Rijnhart avaient quitté la Chine avec le projet de traverser tout le Qinghai oriental et la plus grande partie du Tibet. Très vite, les épreuves allaient les assaillir. Pour commencer, leurs guides les abandonnèrent en emportant le gros de leurs provisions. Ensuite, ce fut la mort du bébé, né en route. Puis on leur refusa l'entrée au Tibet, et ils furent obligés de revenir sur leurs pas à travers le Qinghai, probablement le long de la Dam-chu. Leurs nouveaux guides prirent eux aussi la fuite, et ils furent attaqués par des bandits qui volèrent leurs chevaux. Face à la perspective d'une longue et vaine odyssée à pied dans les montagnes, M. Rijnhart décida de partir seul à la recherche de nomades, ce qui demandait de traverser à la nage un torrent glacial. Susie Carson Rijnhart ne revit jamais son mari. Et elle finit par atteindre, Dieu sait par quel miracle, seule, le Sichuan.

Vers l'ouest, à perte de vue, s'étend un plateau, ponctué de lacs et de mares, traversé par le lit sinueux de la Dam-chu. Grenard écrivait en 1894 que cette rivière devait être le bras le plus long du Yang-tsé et que la véritable source était donc au début de son cours.

Ce n'est qu'en 1996 que j'ai lu le compte rendu de Grenard et appris qu'il avait raison. En 1994, un professeur chinois, M. How Man-wong, de la Société d'exploration et de recherche de Hong Kong, avait entrepris, peu après notre passage, de montrer que la source de la Dam-chu devait être considérée comme la vraie source du Yang-tsé.

En nous fondant sur nos propres calculs, Jacques, Sebastian et moi inspectons le terrain autour de nous, convaincus que la source de la Dam-chu doit être proche de l'endroit par lequel nous avons pénétré dans cette large vallée. Le GPS indique une altitude de 5 050 mètres. Les morceaux de ciel reflétés dans les étangs évoquent ces sortes de nuages que l'on voit d'avion à haute altitude quand la nuit tombe. Ici, nuages et montagnes, ciel et eau semblent ne former qu'un seul et unique élément. Il est évident que pendant les longs mois d'hiver, toute la vallée doit être recouverte de glace et d'une fine pellicule de neige. Le Yang-tsé est le cinquième fleuve du monde et le plus long d'Asie. Son delta, qui s'étend sur 300 kilomètres en amont de Shanghai, abrite 300 millions de Chinois, presque un tiers de la population du pays. Selon un autre des innombrables proverbes locaux, ces 300 millions de Chinois devraient penser au moins trois fois par jour à l'endroit où nous sommes : « Quand tu bois de l'eau, pense à sa source. »

Après l'Amazone, le Congo et le rio de la Plata, le Yang-tsé est un des fleuves qui a le plus fort débit : près de 30 000 mètres cubes par seconde en moyenne, avec des pointes de 50 000 tonnes d'eau par seconde. Il charrie près de 500 000 tonnes de sable et de terre chaque année.

De nos jours, même les domaines les plus simples du savoir ont acquis le statut de science, et l'hydrologie, avec ses différentes techniques d'hydrométrie, constitue un vaste champ disciplinaire. Je sais parfaitement qu'il y a dans ce domaine des gens bien plus compétents que nous trois, et donc mieux armés pour se lancer dans notre entreprise. Mais où sont ces experts en courants, débits, eaux mortes, bassins de retenue et réserves souterraines ? Ces gens auraient dû venir ici bien avant nous, mais ils ne l'ont pas fait. Pourquoi ?

Au Tibet, l'expert est le sage, et « la sagesse, c'est comme d'avoir mille yeux », dit un proverbe. Je suis un aveugle en matière d'hydrologie : j'ai suivi une trop brève formation accélérée qui m'a enseigné juste assez pour comprendre combien il est difficile de déterminer la source, ou les sources, d'un cours d'eau, et pour effectuer la mesure du débit des petits affluents.

L'ennui avec les experts modernes, c'est qu'ils font tous métier de leur savoir. Au Tibet, l'idée qu'on devrait payer quelqu'un pour avoir son avis et ses leçons est parfaitement choquante : ce serait comme payer quelqu'un pour dire la vérité. Et refuser son savoir à qui ne peut payer est assimilé au refus d'assistance à personne en danger. Les gens qui savent sont très respectés au Tibet et, en échange de cette estime, ils donnent leur savoir pour rien, obéissant à la règle proverbiale qui veut que les sages soient « les serviteurs de tous ». Elle s'applique aux médecins, vétérinaires et savants en tous domaines, qui ne demandent jamais un sou pour leurs services ou leurs conseils. La considération qu'on leur accorde se traduit par le don des meilleurs aliments, l'envoi de chevaux pour les transporter et l'accès à tous les privilèges. Au Zanskar, j'ai rencontré un médecin (le *lumbo* de Karsha) qui a été obligé de renoncer à la médecine parce qu'il y réussissait trop bien : il n'avait plus le temps de s'occuper de ses champs et de sa famille.

Chez nous, en Occident, les savants ne sont les serviteurs de personne. C'est même le contraire : ils sont peu à peu devenus des gourous, des maîtres des masses presque réduites à l'état d'esclaves. Le moindre plan, dessin ou mot, l'acte le plus sommaire se paient comptant, tout comme une prescription ou trois mots de conseil. A l'Ouest, le savoir est un bien qui s'achète et se vend, sous patente et sous licence. Ce n'est plus une affaire d'intelligence, d'enthousiasme, c'est une affaire de gros sous. Le pauvre ne peut acheter le savoir, et ceux qui ne savent pas vendre les compétences qu'ils détiennent sont les perdants d'une société qui a aboli les privilèges de ceux qui savaient. Syndicats et associations professionnelles protègent désormais les monopoles du savoir. Des lois rendent les services du savant obligatoires : il faut un architecte pour construire sa maison, un docteur pour se soigner, et, comme nous allons le découvrir sous peu malheureusement, il y a de bonnes raisons de penser qu'il nous faudrait un hydrologiste confirmé avec nous, téméraires, qui prétendons découvrir la source du Mékong.

Mais la vraie question est celle-ci : pourquoi aucun hydrologiste ne s'est-il mis en quête de cette source ? Les spécialistes ont-ils peur de la montagne ? Non, mais il n'y a rien à gagner ici. Les experts se sont contentés d'étudier *la carte* du Tibet et du Qinghai pour décréter que c'était le « château d'eau de l'Asie ». Plusieurs articles émettent leurs inquiétudes sur la gestion de cette énorme réserve d'eau, et des experts occidentaux, qui n'ont jamais mis les pieds par ici, tentent de calculer combien de millions de tonnes d'eau sont en effet stockés dans les marais et les lacs du grand nord du Tibet et du Qinghai.

Il ne fait aucun doute qu'il y a une énorme réserve d'eau sur le haut plateau, mais celle des nappes souterraines est peu de chose comparé à ce qui tombe annuellement du ciel. C'est la pluie qui compte, et, chose assez surprenante, seule une petite partie de ce qui tombe chaque année finit dans les cours d'eau.

Les hydrologistes ont calculé quelle quantité d'eau de pluie d'un bassin donné atteint la mer. Ainsi, les eaux du Colorado ne représentent-elles que 11 % des chutes de pluie annuelles sur son bassin : le reste s'évapore, sert à l'irrigation ou est simplement bu par les hommes et les animaux. Certains cours d'eau du nord Qinghai et la plupart de ceux du Xinjiang voisin (Turkestan chinois) n'atteignent même jamais la mer : la totalité de leurs eaux s'évapore, disparaît dans des déserts de sable ou finit dans des lacs fermés.

Il y a bien des bizarreries dans le cours des fleuves et des rivières. Certains cours d'eau sont plus abondants l'hiver que l'été, d'autres ont le même débit toute l'année, d'autres ne coulent qu'à certaines heures du jour. Le Mékong connaît des variations considérables entre hiver et été : l'été, il se gonfle des pluies de mousson de l'Asie du Sud-Est et de la fonte des neiges des hauts plateaux tibétains. Les grands cours d'eau qui viennent des hauteurs du Tibet ont ceci d'unique que beaucoup d'entre eux existaient probablement déjà avant que l'Himalaya ne surgisse et ne leur bloque le passage. Des rivières comme l'Arun et la Kali Gandaki ont réussi à se frayer un chemin à travers l'Himalaya, en creusant des canyons qui comptent parmi les plus profonds de la planète. Inversement, le Brahmapoutre et l'Indus ont été obligés de faire de grands détours avant de pouvoir traverser l'Himalaya, chacun à une extrémité différente de la chaîne.

Dès mon expédition de 1959, où j'ai parcouru les rives de la bouillonnante Dhud Khosi (« rivière de Lait ») qui descend de l'Everest, j'ai été fasciné par les cours d'eau himalayens. Au début, j'étais surpris par la rapidité du courant, la profondeur de certaines gorges : la Kali Gandaki coule à 6 800 mètres en dessous des sommets de l'Anapurna d'un côté et du Dhaulaghiri de l'autre. C'est un des canyons les plus profonds du monde, et je l'ai parcouru en 1964 en allant au Mustang. En 1986, j'ai essayé de descendre dans la grande gorge du Brahmapoutre, autre prétendant au record mondial, entre le mont Gyala Pheri et les 7 756 mètres du Namché Barwa. Le lit du fleuve est à près de 4,5 kilomètres en dessous des sommets, et sa vallée fait à peine 12,5 kilomètres de large. Cette gorge est si encaissée que ni George Bailey en 1912, ni l'illustre botaniste Kingdom Ward en 1935 n'ont réussi à la descendre. Je n'ai pas eu plus de succès en 1986.

Bien d'autres grandes failles et gorges himalayennes gardent encore leur mystère. La moins explorée pourrait bien être précisément celle du Mékong. Autant que je sache, personne n'a jamais réussi à remonter entièrement sa vallée encaissée qui serpente à travers le Tibet.

Malgré toutes les photos qui nous montrent périodiquement des voitures englouties et des maisons emportées par des crues, nous ignorons le plus souvent la vraie force des cours d'eau. Un mètre cube d'eau pesant une tonne, la Seine à Paris approche les 400 tonnes par seconde, ce qui est cent fois moins que le Congo, mais représente quand même l'équivalent de 40 éléphants par seconde. Rien ne peut s'opposer à la puissance d'un fleuve, et d'immenses montagnes sont continûment érodées par eux à des vitesses stupéfiantes. Chaque année, à la mousson, là où les grands cours d'eau himalayens débouchent dans les vallées du Népal et de l'Inde, des dizaines de villages sont littéralement emportés quand, sans prévenir, les flots changent de lit, comme cela arrive fréquemment.

Rien à craindre de tel là où nous sommes, car le plateau est si plat que la Dam-chu ne peut rien faire d'autre que de déployer lentement ses méandres à travers les lacs. Nous continuons à rouler, perdant de temps en temps la piste, et risquant plusieurs fois de nous enliser dans une fondrière. Au loin, comme des scarabées surgissent des tentes noires. L'herbe d'été est si bonne dans cette haute vallée de la Dam-chu que, malgré l'altitude (5 030 mètres), elle attire de nombreux nomades de la tribu Ghegi.

A notre approche, un cavalier monté sur une splendide jument blanche vient vers nous au grand galop. Nous stoppons, il descend de cheval, découvrant une élégante selle d'argent incrustée d'or. Sa monture est elle aussi ornée, des naseaux jusqu'à la queue : un drapeau de prière rectangulaire pend sur son front, accroché à une bride de cuir tissée d'argent à pompons rouges en poil de yak ; la selle repose sur une couverture dans les tons orange, blanc et bleu, brodée de dragons ; le pommeau et le bord arrière sont embossés de dessins religieux en or plaqué (le nœud sans fin, le parasol, la roue de la vie) ; une croupière très élaborée, tressée de lanières de cuir de différentes couleurs, passe sous la queue, laquelle se termine par huit tresses de rubans de couleur si bien soudés les uns aux autres qu'ils forment une surface plane.

« L'or et l'argent sont bon marché au Tibet », notait le père Huc en 1866, mais il était stupéfait par le coût des simples objets manufacturés, comme les bols de bois garnis d'argent. La selle de ce jeune Khamba et sa couverture valent à l'évidence une petite fortune, tout comme l'épée droite, en or et argent, passée dans sa ceinture rouge. C'est ce type d'épée que portaient les anciens Gaulois et les Scythes que décrit Hérodote.

Je demande au jeune cavalier à quelle distance nous nous trouvons encore de Moyun. Il reste vague : c'est encore loin. En revanche, nous serions tout près de Dayun, une sorte de ferme d'Etat, à ce que nous croyons comprendre. Voyant notre chauffeur fumer, le jeune homme demande une cigarette, puis saute en selle et détale au grand galop, vers nulle part.

Nous repartons, en cahotant sur les mottes d'herbes marécageuses. Voici une tente isolée gardée par quatre dogues tibétains des plus agressifs. La route oblique maintenant, en direction du nord, vers les pics lointains.

Une épave de camion, un mur d'enceinte de ciment, et c'est Dayun, annoncée comme ferme d'Etat. En approchant, nous nous apercevons qu'il s'agit en fait d'un poste militaire abandonné, avec quelques baraquements et les restes d'une antenne parabolique pour communications par satellite. Aucun Chinois en vue. Des nomades me confirment que nous ne pourrons pas atteindre Moyun avant la nuit. Quand on voit ce petit avant-poste à 4 800 mètres d'altitude (partout dans le monde, l'homme est rarissime à ces hauteurs), on comprend le mal que les Chinois ont dû se donner pour pacifier le Nangchen.

La guerre pour le contrôle du Kham a été sans merci. A la fin du conflit, en 1959, les seuls Tibétains à tomber aux mains des Chinois furent les vieillards, les malades, les adolescents et les mères avec de jeunes enfants. Tous les autres, y compris les jeunes filles, avaient pris le maquis, et s'étaient vus peu à peu contraints de fuir jusqu'au Tibet central. De tous les épisodes de cette guerre qu'on m'a racontés, un des plus tragiques est sans doute celui de ce groupe de nomades qui, fuyant l'avancée chinoise, au lieu de se diriger vers le sud et Lhassa, ou encore vers l'est, avait obliqué vers le cœur du Changthang, le grand espace désert des plaines inhabitées du nord, où leurs ossements jonchent toujours la toundra.

La fin tragique de ces nomades qui moururent pour s'être égarés sur une route qui ne menait nulle part était une sorte de répétition d'un autre épisode effrayant, survenu au Tibet en 1910. Cette année-là, les Chinois du général Chung Ying envahirent Lhassa et le sud-est du Tibet, tuant tout ce qu'ils rencontraient. La panique s'empara des gens simples du Kham méridional, qui n'eurent pas d'autre solution que d'abandonner leur village à l'approche de l'ennemi. Des milliers de réfugiés se répandirent sur les routes, et parmi eux beaucoup d'âmes pieuses qui croyaient à ce que disaient les lamas et les textes sacrés d'une certaine vallée de Pemakoe, qui serait un paradis sur terre, et où ces malheureux étaient convaincus de trouver asile et abondance. Des milliers de fuyards s'engouffrèrent en direction des gorges du Brahmapoutre, au Pemakoe, une région pauvre habitée par des aborigènes qui mangent du singe et dont bien peu d'Occidentaux connaissaient l'existence. Son climat, chaud et humide, ne convient pas aux autres Tibétains. Deux ans plus tard, George Bailey, venant de l'Assam, entrait clandestinement dans ce Tibet tropical, avec l'ambition audacieuse d'explorer les gorges du Brahmapoutre. En chemin, il découvrit partout le long des pistes les squelettes de ces milliers d'infortunés, morts de faim et d'épuisement.

Nous prenons lentement de l'altitude, et des nuages sombres commencent à former un noir couvercle sur le vaste plateau, dont les étangs argentés sont maintenant plus brillants que le ciel. Çà et là, les rayons obliques du soleil percent le ciel obscurci et découpent des plaques d'herbe rouillée. Sur la pente, la végétation du marais cède la place à une herbe rase alors que nous approchons d'un col qui devrait nous mener, enfin, à la ligne de partage des eaux entre la Dam-chu et le Mékong.

« Regarde, un kiang », dit Sebastian. Avec son œil de lynx, c'est lui qui repère le premier la plupart des animaux sauvages que nous rencontrons. De fait, il y a tout un troupeau de kiangs, paissant tranquillement. A peine les avons-nous découverts qu'un loup traverse la piste et qu'un essaim de gazelles s'égaille sur une crête voisine comme des gouttes de pluie sur un pare-brise.

Commence un moment magique. Sur toutes les pentes herbeuses, jusqu'au début du rocher, c'est un grouillement d'animaux : des kiangs, leur longue toison hivernale luisant sous la lumière crue qui précède toujours une tempête de grêle, des loups, des renards, des mouflons, des gazelles tibétaines courant de tous côtés comme du vif-argent, et s'arrêtant en petits groupes pour brouter nerveusement, des centaines d'animaux visibles dans un paysage qui n'offre aucun abri où se cacher, ni buissons ni herbes hautes, rien qu'une sorte de décor peint où se découpe la silhouette des bêtes s'agitant en tout sens, toujours un œil sur le voisin, en une prudente et fragile harmonie. On se croirait revenu aux premiers jours du monde, et je me sens comme un animal parmi les autres, membre de la communauté fantastique des enfants de la Nature.

J'ai déjà eu cette sensation une fois, lors d'une chasse au tigre dans la jungle du Téraï, au Népal. C'était l'aube, et je me promenais sur la berge rocheuse d'une grande rivière presque à sec qui traversait une forêt de sals. Tout autour, la jungle régnait, épaisse, et là, parmi les rochers, à découvert, il y avait des dizaines de cerfs, un chacal, un buffle sauvage, tous venus boire à la rivière, certains s'en retournant d'un pas tranquille, d'autres, comme moi, s'attardant à savourer le soleil matinal : un rassemblement de tous les êtres avec lesquels nous partageons cette planète.

Le paysage sous nos yeux est un immense paradis terrestre malgré son austérité. Le moment est d'une telle intensité que même Ling et les chauffeurs sont pris par sa magie. La gêne nous prend quand les moteurs rugissent. Nous reprenons la route, ou ce qui en tient lieu, en espérant que c'est la bonne. Voici le sommet du col. Je sors mesurer notre altitude (5 040 mètres) au moment où le premier grêlon fouette mon visage. Nous baptisons l'endroit « col du Kiang », mais nous nous apercevrons vite qu'il s'agit du Dzana-Loung-Mouk-La franchi par Dutreuil de Rhins cent ans avant nous.

Le 8 avril 1894, venant du sud, comme nous, et après avoir traversé la Dam-chu et les marais gelés, Dutreuil de Rhins, Grenard, leurs mercenaires russes, leurs domestiques musulmans et plusieurs cavaliers tibétains escaladaient le même col, en une petite caravane de chevaux fatigués.

> « Le 8 avril, vers 9 heures du matin, nous eûmes la satisfaction, en franchissant le col Dzanak-Loung-Mouk-La, de toucher à l'un des buts que nous nous étions proposé. De ce col, en effet, haut de 5 260 mètres, descend le Loung-Mouk-Tchou, la plus occidentale des origines du Mékong. La joie de la découverte, qui suffit à faire oublier à tout bon explorateur les misères d'un voyage, se doublait pour nous par ce que cet humble filet d'eau, maintenant immobile sous la glace, mais qui allait bientôt rompre ses liens pour courir à travers monts et plaines jusqu'à la terre française, établissait une communication, imaginaire et cependant réelle, entre nous et la patrie... »

Grenard, qui a écrit ces lignes à son retour en France après la mort de son compagnon, ajoutait : « Une fois les sources du Mékong bien déterminées, Dutreuil de Rhins avait l'intention de rejoindre au nord la route de Si-Ning. »

Avec quel degré de précision avaient-ils seulement « établi » la source du Mékong, si toutefois ils l'avaient découverte ? La question demeure. Abandonnés par leurs guides sur ce même col, ils avaient continué en compagnie de trois moines pèlerins rencontrés par hasard. L'itinéraire publié par Grenard montre qu'ils n'ont séjourné que quelques heures, et que, dès le 8 avril, ils entreprirent de redescendre la rivière Lungmo (Grenard écrit *Loung-Mouk*, mais la bonne orthographe tibétaine est *Lung-sMog*). Nos géographes étaient, comme on s'en doute, épuisés et préoccupés. Ils étaient partis depuis trois ans ! Ils n'avaient plus d'argent, leurs chevaux et leurs yaks étaient incapables de continuer. A ce que dit Grenard, le sol était gelé et partiellement recouvert de neige.

Pour nous, le col est dépourvu de neige, mais un froid glacial règne, et la nuit s'apprête à tomber. Il est urgent pour nous de trouver un endroit pour camper. En descendant de l'autre côté du col, nous passons les rigoles qu'alimente le suintement issu des pentes herbeuses, sans doute une des sources de la Lungmo-chu.

Bien entendu, je dois me garder de mélanger ici la chronologie des événements de 1894 avec les connaissances que la suite de l'histoire m'a données. Pour moi, le col est encore sans nom, ainsi que le cours d'eau naissant. Il fait de plus en plus sombre, il faut s'arrêter au plus vite. C'est alors que j'aperçois une tente noire sur un surplomb au-dessus du torrent. Au bout de quelques centaines de mètres, je trouve un endroit idéal pour camper, lui aussi au-dessus du torrent, et demande au chauffeur de s'arrêter. Nous nous hâtons de monter les tentes, le souffle court, et inquiets de ce ciel noirâtre. La grêle n'est pas encore tombée ici et le sol est sec. En quelques minutes, la grande tente est dressée, flanquée de nos tentes individuelles. Les chauffeurs parquent les deux jeeps l'une contre l'autre, et nos voisins nomades viennent jeter un coup d'œil sur nous : un petit homme aux traits fins, hâlé, avec sa fille et son fils, tous deux râblés et le visage ouvert. Ils regardent nos véhicules avec des yeux stupéfaits et s'approchent pour toucher la toile magique de la tente, ce nylon soyeux si différent de la grossière laine de yack de leurs campements. « *Chu di la ming kare re ?* » Comment s'appelle ce torrent ? On nous dit que nous nous trouvons au bord de la Lungmo-chu (orthographié en tibétain *Lung-sMok-chu*), dont Grenard a prétendu qu'elle était le bras le plus occidental du Mékong.

Avait-il raison ? Tout excité, je pose la question que je retourne dans ma tête depuis des mois, la grande question à laquelle cet homme a peut-être une réponse. « *Dza-chu chu-go kare re ?* » Où commence la Dza ? Où est la source du Mékong ? Question peut-être banale, mais sans réponse depuis un siècle.

L'homme va-t-il désigner l'endroit d'où nous venons, le pied du col, la source de la Lungmo-chu ? « *Ya... la.* » Sa main indique au nord-ouest une crête sombre de l'autre coté du torrent. « *Ya la ta rempo mindu.* » Par là, pas très loin. « *Nyma katseu dro gogiduk ?* » A combien de jours d'ici ? L'homme hésite. Il n'est pas sûr, mais il répète : « *Ta rempo minduk...* » Pas loin... Le but est proche.

Cette nuit-là, notre moral est au beau fixe. Demain, si tout se passe bien, nous atteindrons enfin le bout de la piste, et, de là, nous remonterons le long du cours d'eau, à pied ou à cheval, jusqu'au bout. Nous restons longtemps assis à parler des animaux aperçus, vision d'un paradis perdu encore très présente dans nos têtes.

Avant d'aller dormir, je m'approche du bord de la falaise qui domine le torrent mugissant. Comme par magie, le ciel est maintenant limpide et les étoiles brillent d'un éclat insoutenable, comme si elles étaient très proches. Une fois encore, je me sens en harmonie avec la nature, conscient de ma propre insignifiance et émerveillé de la grandeur de l'univers, du métronome du temps, de la création des étoiles et des planètes, et de toutes ces créatures autonomes, grandes et petites, qui vivent comme nous sous cette immense voûte céleste.

Je passe une bonne nuit, car j'ai enfin réussi à mettre de côté mes soucis et les anxiétés qui me hantent depuis notre départ. Naïvement peut-être, en tout cas un peu prématurément, je suis désormais sûr que tout va bien se passer. J'ai même momentanément oublié qu'il y a quelque part dans le coin une équipe de scientifiques japonais qui a peut-être le même objectif que nous.

9

Moyun

Le lendemain matin, 13 septembre, sous les regards curieux d'un groupe de nomades, nous levons le camp et descendons la pente escarpée qui mène au lit de la Lungmo, avec l'intention de le suivre.

Le torrent ne cesse de grossir et, bientôt, nous voici sur une corniche d'où l'on découvre, au loin, à gauche, un lit de rivière large de 200 mètres où serpente, coulant vers l'est, la Dza-nak, ou Mékong noir. Inutile d'être un grand géographe ni même d'interroger les nomades pour comprendre que la Lungmo n'est qu'un petit affluent du bras principal du haut Mékong, dont le lit rocailleux disparaît vers l'ouest. Comment se fait-il que Dutreuil de Rhins et Grenard ne l'aient pas compris ? La seule explication est que toute la haute vallée était recouverte de neige en avril 1894. La Lungmo, qui est ici plus rapide que le bras principal du Mékong, était peut-être visible, alors que le Mékong, pris par les glaces, n'était pas discernable sous la neige : ce n'est que plus tard, le 15 avril, que Grenard écrit que le dégel du Mékong s'est amorcé et que le fleuve charrie des bancs de glace. Tout cela explique sans doute l'erreur des explorateurs et pourquoi Grenard n'a pas protesté quand certains ont contesté leur découverte. En tout cas, nous voilà maintenant certains que la source du Mékong se trouve bien à l'ouest de la Lungmo, comme le nomade nous l'a indiqué.

Une fois la rive du Mékong atteinte, la piste descend le fleuve en direction de Moyun, notre destination. Au bout d'une heure de route sur ces berges herbeuses, nous tombons sur un petit pont de ciment, brusque rappel du monde civilisé, à l'évidence le premier pont sur le Mékong en route vers la lointaine mer de Chine. Ici, le fleuve a déjà la couleur rouge qu'il a à Zadoi, à quelque 100 kilomètres à l'est.

Vers 2 heures, nous arrivons en vue de Moyun. Installé à un kilomètre et demi du fleuve sur un méplat herbeux au pied de rouges collines, Moyun ressemble à un fort de western. L'enceinte est un simple mur de terre rouge, d'un mètre d'épaisseur sur quatre de haut. Il n'y a qu'une unique ouverture, sans porte ni barrière : le poste est abandonné. A l'intérieur, donnant sur une petite place d'armes envahie par l'herbe, la traditionnelle double rangée de baraquements et les restes d'une antenne parabolique de deux mètres, qui assurait jadis la liaison avec le lointain quartier général. Nos véhicules s'arrêtent, c'est ici que finit la piste carrossable. Il nous aura fallu trois jours pour parcourir 145 kilomètres. Si tout va bien, la suite se fera à pied ou à cheval.

Je suis très excité. Depuis notre départ de Xining, je n'attends que le moment d'abandonner notre 4 × 4, cette cage de métal étouffante, où je suis coincé entre le chauffeur et la portière, avec Sebastian, Jacques et Ling. Paradoxalement, c'est à cause de cet entassement que nous nous ignorons les uns les autres, l'œil rivé à la vitre comme des drogués du petit écran devant leur téléviseur. A partir de maintenant, nous allons rentrer dans le réel, le tridimensionnel, avec vent et froidure. Je sors, heureux de pouvoir enfin m'étirer, et mon oreille capte la voix, reconnaissable entre toutes, d'un ivrogne : trois hommes viennent vers nous, en tuniques militaires chinoises, sales et débraillés. Le plus âgé du trio parle d'une voix forte en avalant ses mots.

Sur les trente cellules des baraquements, trois seulement sont encore habitées : je crois comprendre que la garnison est partie depuis longtemps mais qu'on a laissé sur place ces trois gardiens tibétains avec femmes et enfants. Il y a une petite fille de trois ans environ, avec des nattes de rasta et un sourire de Joconde. Je m'approche prudemment des trois hommes. Une fois passée la surprise de m'entendre parler tibétain, l'ivrogne se révèle assez aimable. « Y a-t-il un moyen de se procurer des chevaux ? » Et j'ajoute que nous sommes ici pour trouver le *Dza-nak chu-go*, la source de la Dza-nak. Un grognement vaguement affirmatif est la réponse. Là-dessus, Ling débarque, et de sa voix haut perchée, exaspérante, lui fait ce que j'imagine être la même demande en chinois.

J'enchaîne aussitôt sur la question qui me hante depuis Xining. A-t-il entendu parler d'une expédition sino-japonaise ? Oui. Ils sont passés il y a moins de huit jours, m'apprend-on, mais ils n'ont pas pris la direction de la Dza-nak : ils sont allés vers la Dza-kar, la branche nord du haut Mékong, celle qui serait la plus courte à en croire notre carte-satellite. La bonne nouvelle est aussitôt transmise à Jacques et Sebastian. J'en suis ravi : rien ne pourra plus, semble-t-il, nous empêcher d'être les premiers à trouver la source. Mais ma joie est de courte durée : et si la Dza-kar, ou Mékong blanc, était le plus long des deux bras ? Ou si nos rivaux étaient passés d'un bras à l'autre, en coupant à travers les montagnes qui les séparent ? Pour le moment, en tout cas, il y a mieux à faire que de s'affoler. Un coup d'œil aux baraques délabrées et humides me fait juger préférable de monter nos tentes. Mais les chauffeurs et le cuisinier décident de coucher dans une cellule abandonnée.

Nous sommes épuisés, ce qui n'est pas étonnant : le GPS indique que nous sommes à 4 650 mètres. Il y a six jours que nous cahotons sur la route, et une journée à cheval m'a toujours semblé moins fatigante que douze heures de voiture.

Nous voici dans la vaste tente, élégante et confortable, et je peux enfin envisager d'étirer mes jambes, de dormir ou d'étudier les cartes en bavardant tranquillement avec mes deux amis à l'abri de l'inquisiteur Ling. Mais il n'en sera rien : un petit groupe pittoresque s'est massé à l'entrée de la tente, notamment deux femmes resplendissantes de bijoux : ce sont les épouses des deux hommes qui vivent ici ; leurs cheveux luisent de beurre de *dri* et sont séparés en tresses très fines – cent huit en tout, nombre sacré pour les bouddhistes – liées les unes aux autres à leur extrémité pour former une sorte de voile de filaments. Plus étonnant encore, les cheveux en touffe de leur front sont liés les uns aux autres pour former comme une visière. Le bout de chaque cheveu vient se loger dans l'arc d'une mince natte frontale. Cette visière filtre le soleil, un peu comme ces écrans de poils de yak que les Tibétains portent pour se protéger les yeux de la réverbération solaire sur la neige. Pour rehausser le tout, les nattes sont couronnées de deux lanières de cuir rouge entrecroisées en haut du crâne, ornées de grosses boules d'ambre orange surmonté de corail rose. La lanière centrale, qui pend de la nuque jusqu'au milieu du dos, est cousue de grosses turquoises et de perles de corail plus petites. Ces ornements, qui doivent peser très lourd et coûter le prix d'une dizaine de yaks, sont loin d'être leurs seuls bijoux : elles ont aussi du corail autour du cou, des poignets et sur diverses bourses accrochées à leur ceinture. Quand je leur demande de nous laisser, elles s'ébranlent au son argentin des amulettes qu'elles portent aux poignets.

La Tibétaine est à coup sûr une des femmes les plus parées du monde. C'est toute sa dot qu'elle porte sur la tête, car les nomades disposent rarement d'un endroit sûr pour mettre leurs trésors à l'abri. Il faut aussi tenir compte des longs siècles de féodalité, avec ses luttes intestines permanentes, les raids des tribus les unes contre les autres, les brigands en maraude : les femmes devaient toujours être prêtes à s'enfuir avec tous leurs bijoux. Si les épouses des nomades sont les plus parées de toutes, c'est sans doute en raison de la richesse des éleveurs. Ici, dans cette zone si reculée du Nangchen, le Ghegi, les nomades sont pourtant moins riches que leurs cousins, qui vivent sur les berges du lac Koko Nor, aux herbages opulents, et dont les femmes sont à ce point couvertes de bijoux d'or et d'argent qu'ils pendent dans leur dos jusqu'au sol. Sur les bandeaux de leurs chevelures, d'énormes boules d'or et d'argent sont incrustées de corail, de turquoise et d'ambre.

Je sais qu'il y a de la turquoise au Tibet, mais je me suis longtemps demandé d'où pouvaient bien venir le corail et l'ambre. Des gens de l'Amdo m'ont dit que l'ambre a été introduit par les Anglais en 1878, et qu'ils le faisaient venir de la Baltique. Marco Polo, toujours à l'affût d'une bonne affaire, notait que les gens de la région aimaient le corail. Il s'agit parfois de corail fossilisé, et l'on en trouve au Tibet dans ce qui était autrefois la mer de Thétys.

Les deux femmes étaient accompagnées d'un vieil homme en tunique de brocart de soie bleu nuit et argent, coiffé d'un élégant chapeau en peau de mouton. A l'anneau de son ceinturon, une épée khamba traditionnelle. On dirait qu'il n'a jamais vu d'Européen. Mais voici qu'arrivent les deux assistants du fonctionnaire ivre, et j'entreprends de les interroger sur ce qui nous attend.

Notre exploration va enfin commencer pour de bon. Depuis ma première expédition, en 1958, où j'ai eu la chance de découvrir des temples oubliés dans les jungles côtières du Yucatan, je me suis fixé comme règle de noter par le menu tout ce que je rencontre dans les régions inexplorées. Il faut donc que je m'informe aussi complètement que possible sur celle où nous nous trouvons : noms des districts et des tribus, des différents affluents du Mékong, appellations tibétaines des animaux sauvages. Sans parler de la localisation précise de la source principale du Mékong. Bien entendu, je suis tout à fait au courant des délicats problèmes que pose la détermination de la « source » d'un cours d'eau. On peut d'ailleurs se demander s'il existe vraiment *une* source. Un cours d'eau est la résultante de plusieurs petits torrents, eux-mêmes composés de ruisseaux, même s'il y a quelques exceptions : des fleuves qui surgissent tout armés d'une énorme source souterraine ou naissent d'un grand glacier, comme le Gange. Mais en dehors de ces quelques cas, la plupart des fleuves commencent par un réseau de petits ruisseaux ou une grappe de petits affluents. Comment alors parler de source unique ?

Le Mékong sort-il d'un glacier ou de quelque source spectaculaire ? Et, si c'est le cas, s'agit-il de la vraie source, la plus éloignée de la mer, ou du début du bras qui a le plus fort débit ? Et quelle est la source historique ? Celle que les habitants du pays considèrent comme telle ? J'interroge avidement les deux hommes. Très vite, je comprends qu'ils ne connaissent pas bien le haut Mékong, car ils ne sont pas du coin : ce sont les Chinois de Zadoi qui les ont envoyés ici. Il faudra poser la question aux nomades. Mais où les trouver ? On me répond qu'il y en a un peu partout dans la steppe. Cela ne m'éclaire guère, et je change donc de sujet, pour m'informer des animaux sauvages de la région, de leur nom en tibétain, ainsi que de la toponymie des différents districts.

Je passe ensuite au sujet crucial : les chevaux. Où en trouver ? Pouvons-nous louer les services d'un guide qui nous aidera à remonter jusqu'à la source ? Ils hésitent, puis demandent combien de chevaux il nous faudrait. Je n'ai à leur offrir qu'un chiffre vague : « De quinze à vingt. » Ils semblent perplexes : « Les Japonais en ont déjà loué pas mal. Il va falloir en envoyer chercher. » Et ils me font signe de les suivre dehors.

Nous traversons la place d'armes, où je remarque une sorte de potence, un poteau de basket-ball délabré, près de la brèche d'entrée. Nous passons de l'autre côté de l'enceinte et marchons jusqu'à une grande tente noire. Un dogue féroce grogne à notre approche, un enfant surgit et l'attrape par le collier, tandis qu'un homme âgé apparaît, sourit et nous fait signe d'entrer. En me courbant, je pénètre dans la tente, surpris, comme chaque fois, de la clarté à l'intérieur, où filtrent les rayons du soleil. Une jolie fille debout près de l'âtre me tire une très longue langue : salutation parfaitement courtoise en ces parages. Les deux hommes expliquent au vieillard ce que je cherche. Il retire sa toque de laine et se gratte la tête. Un jeune homme aux nattes enfermées dans une casquette chinoise s'approche pour dire qu'il est prêt à aller chercher des chevaux mais que cela prendra un jour ou deux car les *drok-pa* (nomades) sont loin, et il leur faudra du temps pour rassembler leurs bêtes.

Ce délai m'embête, mais je suis content que ma requête n'ait pas été purement et simplement rejetée. Louer des chevaux est toujours une affaire délicate : le plus souvent, les gens n'aiment pas louer leurs animaux, sauf s'ils sont boiteux ou inutilisables. A presque tous mes voyages, seule la coercition m'a permis de me procurer les montures dont j'avais besoin. Pour ma traversée du Bhoutan, en 1968, j'avais bénéficié d'une autorisation royale de recourir à l'*Ulag*, un impôt détesté qui oblige les paysans à fournir des chevaux ou des mulets pour le transport des fonctionnaires et de leurs bagages. Ce qui a si longtemps empêché les étrangers d'atteindre Lhassa, c'est qu'ils n'avaient pas droit à l'Ulag et donc ne pouvaient trouver de monture. De nos jours, dans le Tibet occupé, les Chinois se sont arrogé ces privilèges féodaux, et la présence de Ling à nos côtés, signe du patronage officiel chinois, nous donne certainement le droit d'obtenir des chevaux.

Pour la première fois, j'aborde sérieusement la question de la source du Mékong. Le jeune Tibétain qui s'est porté volontaire pour nous procurer des chevaux explique que la Dza-nak a deux « têtes d'eau », l'une qu'il appelle *Drug-di chu-go*, l'autre *Sag-ri chu-go*. Je n'ai aucun moyen de m'assurer de la véracité de son assertion, mais il semble en connaître le chemin. Je ne m'attendais pas à l'existence de deux sources. Laquelle sera la bonne ? Est-ce que nous parlons bien de la même chose ? Qu'est-ce qu'il entend par *chu-go* ? Ce que je cherche, moi, c'est la source géographique, la plus éloignée de la mer, et donc, dans le cas présent, la plus à l'ouest. Mais comment le lui faire comprendre ?

Je prends ma carte-satellite, la carte TPC G-8D au 1 500 000e, publiée par le Defense Mapping Agency Aerospace Center de Saint Louis (Missouri) en novembre 1989. Tandis que j'en déploie les feuillets, le jeune homme s'écarte comme si elle allait mordre, puis il avance un regard prudent vers ce qui doit être pour lui un objet magique et secoue la tête. Je n'ai pas d'autre moyen de localiser l'endroit où nous sommes que de reporter sur la carte, où ne figure presque aucune indication toponymique, la longitude et la latitude données par le GPS. Jusqu'ici, tout va bien : nous nous trouvons à droite de la petite ligne bleue qui marque le haut Mékong, laquelle se brise en un éventail de petits torrents marqués par des pointillés à environ 140 kilomètres à l'ouest.

Assis devant une tasse de thé salé, je lance quelques taquineries à la jolie fille qui m'a tiré la langue. Elle est tout aussi innocente et timide qu'au premier abord. Je me demande combien de rencontres elle a pu faire, si jeune, dans ces solitudes. Dans notre monde moderne, où nous vivons les uns sur les autres, nous avons perdu le souvenir de l'époque où les jeunes filles rosissaient en baissant modestement les yeux pour parler aux hommes. Quant aux garçons, ils devaient recourir à toutes sortes de rituels courtois en s'adressant à une jeune femme. Ces coutumes sont encore en vigueur au Tibet, où la candeur et la modestie sont toujours considérées comme des vertus. Le vieillard, lui, répond à mes questions d'une manière très directe. Mais quel est son degré de sincérité ? Après tout, les hommes qui m'ont amené jusqu'à lui sont des représentants de l'administration chinoise.

Je retourne au campement. Rien d'autre à faire qu'attendre. Il est près de 6 heures, heure de Pékin, et le soleil, aperçu à travers les nuages, est toujours haut. J'entreprends une longue promenade autour de Moyun en compagnie de Sebastian, tout en surveillant le ciel qui s'assombrit, présage d'une nouvelle et soudaine averse de grêle.

Sebastian a beaucoup plus que moi le physique de l'explorateur. Peut-être pas tout à fait assez grand pour faire un parfait cow-boy, il arbore une plume d'aigle à son chapeau et un gilet de cuir. Au moins, sur nos photos et nos films, sa silhouette pourra contrebalancer les jeans délavés et la casquette de base-ball de M. Ling. Sous ses airs de jeune homme désinvolte, Sebastian dissimule une personnalité des plus sagaces. Le passage par Eton constitue, à l'évidence, une excellente préparation à l'Himalaya. Mallory, l'homme des premiers assauts contre l'Everest, en sortait aussi.

Sebastian s'intéresse à tout, des papillons aux plantes, des chevaux aux yaks, et sa curiosité fait plaisir à voir au moment où nous pénétrons cette étrange contrée où absolument tout mérite une attention particulière : ne sommes-nous pas les premiers à y séjourner... avec ces Japonais qui nous précèdent de quelques jours ? « Après tout, peut-être que la source du Mékong ne les intéresse pas », dit Sebastian, optimiste. J'espère qu'il a raison.

Pour son âge, Sebastian a déjà une vie bien remplie. En 1982, il a abandonné Oxford pour aller apprendre le chinois à Pékin, à une époque où la Chine était encore le pays austère des prolétaires en vareuse bleue, tenue des ouvriers parisiens, chez qui les dirigeants auraient découvert le credo communiste.

Sebastian n'est pas resté longtemps à Pékin : il est parti ensuite pour Genève, puis Francfort, où il a ouvert une galerie d'art. Cet itinéraire en zigzag l'a ensuite entraîné au Tibet, puis à Bali, à la recherche d'œuvres d'art.

Les explorateurs de l'époque victorienne, eux, n'avaient pas plus de vie personnelle que des morts. Leurs affects n'étaient l'affaire de personne. Un humour détaché, appris dans les collèges anglais, les aidait à balayer toute sentimentalité. Par chance, Sebastian a gardé quelque chose de la chaleur quasi latine des Irlandais.

Aujourd'hui, presque toute la planète connaît une crise de valeurs. Bien peu de peuples, au XXe siècle, ont échappé à l'écroulement des certitudes, traditions, principes, coutumes et institutions qui régnaient dans leur enfance. C'est tout aussi vrai du mandarin, qui est passé de la soie et des brocarts à la vareuse de coton de l'ouvrier français, que de l'élève d'Eton qui, à peine sorti de l'école, a troqué sa queue-de-pie pour une paire de jeans. Quant aux institutions matrimoniales, combien de musulmans ont dû renoncer à la polygamie, et combien d'épouses ont laissé leur mari monogame disparaître dans le tourbillon des nouvelles valeurs sociales ? Même notre Nangchen, la région la plus reculée de la planète, a été atteint par la marée : nous venons d'arriver en véhicule à moteur dans une contrée qui, pendant des siècles, n'a été traversée qu'à pied ou à cheval.

Comme nous n'avons pas cessé de courir contre la montre depuis Pékin, il est pénible d'avoir à attendre toute une journée que des chevaux se matérialisent. On imagine sans peine combien les soldats chinois ont dû se sentir en cage derrière l'enceinte de terre de ce petit poste avancé entouré de ces « sauvages » insaisissables, de ces nomades « barbares » qu'on leur avait appris à redouter dès l'enfance. C'était sans doute la même peur que celle que les Peaux-Rouges demi-nus inspiraient aux premiers colons d'Amérique. Les immigrants en haut-de-forme, partant chercher une nouvelle vie dans l'Ouest, savaient pertinemment que leur avenir passait par le vol des terres indiennes. Pour rester en paix avec leur conscience tout en dépouillant les Indiens, le seul moyen était de proclamer que ces derniers étaient des suppôts du diable.

Alors que les prêtres espagnols avaient cherché, souvent par la force, à convertir les Indiens du Mexique, les protestants d'Amérique du Nord ne se souciaient guère, semble-t-il, de l'âme des indigènes. Comme les Chinois, les protestants du Nouveau Monde étaient absolument convaincus de la supériorité de leur culture. L'histoire de cette confrontation aux États-Unis est bien connue : la majorité des Indiens ont été exterminés et les survivants relégués dans des réserves qui ne furent respectées que dans la mesure où leurs occupants n'interféraient pas avec les intérêts ou la cupidité des Blancs.

Entre Chinois et Tibétains, le clivage n'est pas racial : les Chinois considèrent simplement qu'ils ont affaire à des barbares, et il faut dire, à leur décharge, que bien des jeunes soldats chinois envoyés au Tibet, ou dans d'autres provinces qui comptent d'importantes minorités ethniques, sont sincèrement convaincus du caractère civilisateur de leur mission. C'était cette même mission civilisatrice qu'Anglais et Français mettaient en avant, il y a cent ans, quand ils s'emparaient par la force de territoires pour en faire des colonies.

Le degré de sincérité des Chinois est assez facile à mesurer. Quarante ans après avoir mis la main sur le Tibet pour le libérer de lui-même, on peut constater que leurs sujets tibétains sont plus pauvres et moins éduqués qu'auparavant. Presque toutes leurs bibliothèques, presque tous leurs établissements d'enseignement, monastères et sanctuaires ont été détruits. La famine, jadis inconnue, est aujourd'hui fréquente, et la désillusion générale. Depuis 1950, il n'y a pas eu d'année sans explosion de violence de la part de Tibétains réclamant leur liberté.

Alors, pourquoi abandonner le fortin de Moyun ? La réponse se trouve chez les Chinois eux-mêmes. En 1982, Pékin a commencé à comprendre que le prix à payer pour transformer les Tibétains en communistes dociles était prohibitif – et le résultat douteux. Les Tibétains sont des gens très courtois, et la tolérance qu'ils prêchent peut laisser croire, à tort, qu'ils sont soumis. En réalité, ils ignorent tout simplement les Chinois et continuent à vivre et à prier comme ils l'ont toujours fait. Ils savent que leurs vainqueurs sont arrogants, obstinés, étroits d'esprit, mais aussi qu'ils sont faibles et faciles à corrompre. Personne au Tibet n'a jamais pris les Chinois vraiment au sérieux : on les considère comme une nation de boutiquiers que l'argent seul intéresse.

Les deux parties continuent à camper sur leurs positions, et les Chinois ne pourront sortir de l'impasse tibétaine que par une colonisation massive. Sur le « toit du monde », les Tibétains ont le dessus. Aujourd'hui, la Chine de la richesse à tout prix a d'autres objectifs que de chercher à imposer un contrôle militaire aux régions les plus reculées du Tibet. Elle semble avoir compris que les affaires marchent mieux quand la population est consentante. Les Tibétains ont accueilli d'un œil favorable les nouveaux entrepreneurs chinois qui viennent acheter leur laine, leur viande, leur cuir et exploiter les richesses du sous-sol.

En plus des minerais et du pétrole, le Tibet détient des produits médicinaux très prisés par la Chine, dont la pharmacopée est l'une des plus complexes du monde. L'Occident a beau être sceptique sur les propriétés aphrodisiaques de la corne de rhinocéros, des millions de Chinois sont disposés à payer si cher cet adjuvant que les rhinocéros sont en voie de totale extermination dans le monde.

Les hauts plateaux du Tibet abritent des centaines de plantes, animaux et insectes utilisés par la médecine chinoise. Le duvet des andouillers de cerf de l'Himalaya est un autre aphrodisiaque très recherché.

Mais il y a plus étonnant encore : c'est la mystérieuse créature, mi-animale, mi-végétale ou, pour être plus exact, mi-insecte, mi-champignon, dont la médecine chinoise assure qu'elle peut tout guérir, y compris l'impuissance. Les Tibétains l'appellent l'« insecte herbe », parce qu'elle est chenille l'hiver et herbe l'été. Tout être doué de raison ne peut voir dans cette créature qu'une erreur de primitifs, et c'est ce que j'ai fait, jusqu'au jour où quelqu'un m'a jeté dans les mains une de ces petites horreurs : dans ma paume, il y avait une chenille jaune, avec des yeux, des pattes et tout, mais il lui sortait de la tête un brin d'herbe parfaitement vert.

Cordycet finensis : tel fut le verdict du Dr Fernand Meyen à qui je rapportai la chose. Il s'agit d'un champignon parasite qui pousse sur la tête de certaines chenilles et finit par tuer son hôte, poursuivant seul sa vie végétale. Tout le monde s'en émerveille. Les pharmaciens chinois paient un yuan la pièce à des milliers de Tibétains pour aller chercher dans les montagnes l'étrange champignon-insecte. On le trouve en général à haute altitude dans les herbes courtes, auxquelles il ressemble un peu. Les biologistes occidentaux ont découvert que l'étrange « créature » est riche en vitamine C. Les statistiques sont peu sûres, mais son commerce rapporterait des millions de dollars aux Chinois, et sa cueillette est une source de revenu complémentaire pour bien des Tibétains.

La formidable croissance économique que connaît la Chine depuis le début des années quatre-vingt-dix s'est, dans une certaine mesure, étendue au Tibet, mais sans enrichir les Tibétains. A Lhassa, des dizaines de restaurants « d'affaires » vivent de la clientèle des nouveaux riches chinois (qui font le commerce de la laine, du cuir et des plantes médicinales, et dont les luxueuses voitures encombrent les rues de Lhassa, devenue une ville chinoise).

N'ayant rien à faire pendant cette journée d'attente à Moyun, nous entreprenons de consolider nos bagages en prévision de la suite des événements. Si nous sommes soulagés de savoir que les Japonais sont loin, explorant la région que notre carte-satellite indique comme le bassin de la branche la plus courte du haut Mékong, nous sommes néanmoins impatients de pousser nous-mêmes plus avant.

Le lendemain matin, pas le moindre cheval en vue, et je commence à être sérieusement préoccupé. Faut-il se préparer à partir à pied ? Il faudrait alors des porteurs. Mais bien qu'il y ait ici des hommes en état physique de nous accompagner, je sais que les Tibétains répugnent à porter les bagages d'autrui. Il est 11 heures quand j'entends un bruit de clochette et qu'apparaissent les chevaux. Il y en a des petits et des grands, et seuls quelques-uns sont de beaux spécimens de Geghi *dota*, la variété locale du cheval du

Nangchen. Comme on pouvait s'y attendre, c'est à qui s'attribuera la meilleure monture. Les chevaux sont arrivés tout sellés, pas avec ces selles d'argent que nous avons vues mais celles en bois grossier, meurtrier, car leurs méchantes protubérances et leurs rebords coupants vont mettre nos postérieurs à la torture. Je demande si on peut au moins trouver des couvertures de selle pour limiter les dégâts. Réponse négative.

Nous découvrons très vite que les Tibétains ont beaucoup appris des Chinois en matière de pratiques commerciales. Défilent devant moi un vieux manteau sale, une couverture de lit et une pièce de feutre pourrissant à des prix qui arracheraient une grimace douloureuse à un vendeur de chez Hermès. Que faire ? Il y a bien une demi-solution : s'asseoir sur nos matelas de mousse coincés sur la selle. Jacques n'est guère rassuré, lui qui a du mal à distinguer la tête de la queue chez son cheval hirsute.

Un peu après midi, enfin, tel Alexandre menant Bucéphale à la conquête de l'Asie, je saute en selle et prends la tête de notre caravane pour sortir du fort. Où allons-nous exactement ? Combien de temps pour arriver au but ? Ces questions sont dans toutes les têtes. Lentement, nos dix-sept chevaux, guidés par trois muletiers, prennent la direction du proche Mékong. Je respire profondément. Voilà pourquoi je suis venu, pour le plaisir de parcourir à cheval ces vastes steppes. L'attente a été longue, trop peut-être, mais ça y est, nous voilà partis, prêts à nous enfoncer un peu plus dans cet espace qui reste toujours en blanc sur les cartes du Tibet.

10

Crier au loup

Les premiers kilomètres ressemblent à un rodéo : effrayé par le bruit de tambour des deux caisses métalliques qu'il porte, l'un des chevaux part au grand galop, expulsant une caisse et traînant l'autre jusqu'à ce qu'elle se décroche à son tour. A peine a-t-il été rattrapé et rechargé, ce qui prend du temps, qu'un autre perd tout son chargement, mal sanglé. Nous nous félicitons d'avoir tout prévu : nous remplaçons là où il le faut les vieilles cordes de yak par des cordages en nylon.

Trois muletiers seulement pour dix-sept chevaux, c'est trop peu. La coutume veut qu'il y en ait un pour trois ou quatre animaux. A l'âge du jet, nous avons tendance à oublier que les trains de chevaux ou de mulets étaient jadis le principal moyen de voyager en dehors des routes, et un train de mulets doit avoir des muletiers, dont le métier est de crier et de jeter des pierres pour faire avancer son groupe de bêtes. A eux aussi les constants chargements et déchargements, la surveillance des bagages toujours brinquebalants, le ferrage des bêtes (au Nangchen, les nomades ne ferrent que les sabots de devant). A eux aussi de s'improviser vétérinaires quand il le faut. En plus, ils doivent nourrir les chevaux ou les mener paître et, ce qui n'est pas le moins important, battre la campagne le matin pour récupérer ceux qui ont décampé la nuit.

Comment ces trois hommes vont-ils s'en sortir ? Ils sont placés sous la direction de Topgyal, le jeune homme rencontré dans la tente à Moyun. Il a probablement une vingtaine d'années, mais il est incapable de préciser. Je suis toujours surpris que tant de Tibétains, comme certains Indiens du Mexique, aient du mal à donner leur âge, voire le nombre d'enfants qu'ils ont. Il ne s'agit ni d'ignorance, ni de mauvaise mémoire – car ils savent parfaitement le nombre de leurs enfants, de même qu'ils connaissent tous leurs yaks par leur nom –, c'est simplement que les chiffres, surtout les grands nombres, n'ont aucun sens pour eux qui les utilisent si peu.

Alors que nous préférons compter nos moutons que les baptiser, eux préfèrent leur donner un nom. Rappelons-nous pourtant qu'il n'y a pas si longtemps encore, à Paris, Londres ou New York, les indicatifs téléphoniques comportaient des noms et non des numéros, et que les maisons elles aussi avaient des noms pour les distinguer les unes des autres. Tout cela est maintenant du passé ; les voitures ont des numéros, les maisons, les appartements ont des numéros et, dans certains pays, les rues et les zones postales également.

Nous venons à peine de quitter Moyun, et nous voilà déjà traversant à gué les eaux rougeâtres du haut Mékong : sensation grisante que de franchir à cheval les eaux du plus grand fleuve de l'Asie du Sud-Est, dont le nom est depuis si longtemps au centre de nos pensées. Poussant mon petit cheval du nom de *Numbo*, « Bleu », je franchis le Rubicon : de l'autre côté du fleuve commence un monde nouveau. Finis la route et son itinéraire obligé comme un rail : à nous maintenant de tracer notre propre chemin. Combien de pèlerins ont suivi les berges du Mékong ? Allons-nous nous fondre dans les millions de gens qui ont foulé ses rives sans connaître sa source ?

Ici, le Mékong coule à travers des collines rouges. A l'ouest, à quelques kilomètres, on aperçoit l'endroit où les collines s'écartent du fleuve, là où il débouche sur le haut plateau. Les berges herbeuses autorisent trot et galop ; je ralentis l'allure à cause de Jacques, qui traîne à l'arrière. Il finit par nous rejoindre, en racontant qu'il est déjà tombé deux fois. J'admire son courage et j'essaie de lui donner quelques conseils sur la manière de tenir en selle, mais je sais très bien que seule la pratique lui enseignera ce qu'il faut faire. Il y a une heure que nous chevauchons et mon anatomie proteste déjà contre l'absence de tapis de selle. Tout ce que je peux faire est de changer de position, ou de me dresser sur les étriers, pour atténuer l'inconfort. Un soleil sans merci tape sur nos larges chapeaux. Ses ultraviolets meurtriers, que l'air est trop pauvre pour filtrer, peuvent mettre à nu la chair en moins d'une heure.

Seuls ceux qui connaissent la laideur des paysages industriels et la médiocrité des passions bourgeoises peuvent réellement apprécier la noblesse des grands espaces vierges. Notre civilisation occidentale a depuis longtemps perdu le dynamisme enthousiaste de ses débuts. Comme bien d'autres, je suis le produit d'une civilisation qui s'épuise, et même si j'admire le Concorde, les gratte-ciel, les sous-marins nucléaires et les expéditions spatiales, j'ai perdu la foi dans la technologie.

Au début de ce siècle, les avancées de la science et de la technique laissaient espérer un monde d'abondance d'où la faim et la maladie seraient à jamais bannies. Aujourd'hui que ce siècle touche à sa fin, nous nous apercevons que les progrès techniques ont surtout servi à fabriquer des bombes, à semer la guerre et, plus insidieusement, à répandre l'exploitation de l'homme par l'homme, en ouvrant des routes macadamisées dans les régions les plus reculées pour y vendre des marchandises, avant-garde mortelle de cet hédonisme moderne qui peut si rapidement détruire traditions et cultures. Au fil des années, j'ai ressenti le besoin de venir chercher ici, au bout de la planète, une vision de ce monde qu'un essor technologique irréfléchi a tué ailleurs. Mais ne suis-je pas moi-même ici le fer de lance de ces maux que je cherche à fuir ? Vérité incontournable : le véritable péché, c'est le voyage, ces transgressions qui annoncent le début de la fin.

Tout ce que j'aime au Tibet – idées, coutumes, gens – est le produit de centaines d'années d'incubation. Le plus intéressant chez un peuple, c'est son caractère unique, né de l'isolement, et que l'on retrouve dans les détails les plus infimes de sa culture : ce n'est pas seulement la langue, l'art, la nourriture, mais aussi les pots et les casseroles. La vente d'un pot d'aluminium de l'autre côté d'une frontière culturelle est tout aussi pernicieuse que l'emprunt d'un mot étranger, car les ustensiles ont un rôle aussi capital dans la détermination de l'identité culturelle d'un peuple que les rituels et les coutumes. Il n'y a qu'à imaginer un Esquimau dansant la danse du morse en chaussures de basket sur une moquette de nylon, dans la douce tiédeur d'un chauffage central, avant de se planter devant sa télévision avec une glace sortie de son réfrigérateur.

J'en suis donc venu à conclure que le grand ennemi, c'est le voyageur, le vendeur de pacotille, le maniaque de la photographie, tous ceux dont la petite contribution meurtrière a fini par détruire ces univers enchantés qu'il a fallu des siècles pour créer. La source centrale de toutes ces pollutions destructrices doit être la vente des billets d'avion.

Tandis que je rumine ces pensées amères, une sourde douleur envahit mes reins, que j'attribue à la selle et au trot brutal de Numbo, dont je commence à connaître l'ardeur et le mauvais caractère. Les nuages envahissent à nouveau l'horizon, on dirait presque que la nuit est là. Une nouvelle tempête se prépare, et, cette fois, nous n'aurons plus l'abri de notre boîte de conserve ambulante : nous allons vraiment affronter les éléments. Le moment est venu de faire halte et de dresser le camp. A la hâte, surveillant sans cesse le ciel, nous mettons pied à terre. Inutile de perdre du temps à chercher un emplacement plat pour planter nos tentes : toute la toundra est disponible.

Je suis en train de défaire la sangle de ma selle quand, soudain, fulgurante comme un choc électrique, une atroce douleur me prend au côté. Impossible de lui échapper. Courbé en deux, je peux à peine me redresser, je suffoque. D'instinct, je sais de quoi il s'agit : une colique néphrétique, dont les douleurs ressemblent, dit-on, à celles de l'accouchement. Je maudis le sort, et une affreuse dépression s'abat sur moi. Il faut que je m'allonge. Au moment où je me laisse tomber sur le sol, un vent d'une extrême violence, accumulée par des kilomètres de course sans obstacle, s'abat sur nous.

Rien ne peut arrêter sa furie, et mes compagnons luttent pour dresser la grande tente, dont la toile les cingle comme celle d'un foc dans une tempête. Je me relève pour me joindre au combat, et bien que nous ayons réussi à hisser la charpente, il est clair que tout le dispositif est voué à se déchirer ou à être emporté dans une bourrasque, car le vent se déchaîne de plus en plus, et des grêlons acérés tombent à l'horizontale, fouettant nos visages et nos mains.

Les trois muletiers, Ling, le cuisinier, Sebastian, Jacques et moi réussissons à entrer dans la tente, et nous la maintenons au sol de tout notre poids, en nous adossant aux parois gonflées par le vent. On dirait que le nylon va céder d'un moment à l'autre. Mais nous ne pouvons nous empêcher de rire, à nous battre ainsi contre cette toile en furie. Un moment, la douleur a cessé, mais la voici qui revient si fort que j'en ai la nausée. Tout au fond de moi, la panique surgit. A 4 700 mètres d'altitude, brisé de fatigue, loin de tout refuge rapidement accessible, je sais que je peux mourir d'épuisement ou de troubles cardiaques si la douleur s'installe pendant deux ou trois jours, comme c'est souvent le cas. Une évidence me saute aux yeux : randonner à de telles altitudes à mon âge, c'est courir au désastre, et je n'ai que ce que je mérite. On n'a cessé de m'avertir du risque encouru, mais j'ai toujours eu l'arrogance de croire que rien ne pourrait m'arriver.

Mais pourquoi maintenant ? Est-ce l'eau que j'ai bue ou les sauts sur la selle qui ont détaché le calcul ? Les élancements sont si forts que je me recouche pris de convulsions. Le vent hurle, et me voilà allongé par terre au pied des autres, qui pèsent de tout leur poids contre la toile fouettée par le vent. Jacques est mon seul espoir. Quelle bonne idée d'avoir un médecin avec soi ! Nous avons une pharmacie de secours bien fournie, mais je sais que même les antalgiques les plus puissants ne sont pas toujours efficaces contre les coliques néphrétiques. De toute façon, on ne peut rien tenter tant que la tempête n'est pas calmée. Dehors, il fait noir, on entend les rugissements du vent, le sifflement de la grêle et le fracas du tonnerre.

Quand Jacques nous a parlé de sa peur des éclairs, lui toujours si calme, si maître de lui que c'en est parfois exaspérant, je ne lui ai pas prêté beaucoup d'attention, mais, comme toujours, c'est lui qui a raison. La plante la plus haute du coin est une petite ortie piquante d'une vingtaine de centimètres, et tout ce qui dépasse constitue donc une cible parfaite pour la foudre. Pire encore : au dire de certains, les hauts plateaux tibétains seraient le « pôle électrique » de la planète, avec une accumulation d'électricité dans l'air réellement phénoménale. Vrai ou faux, tout ce que je sais, c'est qu'il n'y a pas eu de journée sans tempête de grêle ni orage.

Quand celui-ci s'éloigne enfin, tout est encore debout miraculeusement, sauf moi, couché en chien de fusil sur le tapis de sol. Jacques me donne divers médicaments et me dit qu'en raison de l'altitude et du risque d'œdème pulmonaire il lui faut être très prudent dans ce qu'il m'administre. Je suis trop affaibli pour commenter. Je préfère dormir là où je suis, et je demande mon sac de couchage. Je mange un peu et bois à la gourde cette eau grise que nous avons fait bouillir hier. En m'assoupissant, je prie pour que le soulagement vienne. Inutile de dire que je passe une très mauvaise nuit, me réveillant sans cesse, que je dois sortir plus d'une fois pour des besoins naturels, en enjambant les corps endormis des muletiers. Le ciel est clair et, malgré l'absence de lune, les lointaines collines luisent dans la nuit, enneigées ou couvertes de grêle : on dirait une sorte de couronne d'ossements blanchis soutenant le ciel, étincelant de milliers d'étoiles. Attachés à des piquets, nos chevaux broutent ou dorment.

Plusieurs fois dans la nuit, hébété par les antalgiques, je crois entendre des voix, des cris, puis tout retombe dans le silence. Quand la première lueur de l'aurore filtre à travers le nylon vert pâle, je suis déjà réveillé et occupé à me palper le ventre. Je n'ose y croire : la douleur a pratiquement disparu. Serais-je guéri ? Je suis le premier dehors pour voir le soleil envahir lentement l'horizon, puis, dans un éclair argenté, attraper les sommets enneigés. La présence de la neige change entièrement ma vision du plateau : ce que je prenais pour des collines est à l'évidence de la vraie montagne. Vers le sud s'élève une chaîne assez peu élevée qui nous coupe de la vallée de la Dam-chu, celle où nous avons eu la vision paradisiaque des loups, gazelles, kiangs et antilopes rôdant dans les herbages, s'épiant les uns les autres. Notre campement est installé à quelques mètres du lit de gravier de la haute Dza-chu au confluent avec la Donak, venue du sud. En regardant vers l'ouest, le lit de gravier gris est coupé par les méandres rouges du Mékong.

Alors que je suis plongé dans la contemplation du paysage, la douleur frappe à nouveau, et je me laisse tomber sur le sol. C'est aussi le moment où nos muletiers sortent de la tente, très excités. A voir la tête de Ling, qui les suit, je comprends qu'il s'est passé quelque chose. Ils me rejoignent, parlant tous en même temps, et il me faut un certain temps pour découvrir la cause de cette agitation : au milieu de la nuit, des loups ont attaqué le poulain d'une de nos juments. Dans le tumulte qui a suivi, la jument et deux autres chevaux ont brisé leur attache, et il nous manque au total trois chevaux, plus le poulain.

J'ai donc bien entendu des voix dans mon sommeil médicamenteux. Sebastian et Jacques se rappellent aussi avoir perçu un certain remue-ménage, mais sans pouvoir imaginer que ce fût aussi dramatique. Le poulain est-il mort ? Et où sont les trois chevaux ? Une fois, au Zanskar, j'ai vu un poulain mutilé par un loup (il appartenait au vieux roi du pays, le *gyalpo*). La pauvre petite créature avait eu un gros morceau de sa croupe arraché. Je doute qu'il ait survécu. Sa mère s'était battue vaillamment et avait au moins réussi à chasser le loup.

Le plus âgé de nos muletiers, dont je n'ai même pas eu le temps de retenir le nom, selle alors un cheval pour aller rechercher les trois fuyards. Les rabats de sa *chuba* flottant au vent, il part au galop. Nous ne l'avons jamais revu et n'avons jamais su non plus ce qu'il était advenu du poulain et des chevaux en fuite. Avec trois montures et un muletier en moins, l'affaire s'annonce un peu plus difficile. La seule bonne nouvelle, c'est que je me sens mieux, grâce à Jacques.

Lentement, notre chef muletier, Topygal, aidé du troisième Tibétain, commence à charger les chevaux. Seller et charger quatorze animaux est une longue opération. Il faut d'abord attraper le cheval qui paît, puis lui mettre un tapis de selle en laine que l'on recouvre d'un matelas fourré de paille. Ensuite, on ajoute un second tapis de laine, en forme de tulipe, si bien que le devant est plus long que le derrière. Sur ce tapis (*den*), on pose alors la selle (*ga*), fixée par une unique sangle, contrairement aux selles mongoles, qui en ont deux. Pour finir, une dernière couverture est posée sur la selle afin de la rendre moins inconfortable. Dans notre cas, c'est cette couverture qui manque, et nous l'avons remplacée par nos parkas et matelas.

Chaque région du Tibet a ses selles distinctes et sa manière particulière de harnacher. J'ai fait la connaissance, à Paris, du Dr Langlois, qui étudie les migrations des peuples d'Asie à travers les ressemblances et les différences du harnachement. On ne sait toujours pas avec certitude qui a inventé la selle, les étriers et le mors. Pour certains, ce sont les Chinois, mais d'autres le récusent : les Chinois ne sont passés aux chars et à l'équitation que six siècles après les Assyriens, et sans grand entrain, semble-t-il, pour se défendre contre des envahisseurs à cheval venus de l'Ouest. La tradition tibétaine, elle, ne remonte guère au-delà du VIe siècle de notre ère. Le Baltistan et le Ladakh, qui faisaient alors partie du Tibet, étaient parfois appelés « pays des Asphasiens » par les Grecs et les Indiens (*asp* ou *aps* étant l'ancien mot indo-européen pour « cheval »). L'intéressant, c'est que la tradition équestre tibétaine, notamment en matière de sellerie, est très différente de celle des Mongols, ainsi que leurs chevaux, en dépit de ce que de nombreux auteurs assurent.

Tout cela conduit à poser deux questions intéressantes : qui sont les premiers hommes à avoir monté des chevaux ? et de quel animal s'agissait-il ? Dans les grottes préhistoriques de France et d'Espagne – notamment celles de Lascaux, Niort et dans la grotte Chauvet, récemment découverte en Ardèche (1994) –, les chevaux sont très souvent présents sur les peintures rupestres, qui ont entre 17 000 et 34 000 ans. En ces temps lointains, tous les chevaux étaient sauvages ou, du moins, personne ne les montait. L'étude des peintures rupestres montre qu'il existait alors en Europe deux types distincts de chevaux : le cheval de Przewalski, fréquemment représenté et aisément reconnaissable à son museau, blanc comme celui d'un âne, ses fortes mâchoires, sa courte crinière, son encolure arquée et ses petites oreilles. L'autre cheval de ces grottes étant tout simplement appelé « cheval numéro 2 » : il a la tête triangulaire, le front plat, le museau droit sans poils blancs, les naseaux allongés en bec de canard, les yeux obliques et étroits, la mâchoire faible et l'arrière-train très léger. A quelle race appartient cet étrange animal ?

Les premiers chevaux domestiques connus, dont on a trouvé les squelettes dans des tombes en Crimée, étaient plus petits que le cheval de Przewalski, mais c'est tout ce qu'on peut en dire. Certains pensent que nos actuels chevaux domestiques proviennent en fait de deux races distinctes, l'une rustique, l'autre raffinée, à la taille plus haute, probablement voisine de l'arabe. Mais pour d'autres, ils seraient tous issus de croisements entre le cheval de Przewalski et d'autres races. En 1994, date de notre voyage au Tibet à la recherche de la source du Mékong, un mystère plane toujours sur ce cheval numéro 2. En effet, il est plus facile d'étudier l'évolution du squelette du cheval sur des millions d'années à partir des fossiles découverts tout autour du globe que de déterminer la couleur de la robe et la morphologie d'une race spécifique d'il y a seulement 5 000 ans. Comment pourrions-nous nous douter, Sebastian et moi, que dans moins de douze mois, et à peine à 300 kilomètres d'ici, nous ferions une découverte qui aiderait à identifier ce mystérieux cheval numéro 2 !

Quand toutes nos bêtes sont sellées et chargées, le soleil est déjà haut et la neige des collines commence à fondre rapidement. Aussitôt notre caravane se met en marche le long de la berge sud de la Dza-nak. Mon premier souci est de dresser la carte des affluents du haut Mékong, ce qui demande de m'informer de leurs noms et de noter les coordonnées géographiques des confluents. Enfin, et ce n'est pas le moins important, il faut nous assurer que ce que nous suivons est bien le lit principal du Mékong. Jusqu'ici, cela n'a pas été difficile, car le lit de galets du fleuve principal est très large, de 60 à 200 mètres, et son débit nettement supérieur à celui des deux affluents de la rive droite, la Donak et la Lungmo, et ceux de la rive gauche, la *Tranak oma* et la *Tranak coma* (« haute et basse rivière des falaises noires ») dont les noms m'ont été donnés par nos muletiers.

Tout laisse supposer que le vaste lit que nous longeons ne doit être rempli d'eau que quelques semaines, voire quelque jours par an, au printemps, lors de la fonte des neiges. J'ai assisté une fois à la fonte des neiges au Tibet occidental au début de juin, et celle d'ici doit y ressembler. Quand la chaleur printanière atteint une certaine température critique, l'eau commence à suinter et à couler de tout ce qui était jusque-là gelé : terre, torrents, rivières et marais. En un rien de temps, les vastes lits pierreux des cours d'eau deviennent des lacs mouvants, charriant la fonte des neiges.

A la différence des régions de la haute Dam-chu ou du cours supérieur du fleuve Jaune, le haut plateau qui borde le haut Mékong sur les deux flancs n'est pas parsemé de lacs. Après son confluent avec la Lungmo (que Dutreuil de Rhins avait pris pour le fleuve principal), la rive droite s'élève rapidement, ce qui nous oblige à passer de l'autre côté. La grêle commence à tomber, mêlée de pluie et de vent. Je m'arrête pour mettre un poncho imperméable, mais le crissement de sa toile dans le vent effraie mon rustique cheval qui m'emporte au galop avant que j'aie pu l'enfiler. Quand je réussis enfin à le ralentir, la grêle et la pluie ont cessé. Bien que trempé, je me console à la contemplation du vaste horizon dans l'air lavé. Vers l'ouest, direction dans laquelle nous allons, il y a deux lignes de collines basses, blanches de grêle et désormais clairement visibles, chacune d'un côté du fleuve. A gauche, au sud, ce sont les monts Drug-di, et à droite les monts Sag-ri, deux noms qui vont vite entrer dans nos conversations quotidiennes. Mais de l'endroit où nous nous trouvons, il est impossible de voir si les deux chaînes finissent par se rejoindre.

Différentes personnes m'ont proposé des étymologies pour ces deux noms. *Druk* signifie « dragon », mais le sens de *Sag* est moins clair. Comme le mot signifie « empilement », est-ce que les monts en question seraient l'« Empilement de rochers » ? C'est possible : le plus haut sommet sur notre droite est rocheux, à la différence des sommets arrondis et herbeux des « monts du Dragon », à gauche. Un des muletiers me dit une nouvelle fois que le Mékong a deux sources, l'une dans chacune des deux chaînes. Que veut-il dire par là ? Et laquelle des deux devrons-nous considérer comme étant la principale ?

Pause pour un rapide déjeuner. Comme le cuisinier n'a rien d'autre à nous proposer que ses infectes saucisses orange à consistance de plastique, le moment est venu de puiser dans nos précieuses provisions apportées de France. La nourriture n'est pas seulement une nécessité, c'est une obsession. Même le frugal Jacques ne peut s'empêcher d'en parler à tout bout de champ, dressant avec nous à voix haute la liste de nos plaques de chocolat, friandises, saucissons et fromages. Où sont-ils empaquetés ? A combien chacun aura-t-il droit ? Que de délices en perspective ! Et de nous raconter les orgies gastronomiques de notre vie antérieure dans ce qui, vu d'ici, semble un pays de cocagne où les gens utilisent des couteaux et des fourchettes et non des baguettes. Mes reins se sont fait oublier, et j'ai beau être fourbu, j'ai une faim de loup.

A voir Sebastian, je m'aperçois que je ne suis pas le seul à être fatigué, et cela me rassure. Jacques a l'air tout aussi lessivé, mais je ne peux m'empêcher d'admirer son énergie : alors que nous nous sommes littéralement laissés tomber sur le sol en attendant de manger, il trouve la force de filmer nos chevaux et notre halte. Après avoir mangé, je m'endors aussitôt, sur le dos, face au soleil, protégé par une épaisse couche d'oxyde de zinc blanchâtre qui me donne des allures d'épouvantail.

Une demi-heure plus tard, nous reprenons notre route le long de la rive nord, qui s'élève lentement, et nous offre la vue sur les étendues plates des deux côtés du Mékong, couvertes d'une herbe courte et dorée. Au loin, le dôme noir d'une tente solitaire. Difficile de décrire une journée à cheval, car tout est à la fois monotone et plein de nouveautés. A la différence de l'avion, du train ou de la voiture, celui qui voyage à cheval ou à pied ne peut ignorer ce qui l'entoure. En voiture, il faut toujours avoir l'œil à la route, et on oublie tout ce qu'on voit. Inversement, du haut d'un cheval, les minutes durent des heures, le mouvement du soleil dans le ciel a son importance, et ce qu'il y a en l'air change tout le temps, nuages et oiseaux. Le cri du grand corbeau noir tibétain est un des plus étranges de la gent à plumes : c'est une sorte de bruit de corne de brume, alternant avec un son métallique comme celui d'un diapason. Ces corbeaux sont de la taille d'un poulet, et malgré leur couleur noire, ils ne sont pas lugubres mais simplement étranges : c'est la rare compagnie du voyageur dans les zones les plus désolées des plateaux les plus élevés.

C'est ici, sur le haut plateau, qu'on comprend le mieux à quel point loups et gazelles, vautours et moineaux sont dépourvus de tout abri. Seuls le renard solitaire, les grosses marmottes, les petits rats des glaciers et les lièvres aux oreilles géantes ont des terriers où se réfugier. Cette absence d'arbre, de buisson et même de rocher pour se cacher donne un sentiment de complète vulnérabilité. Autour de nous, la vue porte à des centaines de kilomètres, et on peut nous voir d'aussi loin. Ici, pas besoin de signaux de fumées pour annoncer l'approche des intrus : il n'est pas rare d'apercevoir au loin une caravane deux jours avant de la croiser !

Derrière nous, à l'est, là où le Mékong s'écoule, on découvre dans le lointain, clairs comme des cristaux, de hauts sommets enneigés et des pics rocheux dont le socle est en dessous de l'horizon.

Trop chargés, nos chevaux de bât trébuchent et perdent leur chargement. Ling, qui nous a toujours régalés d'un visage maussade jusqu'ici, semble ravi de monter la plus belle de nos bêtes, un hongre gris aux naseaux évasés, aux yeux saillants et aux jambes superbes qui, lui, ne semble pas épuisé.

Une nouvelle bande de nuages envahit l'horizon à l'ouest, la grêle recommence. Des grêlons gros comme des grains de café nous fouettent le visage, nous obligeant à fermer les yeux et à laisser les chevaux choisir leur chemin. Encore heureux que ce ne soit pas une de ces tempêtes avec des grêlons géants capables de tuer des troupeaux entiers de yaks, car ici, sans aucun endroit pour s'abriter, nous pourrions très bien être blessés, ou pire. Les éclairs zèbrent le ciel, et je frissonne au souvenir des sinistres avertissements de Jacques : on se sent très vulnérable assis sur un cheval, seul trait vertical dans un paysage horizontal. Battue par le vent, notre caravane poursuit sa progression, sur fond d'infini, perdue entre quatre horizons. Pendant des années, j'ai lutté pour vivre mes rêves, et j'ai rêvé d'horizons perdus, menant à une terre d'utopie capable de satisfaire ma soif d'absolu. Et maintenant que je suis aussi près que possible du bout du monde, qu'ai-je trouvé ? Est-ce ici Shangri-la, El Dorado, le paradis perdu ? Jusqu'ici, il n'y a rien, le néant des grands espaces, rien que la certitude de plus en plus forte que tout ce que je vais rencontrer, c'est ce que j'ai emporté en moi.

Ai-je atteint ce terme mythique de toute exploration dont parle T.S. Eliot ? Suis-je revenu au point de départ ? Ce monde où rêve et réalité ne font plus qu'un ? Oui, j'ai bouclé la boucle, mais contrairement à ce que dit le poète, je reconnais les lieux. Depuis l'enfance, je les vois tels qu'ils m'apparaissent aujourd'hui : immenses et vides. Mon projet de trouver la source du Mékong perd le peu de sens qu'il pouvait avoir. J'ai pensé les fleuves comme des grands chemins, pas comme des symboles. Je les ai utilisés pour me déplacer, remontant la Dvina et descendant le Dniepr pour une traversée de la Russie profonde, sur les pas des Varègues, en compagnie de Jacques, d'un Irlandais excentrique, éleveur de chameaux, d'une dizaine de Russes, hippies, philosophes, et même un physicien géorgien. J'ai failli me noyer dans une rivière de l'Himalaya, l'Arun, quand mon aéroglisseur s'est retourné au cours d'une ambitieuse tentative de vaincre les rapides par la technologie. Après dix années passées à chercher le moyen de naviguer sur les fleuves non navigables, de transformer leurs eaux en autoroutes, j'ai finalement abandonné les aéroglisseurs, mais pas avant d'avoir franchi les gorges de la Kaligandaki entre l'Annapurna et le Dhaulaghiri.

J'ai rêvé qu'en pénétrant jusqu'au cœur des hauts plateaux tibétains, jusqu'à la source du Mékong, je découvrirais quelque chose du secret des nomades dits barbares, la clef de leur force. J'ai rêvé de rencontrer une sorte de surhomme dont les paroles mettraient soudain de l'ordre dans le chaos du monde moderne, répondrait aux questions soulevées par un siècle de guerres et de bombes, d'avions et de voitures bourdonnant dans un nuage de pollution. Atteignant ces sommets d'où ils dominent tout, je verrais la fumée monter. Les nomades auraient sûrement une réponse à tout. Mais jusqu'ici, je n'ai guère entendu que les sifflements des muletiers et le claquement des sabots. Tout ça frôle le ridicule, y compris ce petit torrent que nous appelons le Mékong. Pourquoi continuer ? Oui, pourquoi ? Le Bouddha n'a-t-il pas dit que tout est illusion des sens, la vie une plaisanterie de mauvais goût ?

La chute d'un de nos chevaux trop chargés me fait comprendre qu'il se fait tard. Avec l'arrogance de l'homme blanc, je décide sans consulter personne que nous allons nous arrêter et bivouaquer à l'abri de la rive escarpée du fleuve. Le jeune muletier n'est pas d'accord. Je mobilise mon meilleur tibétain pour lui expliquer que nous devons chercher à nous abriter du vent, mais il insiste pour que nous allions bivouaquer sur l'autre rive, à découvert. La discussion se prolonge et, finalement, exaspéré, je l'attrape par l'épaule peut-être un peu rudement. Il a peur, il me dit qu'il veut rentrer. Mon cœur flanche. Je me sens coupable. Je me dis qu'une fois de plus on m'accusera d'insensibilité. Ai-je heurté ce jeune homme ? Mais pourquoi est-il si obstiné ? Et le vent ? Et si notre tente était emportée ? S'il s'agit seulement de trouver une meilleure herbe pour les chevaux de l'autre côté, il n'a qu'à y aller. Ou est-ce qu'il y a autre chose que je ne comprends pas, une histoire de droit de pâture par exemple ? Même quand on parle la même langue, la communication n'est pas toujours simple.

Ce n'est pas la première fois que je ne comprends pas autrui. Je présente mes excuses au muletier et, de mauvais gré, accepte de changer de rive une fois encore. Ici, le Mékong n'est plus rouge, l'eau est d'un gris boueux et coule au milieu de galets également gris. Le muletier indocile a choisi un endroit rocheux tout au bord du fleuve pour décharger nos bêtes. Avec une raideur qui trahit l'état de son fessier, Jacques met pied à terre, mais sa botte se prend dans l'étrier et il tombe. Je veux l'aider, mais moi aussi je vacille en touchant le sol. Sebastian, lui, saute de sa grande jument. Nous formons un trio bizarre de « western spaghettis » avec nos chapeaux de feutre à large bord, nos jambières et nos bottes, tenant les rênes de nos chevaux fourbus. Pourtant, c'est une image qui a été des plus banales pendant des siècles, dans le monde entier, chez les descendants des barbares gagnés à la civilisation d'*Equus caballus*.

Nous ne pourrons jamais mesurer exactement ce que l'homme doit au cheval. Pièce d'armement et avant-garde de la civilisation, les chevaux ont été tout au long de l'Histoire des créatures puissantes, presque magiques. Les montures d'Alexandre le Grand et de Cortés sont entrées dans la légende et ont été vénérées comme des puissances divines par les combattants indiens et aztèques qu'elles ont contribué à défaire. *Equus caballus*, cette élégante extension de l'arrogance humaine, était une noble conquête qui a introduit la chevalerie dans nos sociétés et aidé l'homme à s'aventurer toujours plus loin de ses bases. Si l'alliance entre l'homme et le chien s'est révélée désastreuse pour les différents gibiers, celle de l'homme et du cheval a sonné le glas de millions de gens.

Les tentes sont maintenant dressées, les chevaux sont en train de paître, et je me réconcilie avec le jeune muletier en lui faisant cadeau d'une de ces babioles dont les indigènes sont si avides (comme les perles de verre de couleur verte que Cortés offrait aux Indiens pour les corrompre). Mais je me méprise moi-même d'éblouir à si bon compte mon prochain. Ma seule excuse, c'est que ce gadget, une lampe de poche à pile solaire, me fascine tout autant que lui : on peut emmagasiner le soleil le jour et le restituer la nuit, petite merveille qui touche au surnaturel. Bien que j'aie des connaissances suffisantes dans de nombreux domaines, je n'ai jamais vraiment compris le miracle technologique qui fait qu'une impureté implantée dans une puce de silicone émet des électrons dès qu'elle est excitée par un photon, et cela sans jamais s'arrêter ni se fatiguer. Le muletier a plus de raisons encore d'être émerveillé, et nous sommes amis de nouveau.

Comme la nuit tombe et nous laisse seuls dans l'obscurité avec le gargouillement du Mékong, nous nous réunissons tous dans la grande tente autour d'une lampe qui projette sur la toile d'immenses ombres dansantes. Le sentiment d'une cause commune nous unit. Maintenant que nous sommes débarrassés des deux chauffeurs, qui étaient peut-être un peu trop malins, Ling et le cuisinier sont de bien meilleure compagnie.

Ce dernier a allumé un feu dehors, et nous voilà en train de déguster cette noble boisson des Amériques qu'est le chocolat. Ce sont les Olmèques, en leur temps les plus grands horticulteurs de la planète, qui ont mis au point cet hybride moins amer de la fève qu'ils appelaient cacao, de même que, par un miracle de génie génétique, ils ont transformé une herbe banale en ce précieux maïs auquel l'alimentation mondiale doit tant. Ils ont aussi eu l'idée du zéro à une époque où les Arabes n'avaient pas encore entendu parler d'Allah, et conçu un calendrier très complexe ; ils ont aussi, nous le savons maintenant, inventé la première écriture dite maya, ces étranges symboles que les savants ont mis tant de temps à déchiffrer.

Et les nomades du Nangchen, qu'ont-ils inventé ? Savent-ils capter le soleil dans une petite boîte ? Ont-ils découvert le moyen de transformer une herbe en céréale ? La réponse est non : ils n'ont rien inventé du tout ; leur réussite, c'est un mode de vie si favorable à la croissance qu'ils ont pu envoyer leurs fils au nord, au sud, à l'est et à l'ouest, au grand galop, à la conquête de nouveaux horizons. Le haut plateau tibétain, le plus élevé et le plus hostile à l'homme qui soit au monde, a engendré ces « vrais hommes », ces guerriers dont le dicton local nous dit qu'« ils ne sont pas plus faits pour le confort que les chèvres pour les basses plaines ». Si l'on en croit l'Histoire, ils ont toujours vaincu les « civilisés », affaiblis par leur vie facile. Leurs valeurs sont un défi pour nous.

Sommes-nous faits pour le bien-être ou l'inconfort, la peine ou le plaisir ? Le grand anthropologue Marshall Sahlins assure que les hommes de l'Âge de pierre n'avaient besoin que de quatre heures d'activité par jour pour se nourrir, qu'ils ignoraient le besoin et l'effort démesuré, qu'ils ne se souciaient même pas de faire des provisions de viande ou de fruit, même quand ils le pouvaient. Ils vivaient sans stress au jour le jour, sans se préoccuper du lendemain. Cette vision de l'Âge de pierre est très différente de celle qu'offrent les nomades du cœur du Tibet, qui bravent chaque jour la grêle en été et doivent se protéger de la neige et du froid en hiver. Faut-il penser que certains hommes sont dévolus au confort et d'autres à l'effort ? Les Khambas, qui se considèrent eux-mêmes comme une race de rois, ne sont-ils pas de ce dernier groupe ? Alors que les Chinois les tiennent pour d'ignorants barbares, ils sont animés d'une ardeur et d'une dynamique telles qu'ils n'ont cessé au cours des siècles de déborder sur leurs voisins, les gens des plaines, si soucieux de leurs aises.

Beaucoup assurent que la double révolution de la fin de l'Age de pierre a été celle du nomadisme et de l'agriculture, l'une produisant Abel, l'honnête pasteur, l'autre Caïn, le paysan cupide et jaloux. Je suis de ceux qui pensent que l'homme, comme ses frères du règne animal, est en grande partie génétiquement programmé. Il est clair, à mes yeux, que l'homme n'est fait pour être ni pasteur ni agriculteur. Nous sommes programmés pour la chasse. Si l'on en croit Calton Coon, le grand-père de l'anthropologie moderne, seuls ceux qui vivent de la chasse et de la cueillette n'ont pas de violon d'Ingres et ne s'ennuient jamais. C'est l'élevage et l'agriculture qui sont ennuyeux et antinaturels.

Pour ma part, j'adore la chasse. Aucune activité n'est aussi prenante que la poursuite du gibier, à pied ou à cheval. Je l'ai compris à vingt-trois ans, en galopant derrière un sanglier dans une chasse à courre : je suis tout à coup devenu moi-même sauvage, mû par ce que je ne peux définir que comme un « instinct originel », un peu comme lorsque l'on découvre qu'on peut faire l'amour sans que personne vous l'apprenne. Traquer un gibier relève de nos instincts les plus profonds.

En fin de compte, la vie d'éleveur nomade, qui ne fait rien d'autre, jour après jour, que d'observer son bétail ruminant, est abrutissante.

Je laisse le sommeil me gagner, fatigué de compter les moutons, et je rêve de choses plus passionnantes comme de poursuivre au grand galop à travers des plaines un troupeau de gazelles ou, mieux encore, de poursuivre à cheval une magnifique Amazone, la chasse des chasses, celle où l'on court vraiment après le bonheur. Une fois l'an, les nomades du Nangchen s'adonnent à cette chasse stupéfiante. Les jeunes filles à marier se parent de tous leurs bijoux – turquoise, corail, argent et ambre –, veillent à ce que leur chevelure soit bien luisante de beurre frais, endossent leur blouse de soie la plus fine et se ceignent d'une ceinture assez lâche pour leur permettre de monter à cheval. Les jeunes gens viennent lorgner ces jeunes beautés, qui sont souvent les filles de leurs rivaux séculaires, voire de leurs ennemis. Le jeu, la chasse, peut alors commencer. Les règles en sont simples : chaque garçon choisit son heureuse victime, chaque jeune fille détaille ses soupirants et fait son choix. La jeune fille part alors au galop, le garçon se lance à sa poursuite. Hommes et femmes sont à égalité : le succès dépend de la vitesse du cheval et de l'assiette du cavalier. Ce sont les préludes à l'amour...

L'instinct de la chasse a été longtemps fondamental pour la survie de l'humanité. Aujourd'hui, l'homme se nourrit sans mobiliser cet instinct, et il s'ennuie. Dans les périphéries de nos grandes villes, l'ennui mène au crime et à une autre forme de chasse, où proies et prédateurs sont des humains, et où la lutte n'a pas pour enjeu la procréation, comme sur les hauts plateaux tibétains, mais la mort.

11
La fin du commencement

Sous une tente, pas moyen d'échapper à l'aube, et donc pas besoin de réveil. Quand j'émerge dans le vent, le ciel est clair, présage d'une journée splendide. Nous sommes le 17 septembre.

Là-bas, au loin, vers le sud, un cavalier. Dix minutes plus tard, je suis sûr qu'il vient vers nous. La lenteur de son approche au milieu du vide a quelque chose d'irritant. Au moment où nous finissons un petit déjeuner composé de chocolat et de biscuits, avec un peu de fromage apporté de France, le voilà devant nous. Il ralentit son cheval gris et fait prudemment le tour de notre campement, examinant nos tentes et nos bagages. Souriant, il s'adresse au chef muletier. Je ne réussis pas à comprendre ce qu'ils se disent, mais le muletier me le répète : il n'a ni vu ni entendu parler de nos chevaux échappés. Je suppose que sa tente doit être quelque part derrière une colline. Sans mettre pied à terre, l'homme touche son chapeau, sourit, nous jette un regard amusé et s'éloigne.

Nous levons le camp et entamons notre longue marche vers l'ouest. Le chef muletier me dit qu'il nous faudra deux jours pour atteindre la *Drug-di chu-go*, l'une des deux sources locales dont nous pouvons penser qu'elle est celle du Mékong. La journée commence bien, sous un soleil radieux. Après avoir traversé une nouvelle fois le lit caillouteux du Mékong pour rejoindre la rive nord, nous parvenons à un affluent qui prend probablement sa source dans les monts Sag-ri, l'« Empilement de rochers ». Je voudrais avoir une idée de son débit, ce qui est facilité par le fait que le confluent se trouve au centre du lit de gravier : les deux courants ont donc la même pente et donc approximativement la même vitesse.

Je commence par mesurer la largeur et la profondeur de l'affluent : il fait un peu moins du tiers du cours principal et il a environ 30 centimètres de profondeur en moins. Il ne fait donc aucun doute que le fleuve principal est celui de l'ouest. Je consulte le GPS pour connaître nos coordonnées (rituel qui a tout de la magie moderne), quand, soudain, surgissant de nulle part, apparaît un moine en robe flottante avec un long chapeau à visière jaune. Que peut bien faire un moine sur la berge de l'affluent nord de la Dza-nak ce matin ? Il semble qu'il soit lié au troupeau de moutons qui paît non loin sur le sol bosselé de ce qui est aujourd'hui un marais asséché, à l'herbe courte et dure. Je lui demande le nom de cet affluent (Jalgo-chu) et aussi de me l'écrire (*rGyal-rgo*). Est-ce que cet affluent vient de la source Sag-ri ? Il répond que non, confirmant que cette source est plus loin vers l'ouest.

La chaleur gêne notre progression. Pour prendre le plus court chemin, nous nous engageons sur le sol bosselé du marais asséché. Le manque d'oxygène dû à l'altitude peut causer des hallucinations, et même entraîner une dangereuse érosion de la volonté : tout d'un coup, tout paraît futile, sans intérêt, trivial. Bien des alpinistes ont rebroussé chemin sans même savoir pourquoi. Je ne cesse de penser à tout ça. Pourquoi continuer ? Je suis sûr que les Japonais ont déjà découvert la source. Et puis, qui s'en soucie ? Jacques m'a exposé les mystérieuses réactions chimiques à l'œuvre dans le corps et le cerveau quand la pression atmosphérique change, et les affreuses conséquences que cela peut avoir sur le délicat équilibre des fluides circulant entre les membranes qui contrôlent la distribution cellulaire et hormonale (je ne suis pas sûr d'avoir bien retenu). Ce sont ces réactions aberrantes au niveau des molécules qui peuvent entraîner une cécité ou une surdité momentanées, ou, plus grave, déclencher cet œdème pulmonaire qui voit les poumons se remplir de cette écume si redoutée de Jacques.

L'altération de la perception est fréquente en altitude, j'avance comme un automate, et des images incongrues surgissent dans mon cerveau : le Mexique et son climat béni des dieux, une piscine sous des palmiers, des fleurs d'hibiscus flottant sur l'eau... Je rêve de douceur de vivre dans ce monde hostile, qui a contraint les nomades à célébrer l'inconfort, l'effort, la persévérance, la lutte, tout comme les sévères directeurs d'écoles victoriennes anglaises qui ont produit tous ces fonctionnaires explorateurs coloniaux masochistes, qui n'étaient vraiment contents que quand il pleuvait des grêlons gros comme des œufs de pigeon, quand leurs chevaux mouraient sous eux, quand leurs bagages tombaient dans un ravin ou étaient emportés par un torrent. Moi aussi j'aime cette dureté des expéditions, cette torture qu'on s'inflige volontairement et qui me donne ensuite si bonne conscience pour me prélasser à Paris, à Londres ou à New York. Je tiens la souffrance pour noble, nécessaire et vertueuse, car tout au long de mon enfance et de mes années d'école en Angleterre, on a martelé dans ma tête que tout ce qui donne du plaisir est mauvais – le sexe, le vin, les friandises, les jolis tableaux, les beaux vêtements, les voitures de sport, les luxueuses limousines, la vaisselle d'or, les nuits blanches, la danse et presque toute la musique : comme la masturbation, tout ça finit par rendre fou et aveugle. Oui, le plaisir est comme la drogue : on s'y laisse prendre, il vous détruit, il mène au crime et à la mort. Tel était l'enseignement de ma gouvernante et de mes professeurs puritains. C'est à eux que je dois d'être là où je suis aujourd'hui, giflé par le vent, les fesses en feu, le visage crevassé par le soleil. Ce serait mentir que de dire que je ne suis pas heureux, rempli du même bonheur que ces saints musulmans qui chantaient des hymnes de joie sous l'épée des Croisés, car c'était là le lent martyre dont ils avaient toujours rêvé.

Levant la tête, je vois un autre de nos chevaux trébucher et tomber. Epuisé, accablé par le poids de sa charge, il est incapable de se relever : il devait être mal nourri ou en mauvaise santé quand on nous l'a loué. Je pique des deux pour rejoindre le jeune muletier, lequel, après un bref échange, me fait comprendre que le mieux serait de dresser notre campement ici, d'y laisser nos bagages, et de faire un rapide aller-retour jusqu'à la « source du Dragon ». Je suis un peu sceptique, car le jeune homme s'est révélé jusqu'ici un peu tortueux. Il est timide ou il fait l'idiot ? Depuis que nous avons quitté Moyun, les soupçons s'accumulent. Pour commencer, il n'y avait pas de tapis de selle ; puis il y a eu la prétendue attaque du loup, et la soudaine fuite du plus âgé des muletiers. Tout ça est bien louche. Aucun d'entre nous ne se souvient d'avoir entendu un loup, mais je me dis aussi que le loup ne hurle pas quand il attaque.

De fait, nos montures sont épuisées et l'herbe est plus verte ici que sur le terrain marécageux : cela ne ferait pas de mal aux chevaux de se reposer ici une demi-journée. Il y a environ quatre heures que nous sommes partis, et j'ai cru comprendre que nous pourrions être de retour de notre course à la source de Drug-di avant la tombée de la nuit. Demain, nos chevaux s'étant reposés, nous pourrons continuer avec tous nos bagages et chercher l'autre source, la *Sag-ri chu-go*. Il est évident que nous irons plus vite sans bagages. Je consulte Sebastian, Jacques et Ling. D'amères expériences m'ont appris qu'il n'est jamais souhaitable de se séparer de ses bagages ni de scinder ses troupes. Mais le soleil brille, il n'y a pas un nuage en vue, pourquoi ne pas tenter le coup, en laissant ici le cuisinier et le second muletier ? Nous nous dépêchons de monter la grande tente dans un creux abrité, de manger un morceau et de sauter en selle. Je me sens en pleine forme, ce qui est nouveau, sans autre douleur que celles que me donne la selle de bois. En revanche, Jacques a l'air fatigué. Il nous manque quelques semaines d'acclimatation. Quant à Sebastian, il a accueilli ce projet d'aller-retour à la source par un « c'est du gâteau ! », l'expression cockney qu'il affectionne et que nous avons adoptée dès qu'un obstacle se présente.

Il est presque 1 heure quand nous démarrons. Notre bonheur à l'idée de galoper est vite douché par la malveillance innée de nos selles. Le bleu immaculé du ciel accentue l'immensité du plateau, qui s'étend sur trois horizons ; le quatrième, à l'ouest, est en partie barré par la masse arrondie et jaune des monts Drug-di et Sag-ri. Entre les deux, une ligne de collines plus basse, que nous supposons être un col entre les deux chaînes. Plus nous avançons et plus je suis convaincu qu'il y a bien deux sources : l'une à gauche, l'autre à droite. A nous de déterminer quelle est celle du Mékong. Si tout va bien, nous serons ce soir à la « source du Dragon ».

Mes espoirs sont vite tués dans l'œuf : notre muletier, qui a jusqu'ici démontré une bonne connaissance du pays et même une certaine familiarité avec ces sources, avoue soudain qu'il ne connaît plus le chemin et qu'il lui faut de l'aide. Sa confession lâchée, il part au galop vers une tente que nous venons d'apercevoir au loin. J'en suis perturbé. Lui ai-je trop longtemps accordé le bénéfice du doute ? Et si c'était seulement un escroc, qui nous a menti sur sa connaissance du pays, sur les trois chevaux enfuis et le vieux muletier disparu ? Qu'est-ce que tout ça signifie ? Allons-nous connaître le sort de Dutreuil de Rhins et de ceux qui ont été assassinés par de rusés Khambas sur les pistes perdues du Tibet oriental ? On m'a souvent taxé de naïveté, et il est vrai que ma passion pour le Tibet obscurcit parfois mon jugement. Peut-être sommes-nous simplement tombés sur un vaurien ? Après tout, la tente de sa famille est plantée à côté de la garnison abandonnée où réside le fonctionnaire ivrogne. Sommes-nous dans les griffes d'une mafia locale, à des kilomètres de nulle part ?

Les bandits ont ceci de commun avec les saints qu'on ne découvre ce qu'ils sont que quand il est trop tard. Notre guide est-il un bandit ? Il n'a pas l'air assez costaud pour l'emploi, et, de toute façon, nous sommes supérieurs en nombre. A moins, évidemment, qu'il ne reçoive du renfort ou qu'un troisième homme ne soit caché quelque part, en embuscade... Je chasse ces idées noires lorsqu'il revient au galop : il a surtout l'air ridicule, notamment parce qu'il a attaché la lampe solaire au chapeau déjà bizarre qu'il porte sur ses nattes.

Nous empruntons maintenant le lit même du haut Mékong. En dépit du fait que les galets ronds ne sont pas ce qu'il y a de mieux pour des sabots de cheval, nos bêtes semblent s'en sortir très bien. Les chevaux du Nangchen ont le pied si sûr que je n'en ai jamais vus trébucher. Cette sûreté, très utile quand on chemine sur une corniche à flanc d'une falaise verticale, peut sembler superflue sur le haut plateau, mais en fait, cette étendue plane est un piège mortel pour un cheval ordinaire car elle est trouée de milliers de minuscules terriers de rats des neiges. Le cheval qui n'a pas un contrôle parfait de l'endroit où il pose le sabot se casse aussitôt la jambe, ce qui veut dire qu'il meurt ou qu'il faut l'abattre. En plus, nos chevaux arrivent à trotter et à galoper sur un tel terrain, ce qui demande une stupéfiante maestria : on dirait qu'ils dansent pour éviter ces trous périlleux.

En comparaison, les galets sont un tapis. Nous arrivons à l'endroit où le lit se scinde en deux au pied d'une colline rocheuse. Sur la gauche, un petit torrent aux eaux claires rejoint les flots boueux du cours principal. Notre guide m'explique que la source dont il parlait, la *Drug-di chu-go*, est en amont de ce petit affluent aux eaux claires, ajoutant qu'il s'agit d'un lieu sacré dont les eaux sont réputées bénéfiques. Il ne m'en faut guère plus pour comprendre ce que nous suspectons depuis le début : aussi bien notre guide que tous les autres Tibétains interrogés, quand ils parlaient de l'une des sources de la Dza-nak, le Mékong noir, désignaient en fait une source tenue pour sacrée où l'eau sort du sol en bulles. Les Tibétains considèrent volontiers comme sacré, bénéfique et digne de devenir lieu de culte pratiquement tout ce que la Nature produit d'exceptionnel : sources, falaises, grottes, stalactites et stalagmites, tout est réputé miraculeux et l'œuvre des dieux.

Incapables de comprendre notre démarche de géographes, nos interlocuteurs n'ont vu en nous que des sortes de pèlerins et ils ont tout naturellement voulu nous diriger vers les « lieux sacrés ». Inutile de remonter ce petit torrent : il est clair que le cours principal du Mékong est celui qui vient de l'ouest et coule entre les deux chaînes. Après avoir consulté mes compagnons, nous décidons d'aller de l'avant et de remonter le lit principal. Comme il fait un ample méandre pour contourner la colline, nous préférons, pour gagner du temps, remonter la rive nord et couper à travers le terrain sec. Cet itinéraire nous mène à ce que nous avons pris à tort pour un col entre les deux chaînes : il est clair maintenant que ce col en forme de selle n'est qu'un contrefort des monts Sag-ri. Nous entamons son ascension, qui est pénible. Au loin, la silhouette noire d'une tente. De là-haut, j'en suis sûr, la vue portera loin, et nous pourrons découvrir jusqu'où s'étend, à l'ouest, le cours du Mékong. Et c'est là seulement que je déciderai soit de retourner au campement, soit de poursuivre. Le soleil est toujours très fort et le ciel reste si clair que je ne suis pas trop inquiet à l'idée de nous éloigner à ce point de notre base. Dans la montée, la vue sur le Mékong se précise : il encercle le versant nord des monts du Dragon. Nous sommes maintenant assez près du flanc d'un des sommets des monts Sag-ri, et traversons une coulée de lœss et de galets venue de ce qui ressemble à une vallée mais se révèle un simple ravin rocailleux.

Vers 4 heures, après avoir scruté un horizon qui recule sans cesse, nous débouchons devant la tente solitaire, gardée par deux chiens féroces. Je mets pied à terre et attends que quelqu'un sorte de la tente et retienne les molosses. Vers l'est s'étend un des plus majestueux paysages que j'aie jamais vus, même si le mot « paysage » est un peu faible pour un panorama d'une telle immensité. Je retrouve une sensation éprouvée au Mustang, il y a trente ans : le Tibet est réellement le « toit du monde », car, ici, on a vraiment l'impression de dominer la planète, de la voir se courber à l'horizon.

Un beau gaillard d'une quarantaine d'années en veste verte, avec une natte dans le dos, sort de la tente avec un sourire amical, calme les chiens et demande à notre guide qui nous sommes et où nous allons. Un garçon d'une quinzaine d'années sort à son tour, suivi par trois bébés en chubas miniatures, qui rampent hors de la tente et s'asseyent sur un ballot de laine, stupéfaits de notre présence qu'ils contemplent d'un œil rond.

La tente n'est pas tout à fait au sommet, et nous ne pouvons donc pas voir encore le cours du Mékong sur l'autre versant. Interrogé par Ling, l'homme dit qu'il a vu passer il y a peu l'équipe sino-japonaise, mais derrière nous : elle a traversé la Dza-chu en direction de la source sacrée Drug-di, celle dont nous venons justement de nous détourner pour nous attacher au cours principal.

La nouvelle fait sensation. Nous sommes sûrs désormais que nos rivaux putatifs ne sont pas allés à la vraie source du Mékong, laquelle, nous en sommes convaincus, doit être quelque part à l'ouest. Si tout se passe bien, nous allons gagner la course.

De plus, je suis ravi d'être tombé sur un homme du pays vivant si près de la source et donc en mesure de nous donner les noms des différents affluents, informations nécessaires à une bonne cartographie. Il m'indique les noms des deux torrents que nous voyons couler des monts Sag-ri. Contournant sa tente, j'obtiens ensuite les noms des trois ruisseaux qui se jettent dans le cours principal là où il fait un ample méandre pour contourner le coteau sur lequel nous nous trouvons. Tandis que je le presse de mes questions, je l'entends mentionner pour la première fois le mot *Rupsa*. S'agit-il d'un cours d'eau ? Non, c'est le nom d'un col, le Rupsa-la. Je finis par comprendre que ce col est probablement la ligne de partage des eaux au-delà de laquelle s'étend le bassin du haut Dri-chu ou Yang-tsé. Où se trouve-t-il exactement, ce Rupsa-la ? L'homme désigne une colline à l'ouest, au-delà de laquelle se trouverait le col, invisible d'ici. Je me dis qu'il doit se situer à la jonction des deux chaînes, et que la source doit être justement quelque part par là, à moins, bien entendu, qu'une autre surprise ne nous attende.

Un seul moyen de le savoir : continuer. Mais il est maintenant 4 h 30, et nous risquons de nous retrouver dans la nuit sans abri ni nourriture. Faut-il retourner au camp et revenir demain ? Une autre possibilité se fait jour dans ma tête. Pourquoi aller jusqu'à la source, maintenant que nous sommes à peu près certains de l'endroit où elle se trouve ? Pourquoi ne pas faire demi-tour et reprendre le projet initial, descendre le Mékong jusqu'à Nangchen Dzong, puis Nangchen Gar, la fascinante capitale de l'ancien royaume nomade ? Je suis fatigué, j'ai dû penser tout haut. Sebastian me regarde, choqué : « Faire demi-tour maintenant ? » Il pense que je suis devenu fou, et, en effet, un instant l'altitude et la fatigue m'ont fait perdre ma résolution.

Me ressaisissant, j'appelle le guide : « Ecoute, on va continuer, avec ou sans toi, jusqu'au début du fleuve. Faut se dépêcher. »

Soulagement de Sebastian : « J'ai cru que tu avais perdu la tête. » Il n'a pas tort : j'ai perdu un instant la raison. A moins que non...

Comme nous allons nous en apercevoir par la suite, il y avait en effet de bonnes raisons de nous montrer un peu moins téméraires. Je sais qu'il est pratiquement impossible d'aller jusqu'à la source et de revenir au camp avant la nuit. Mais l'horizon est toujours sans nuages, et il ne devrait pas être trop difficile de retrouver notre chemin au retour. Comment pourrions-nous nous perdre, alors que nous n'aurons qu'à suivre le fleuve ? Mon raisonnement est en fait légèrement simpliste, mais la décision prise, je crie quand même à Jacques : « On y va ! » Et nous voilà en selle, en train de descendre vers le fleuve.

Nous avons gagné la première manche contre le groupe sino-japonais qui, j'en suis sûr, est dans notre dos sur le chemin du retour. Commence une nouvelle course, cette fois contre le soleil. Je ne cesse de me dire à moi-même que nous avons tout le temps, même si personne ne sait à quelle distance se trouve la source tant espérée. Même le nomade ne le savait pas avec certitude. Tout dépend maintenant des différents bras que nous allons rencontrer, dont il faudra déterminer le débit. Comme il n'y a eu ni grêle, ni neige, ni pluie, c'est un jour idéal pour de telles mesures : le niveau de l'eau dans chaque torrent rencontré peut être considéré comme représentatif de son débit moyen normal.

A la verticale de la tente du nomade, nous atteignons le Mékong à son confluent avec un grand torrent qui descend rapidement des monts Sag-ri et qui est deux fois moins large que lui. En levant la tête, on aperçoit les empilements rocailleux qui ont donné leur nom à ces monts. Pas de doute : il y a là une seconde source sacrée, mais elle n'est toujours pas la source géographique que nous cherchons. Et de continuer le long du cours principal, qui fait maintenant près de 30 mètres de large.

Deux heures plus tard, nouvel affluent d'environ 3 mètres. Le cours principal est devenu plus étroit. Çà et là d'autres ruisseaux latéraux, au débit réduit mais non insignifiant, descendent de la montagne qui se resserre lentement autour de nous. Le moment tant attendu est proche, et le temps presse : nous accélérons le train, risquant même de temps en temps dans la souffrance un galop.

Qu'on n'attende pas de ces derniers moments de notre quête un récit comme ceux qui donnaient de délicieux frissons aux lecteurs du siècle passé. Rien n'est ici héroïque, car il n'y a pas de danger. Le soleil baigne encore les montagnes, qui sont maintenant si proches qu'on dirait que les torrents latéraux nous dégringolent sur la tête.

Le Mékong a beau rétrécir, il semble interminable. A un tournant, sur un plateau rocheux, trois torrents en patte d'oie, tous à peu près de la même taille. Lequel suivre ? L'un déboule d'un versant escarpé des monts Drug-di ; l'autre d'une pente moins forte qui pénètre dans les monts Sag-ri ; quant au troisième, à peine un peu plus large, il coule entre les deux. La logique décide en faveur du torrent central : selon toute probabilité, il conduit vers le col où les deux versants se rejoignent.

Une demi-heure plus tard, le soleil commence à se coucher, projetant les ombres allongées de nos chevaux sur le sol caillouteux, tandis qu'une lumière dorée baigne les sommets. Une montée s'amorce et le paysage s'ouvre soudain : devant nous, un de ces cols en forme de croissant que les alpinistes appellent une « selle », reliant les deux chaînes. Le Mékong se réduit désormais à un ruisseau gazouillant d'environ un mètre et demi, mais qui semble vouloir continuer ainsi éternellement. Nous le suivons encore sur 2 kilomètres, avant d'atteindre le bas de la « selle », où le col est marqué par un monticule de pierres. Nous sommes au pied du col de Rupsa (le col du Crépuscule), et, de fait, le soleil éclaire nos visages et ourle de lumière les sommets désolés qui nous entourent. Le courant, de plus en plus faible, se scinde en trois ruisselets. A nos pieds, le sol rocheux est couvert de la mousse vert pâle d'une herbe courte où les trois ruisselets disparaissent. Au-dessus de ce cône verdoyant, tout est couleur de pierre et, au-dessus, le soleil doré domine le col. C'est ici, en dessous du col, dans ce cône vert, printanier, que l'eau finit ou plutôt commence. C'est ici le point mythique, le site de naissance, la source la plus occidentale du plus long des bras du cours supérieur du grand fleuve. C'est ici, au pied du col de Rupsa, que nous avons découvert la source du Mékong.

Notre première impression, surprenante, est de ne pas nous sentir impressionnés. Je mets pied à terre et escalade la pente qui ferme, au nord, le petit amphithéâtre vert d'où partent les trois ruisselets. Je les vois sortir du sol et former le ruisseau qui va devenir torrent, puis fleuve, rugir à travers le Tibet, se frayer un chemin dans l'Himalaya, traverser le Yunnan, effleurer la Birmanie, poursuivre sa course entre le Laos et la Thaïlande, couper le Cambodge en deux de sa puissante tranchée aux eaux marron, pour finalement se scinder en « neuf dragons » avant de se jeter dans les eaux salées de la mer de Chine.

Jacques nous filme, Ling, Sebastian et moi, en train d'inspecter cette source si longtemps secrète. La source du Mékong est des plus discrètes, et c'est précisément pour cela qu'elle est restée si longtemps inconnue.

Ma montre indique 6 h 30. Il y a beaucoup de choses à faire. Sebastian et moi photographions le site dans les quatre directions pour avoir son périmètre complet. Ensuite, je consulte le GPS : nous sommes à 4 975 mètres et nos coordonnées sont les suivantes :

latitude Nord	33° 16' 534''
longitude Est	93° 52' 929''

En apparence, ces chiffres sont tout l'objectif de notre aventure, le moyen de placer ces sources sur les cartes. La géographie et l'exploration n'ont pas d'autre but. Mais depuis cent ans, quelle lutte pour obtenir ces chiffres, que de sang, de sueur et de larmes pour que soit finalement atteint l'objectif que s'était assigné en 1866 le comité du Mékong de la Société française de géographie ! Nous n'oublions pas de noter la date de notre découverte : le 17 septembre 1994. Vingt-cinq ans après que l'homme a marché sur la Lune, nous obtenons les cordonnées précises du lieu où le troisième fleuve de l'Asie prend sa source.

Tandis que je contemple le site, je me rends compte que l'épreuve est finie, et que ce que nous vivons est un moment très important. La source herbue, les petits filets d'eau, le col, la couronne de montagne, c'est un lieu plein de magie, dont des millions d'hommes ont rêvé pendant des siècles. Lentement, le plaisir et l'excitation nous envahissent, et même Ling, si peu démonstratif d'habitude, bourdonne d'enthousiasme. Enfin nous y sommes, nous avons vaincu, nous avons atteint le lieu où l'eau, la terre et le ciel se fondent, où le mythe ne fait plus qu'un avec la réalité.

Alors seulement je comprends à quel point tout cela me tenait à cœur. Et je me dis que le succès est peut-être encore plus important que ce que j'attendais. Nous nous photographions les uns les autres à califourchon au-dessus des petits ruisseaux. Depuis notre départ de Paris, les discussions n'ont pas manqué sur la manière de célébrer notre découverte sur le site en cas de succès. Un drapeau ? Mais lequel ? Français, chinois, britannique ? Sans compter que Sebastian est anglo-irlandais. A tout hasard, et surtout par curiosité, nous avons essayé d'acheter un drapeau chinois à Pékin, mais l'affaire s'est révélée impossible et source d'embarras. Alors que toute la ville était pavoisée pour la fête nationale chinoise, il n'y en avait pas un seul en vente. Nous avons essayé d'obtenir d'un commerçant qu'il nous en vende un qui décorait son étalage, mais il y a aussitôt vu, à le décrocher, une démarche antipatriotique. Nous avons renoncé. De toute façon, nous n'avions pas non plus de drapeau français ni anglais, et, après tout, la source fait partie du grand Tibet, non de la Chine. D'ailleurs, toute cette histoire de drapeau fleurait un peu trop le colonialisme d'antan. En ce moment, pourtant, je ressens le besoin de marquer le site. Une solution s'improvise, et c'est la meilleure : une *katta*, l'écharpe blanche des grandes occasions que les Tibétains se donnent les uns aux autres en gage de respect et d'amitié. J'en ai une dans la poche de ma sacoche, où je farfouille en haletant. Solennellement, je dépose l'écharpe à la jonction des trois filets d'eau qui constituent le point de départ du fleuve. Jacques filme à contre-jour cet hommage au grand fleuve alors que les rayons du couchant miroitent à la surface de l'eau.

Sebastian produit alors une canette de bière très applaudie et nous échangeons des toasts au-dessus du Mékong. Je suis vraiment très heureux, et très reconnaissant envers tout le monde. Alors seulement je m'aperçois qu'il est 19 h 30, ce qui me ramène aussitôt à la réalité. Il faut rentrer, et en vitesse, car le camp est loin. Nous sommes partis à 8 heures ce matin, ce qui fait une dizaine d'heures en selle si on retire les brefs arrêts. Le retour sera une longue marche dans le noir. Au prix de quelles difficultés ?

12

La nuit des steppes

Après avoir une dernière fois regardé longuement la source, j'attrape mes rênes, monte vivement en selle, mon cheval fait un écart, plus plein d'entrain que jamais. Soudain, la sangle glisse, une ruade me précipite au sol et la selle bascule sous le corps. Mais elle reste attachée et vient cogner les jambes du cheval, qui s'effraie, détale comme une flèche et finit par briser un des lourds étriers d'acier chinois, avant de se débarrasser enfin de la selle. Il s'arrête, en s'ébrouant de fureur. Par chance, je ne me suis pas fait mal. Il faut rattraper le cheval, réinstaller la selle et improviser un étrier avec une sangle de nylon, autant de retards.

Un vent mordant provenant du col s'est levé, tandis que nous allons au trot. Finalement, nous optons pour le pas, mais soutenu. Nous débordons d'optimisme et de la satisfaction à l'idée d'avoir réussi notre mission.

Mais nous avons mieux à faire que d'évaluer la portée de cette découverte et les complications qui vont surgir quand des experts prétendront la contester : dans l'immédiat, il importe surtout de regagner le camp, et au plus vite. Le soleil s'est caché mais il reste encore assez de jour quand nous arrivons au pied de la crête où se dresse la tente du nomade qui nous a mis sur le bon chemin. Néanmoins, je préfère ne pas y monter : avec la nuit qui tombe, il vaut mieux suivre le grand méandre du Mékong, ce qui nous mène très vite à la vallée entaillée entre les monts Sag-ri et Drug-di, au confluent avec le torrent de la source sacrée.

L'obscurité est presque complète quand nous atteignons l'espace plat où le Mékong coule dans le large lit pierreux dont nous savons qu'il mène tout droit au campement. Comme il faut prendre l'obscurité de vitesse, nous décidons de suivre le conseil de notre muletier qui nous engage à abandonner la rive du fleuve et à couper par le marais asséché. Au début, tout se passe bien. Avec leur agilité coutumière, nos chevaux réussissent à se frayer un chemin à travers les mottes herbeuses. J'ai maintenant pleine confiance dans la sagacité et le sens de l'orientation de notre compagnon khamba, et je ne m'inquiète de rien. Soudain, bien plus vite qu'on ne s'y attendait, le noir est complet. Est-ce qu'il ne devrait pas y avoir une lune ? Et qu'en est-il de ces astres si étincelants que, certaines nuits, on en a presque mal aux yeux ? Au-dessus de nos têtes, pas la moindre étoile, mais seulement un entrelacs de nuages, noir sur noir, dont nous savons trop bien qu'ils sont porteurs de grêle ; mais nous en avons tant reçu que nous nous sentons immunisés. Le problème immédiat, c'est que les chevaux commencent à trébucher sur les mottes à demi gelées, qui s'effondrent souvent sous notre poids, déclenchant une embardée de nos montures. Il vaut mieux mettre pied à terre, ne serait-ce que pour le soulagement de nos postérieurs. Mais marcher se révèle encore plus malaisé, car on voit mal où on met les pieds, et ce gymkhana à travers les mottes herbeuses nous contraint à rester collés à nos chevaux. Je me demande même comment nous réussissons à avancer sur un pareil terrain. Au moment où je nous crois égarés, j'aperçois dans le lointain un brillant éclair de lumière, qui confirme le sixième sens de notre muletier : elle vient de notre camp. Il est 10 h 30.

La marche sur ce sol accidenté est si épuisante que nous préférons nous remettre en selle. Mais bientôt, nous formons un convoi si allongé que je ne sais pas où sont les autres. Sebastian et Ling ont des lampes de poche qu'ils allument de temps en temps, bien que cela ne soit pas très efficace pour éclairer le chemin. Il n'y a rien d'autre à faire que de confier notre sort à l'excellente vision nocturne de nos chevaux. Vers 11 heures, première averse de pluie, suivie de notre amie la grêle. Je mets pied à terre pour enfiler mon anorak. Une fois remonté, j'enfonce ma tête dans les épaules pour me protéger des grêlons qui fouettent le visage et gèlent les mains (je ne sais plus où sont mes gants, quelque part au fond de mon paquetage). Je ne vois plus les autres. Je crie dans le noir à Sebastian qu'il faut nous regrouper et ne plus nous séparer. Je sais à quel point il est facile de se perdre, ce qui peut mener à la catastrophe avec ce froid paralysant. J'écarquille les yeux pour tenter d'apercevoir à nouveau la lumière du camp. En vain. Qu'est-ce qui se passe ? On devrait l'apercevoir, mais tout est d'un noir d'encre. Je frémis à l'idée que nous nous sommes égarés.

Une halte s'impose pour analyser la situation et demander son avis au muletier. Jacques, Sebastian, Ling et moi parvenons à nous regrouper dans le noir. Mais le muletier a disparu. Et nous voilà à crier dans le vent, qui emporte nos voix à travers le plateau. Sans résultat. Il a pourtant la lampe que je lui ai donnée et qui s'est rechargée toute la journée au soleil, accrochée à son chapeau. Je sais qu'elle fonctionne, je m'en suis servi toutes les nuits. Pourquoi a-t-il disparu ?

Il y a des moments où tout devient lumineux, sous l'éclairage d'une froide lucidité. Me voici confronté à deux faits préoccupants : notre guide s'est perdu ou nous a abandonnés, et nous sommes perdus nous aussi. Je n'ai pas de boussole, ni d'ailleurs la moindre idée de l'endroit où nous nous trouvons ni des coordonnées du camp. En pleine tempête, le mieux à faire est de bifurquer sur la droite et d'essayer d'aller tout droit jusqu'au Mékong. Une fois que nous l'aurons atteint, il faudra décider si le campement est encore en aval ou déjà en amont.

Une hantise bien précise m'envahit : le froid. Nous sommes épuisés et gelés. Allons-nous pouvoir encore errer longtemps comme ça ? J'ai toujours eu de la chance dans ma vie : je me suis tiré de voitures accidentées, j'ai survécu à des tempêtes en mer sur une pirogue, je me suis retourné dans les rapides de l'Himalaya avec mon aéroglisseur, j'ai parcouru des jungles, des montagnes et des déserts inexplorés, flirté avec des maquisards et traversé clandestinement des frontières. Aujourd'hui, pour la première fois, je comprends que la chance peut m'abandonner, et une peur glaciale monte en moi.

La grêle s'est muée en pluie, le sol est glissant, la nuit plus noire que jamais, et pas la moindre lumière en vue. Et si celle que nous avons vue était celle d'un nomade et non pas celle du campement ? Et où est passé notre guide ? Pourquoi se serait-il enfui ? Pour aller où ?

Dans l'ombre, je distingue soudain une masse noire sur ma gauche et comprends qu'il s'agit d'un monticule de terre : le Mékong n'est peut-être pas loin. J'allume ma lampe de poche et éclaire le mur boueux, luisant d'eau et de grêle argentée sous le rayon lumineux. Et soudain, j'aperçois, blotti contre la paroi, notre muletier, accroché aux rênes de son cheval. Je devrais exiger de lui une explication, mais je suis si fatigué que je me contente de dire : « *Dro* » (« Va »). Lamentable, trempé comme une soupe, il remonte en selle, et nous mettons à nouveau le cap à l'est, nos chevaux trébuchant dans le noir. Les yeux sont douloureux à force de scruter le vide dans l'espoir de la plus minuscule lumière.

Faut-il revenir sur nos pas ? Avons-nous dépassé le campement ? Où se trouve exactement le lit du fleuve ? Ma montre marque 1 heure, et je suis trop frigorifié, trop fatigué et trop inquiet pour calculer le temps passé en selle. Tout allait pourtant si bien, trop bien : notre choix du bon affluent pour aller jusqu'au col Rupsa, notre rencontre avec le nomade qui connaît les noms de tous les ruisseaux, le fait que les Japonais aient bifurqué sans atteindre la source...

Je veille soigneusement à ce que nous restions groupés, cette fois. Il n'y a pas grand-chose à faire contre ce froid porteur de mort, pas la moindre grotte, pas le moindre buisson où s'abriter. Heureusement, la pluie et la grêle ont cessé, mais il fait toujours aussi noir, aussi froid. Je laisse mon cheval faire ce qu'il veut, trop fatigué pour jouer de l'éperon, et trop moulu après plus de quatorze heures sur son dos. Allons-nous tenir jusqu'au jour et nous en tirer ?

J'en suis là de mon désespoir quand soudain, devant nous, surgit la lueur d'une lampe, impossible à confondre. Elle clignote et s'agite comme si elle cherchait quelque chose. J'aperçois la grande tente. Il est 1 h 30. Nous sommes sauvés.

On imagine avec quelle joie nous entrons en titubant dans la vaste et confortable tente, à l'abri du vent. A la lumière des lampes, nous mangeons, buvons et célébrons notre victoire sur le Mékong, ainsi que l'heureuse issue de cette longue marche dans le noir.

Notre plan initial prévoit de descendre maintenant le Mékong jusqu'à Nangchen Dzong et Nangchen Gar, mais il entre désormais en conflit avec notre désir de faire connaître au plus vite notre découverte. Comme je l'ai déjà dit, il n'y a découverte qu'une fois qu'elle est publiée. Après bien des débats, nous décidons finalement de poursuivre notre expédition comme prévu, et notamment de consacrer quelques moments aux chevaux du Nangchen pour préparer une expédition plus importante sur le sujet que je médite pour 1995.

Nous levons le camp, encore peu conscients du prix à payer pour notre folle course jusqu'à la source. D'humeur joyeuse, nous entreprenons le long retour vers les jeeps, en espérant que la neige et la grêle ne bloqueront pas le passage des cols qui nous séparent de Zadoi.

Nous ne saurons jamais si notre chef muletier était un voleur ou s'il n'a pas supporté l'idée d'avoir à conduire des étrangers « à tête de chien » jusqu'à une source où il n'avait jamais mis les pieds. Je persiste à penser qu'il était honnête, mais quelle n'est pas ma surprise, à Moyun, d'entendre le fonctionnaire exiger de Ling le paiement des trois chevaux disparus sans fournir la moindre explication sur ce qui est arrivé au muletier disparu avec eux. Ling accepte de payer un des chevaux sur les fonds de la Société d'alpinisme du Qinghai. Trop heureux pour nous plaindre, nous reprenons notre route par le col de Dza-nak Lungmo, dont nous savons maintenant avec certitude qu'il a été pris à tort par d'innombrables atlas pour la ligne de partage des eaux où débute le Mékong. Grâce à nous, le Mékong a gagné un degré entier à l'ouest de ce col, 100 kilomètres ou plus au cœur du Qinghai du Sud : on situait sa source à 33° de latitude Nord et à 93° de longitude Est (dans l'*Encylcopædia britannica* par exemple), alors qu'elle est en réalité à 33° 5' de latitude Nord et à 94° de longitude Est. Seul l'atlas du

Times donne des coordonnées plus proches de la vérité : longitude Est 33,04 ; latitude Nord 93,55. Par une curieuse coïncidence, ces ouvrages erronés placent le col de Dza-nak Lungmo et la source de la Lungmo juste au sud de la vraie source du Mékong, ce qui montre la relativité, et peut-être la futilité, de toute l'affaire.

Au col, nous retrouvons les kiangs, les loups en maraude, les gazelles, les renards et les antilopes. Et je comprends maintenant que l'homme d'ici ne diffère pas des autres, à ceci près que le nomade tout comme moi nous nous sentons à cet instant plus près de notre nature, de cette attente biologique que nous portons dans nos gènes et qui englobe toutes nos aspirations, un état où l'âme et le corps se confondent.

Après deux journées harassantes de jeep dans les montagnes, nous entrons de nouveau à Zadoi. La grand-rue, avec ses billards, ses magasins pleins de sucreries, de batteries et autres merveilles, sa garnison et ses dépôts, avec leur mur d'enceinte, ont désormais pour nous des allures de capitale. Mais une capitale sinistre, car elle rappelle le triste sort de ce pays. En contemplant cette bourgade comme si c'était la première fois, il me vient à l'esprit que Zadoi, la petite garnison sur le haut Mékong, entretient les mêmes relations d'hostilité que Paris, New York et Londres avec les valeurs des nomades et leur monde sans contrainte, sans objets manufacturés, sans police, sans boutiques et sans monnaie, un monde où chacun se suffit à soi-même pour l'essentiel, libéré de ces besoins matériels que nous estimons indispensables. Je pense à tous ceux qui en Occident vendent leur liberté pour pouvoir acheter ces conforts auxquels les nomades répugnent.

Les hommes ne sont pas plus faits pour le bien-être qu'ils ne sont faits pour travailler toute leur vie pour d'autres, que l'employeur soit l'Etat ou les actionnaires d'une entreprise. Les hommes sont nés pour la liberté et l'indépendance, pour maîtriser leur propre destin, pour trouver du plaisir dans la lutte pour la survie, pour connaître la passion de la chasse et les émotions violentes qu'apportent aussi bien les grands bonheurs que les tragédies de la condition humaine.

Ce n'est que maintenant, à la veille de quitter le haut Mékong, que je comprends clairement pourquoi l'Occident d'aujourd'hui situe ses rêves mythiques de liberté et de salut au Tibet, le dernier horizon perdu. C'est ici un monde où les hommes et les femmes sont encore libres de vivre la destinée que la nature leur a réservée. Nous autres, Occidentaux, nous avons perdu le paradis terrestre qui hante nos rêves, ce jardin d'Eden dont nous nous sommes bannis nous-mêmes au nom du confort, de la cupidité et peut-être aussi de la paresse. Le paradis terrestre est toujours là, mais peut-être est-il impossible d'y faire retour ? Il se peut que nous soyons tout simplement trop domestiqués pour affronter à nouveau les épreuves de la vie non civilisée pour laquelle nous avons été conçus.

En attendant, lentement mais inexorablement, sur cette ultime frontière tibétaine, comme cela s'est passé jadis en Amérique ou au Mexique, les derniers hommes libres sont pourchassés, exterminés ou pris dans les filets de la civilisation et de ses fausses promesses. Mais que faire ? La plupart d'entre nous sont à tort convaincus qu'aucun retour en arrière n'est désormais possible. Plutôt que réagir, nous abdiquons nos responsabilités pour remettre notre avenir à la providence divine, à l'État-providence ou aux caprices de quelque tyran. Bien peu d'entre nous sont capables de comprendre que le monde où nous vivons est une création de l'homme et non du Destin. Il appartient pourtant à l'homme, et non à Dieu, de transformer nos sociétés.

Jusqu'à une date récente, les Esquimaux, comme les Tibétains et bien d'autres peuples de la planète, étaient maîtres de leur destinée et de celle de leurs enfants. Leur système social leur assurait les moyens de survivre à travers les âges. Ce n'est plus aujourd'hui le cas pour eux comme pour nous. Les temps modernes sont à l'incertitude ; l'explosion démographique et la fluctuante fragilité des économies modernes rendent l'avenir au mieux incertain. Pour des raisons religieuses et politiques, nous avons refusé le contrôle des naissances, pourtant en usage chez la plupart des peuples dits primitifs. Dans le confort des villes, nous avons oublié les durs impératifs de la nature, et désormais il est peu probable que les derniers barbares viennent nous envahir pour nous les rappeler. Désormais, nous serons destinés à vivre des vies fort éloignées des aspirations traditionnelles pour ne pas dire naturelles de notre espèce.

Je comprends mieux pourquoi, pendant des millénaires, les nomades ont pu envahir les États urbanisés qui les entouraient : leurs certitudes concernant le bien et le mal et leur mépris des épreuves leur donnaient la victoire physique et morale sur les nations civilisées, éprises de confort et doutant d'elles-mêmes.

A Zadoi, nous faisons la connaissance de M. Wu Jiang-cheng, du service des voyages de l'Académie des sciences chinoise, qui a organisé l'expédition des six membres de l'université d'agronomie de Tokyo, dirigée par les docteurs Nakanishi Junichi et Kitamura Masayuki. Il confirme que son objectif n'était pas la source du Mékong, ce que nous aurions préféré savoir dès le début. Ce ne sera pas notre dernière rencontre avec M. Wu Jiang-cheng, soudain très intéressé par nos activités.

Il nous faut deux jours pour aller de Zadoi à Nangchen Dzong. En chemin, nous visitons le petit monastère de Chos-ling, de l'ordre Nyingmapa, qui domine le Mékong. Trente-trois moines s'y emploient à restaurer le sanctuaire principal, détruit en 1957 au cours des combats entre les Khambas et l'Armée populaire de libération. Le même soir, nous couchons dans l'énorme monastère Gelugpa de Nangchen, qui abrite plus de mille moines, tous issus de familles nomades. L'abbé nous dit que son monastère est le plus peuplé du Tibet, et il nous montre fièrement les chapelles et salles de réunion, construites sur les ruines de l'ancien couvent. « Je n'ai eu d'argent ni des Chinois ni du Dalaï-Lama », tient-il à préciser. Le financement de cette énorme construction a été entièrement assuré par les nomades, qui sont à la fois pieux et riches, car on n'a guère de besoins sur les hauts plateaux et ils ne savent pas quoi faire de l'argent que leur rapportent leurs moutons et leurs yaks.

Ici, une précision s'impose : alors que dans d'autres parties du Tibet, ce sont les Gardes rouges qui sont responsables de la destruction des monastères, dans l'Amdo et au Kham, ce sont l'armée et les cadres communistes qui ont fermé, puis détruit, les établissements religieux entre 1953 et 1959, pendant la rébellion khamba.

Ces monastères étaient et demeurent les écoles et universités du Tibet, offrant aussi bien des cours de médecine et d'art vétérinaire que de théologie, de philosophie et de yoga. Les moines paient leur entretien soit avec l'argent donné par leur famille, soit avec ce qu'ils gagnent en travaillant pour le monastère ou pour un autre moine, soit en accomplissant des cérémonies chez des laïcs. Ils ont le droit de changer de monastère en cours d'études (ou de tout abandonner, par exemple pour se marier). Les diplômes dispensés, de type universitaire, n'ont rien à voir avec le rang religieux que chaque moine peut ambitionner, et qui va de novice à *khempo*, ou abbé dirigeant un monastère. A chaque rang correspondent des vœux de renoncement – à la boisson ou à la viande, par exemple.

A deux jours de voiture de Zadoi, nous traversons à la tombée du jour une nouvelle fois le Mékong. Ici, à 300 kilomètres environ de sa source, c'est déjà un large fleuve, dont les rives, à plus de 3 500 mètres d'altitude, sont bordées de champs d'orge et des premiers villages des communautés agricoles du Nangchen qui fournissent les nomades en céréales.

A Nangchen Dzong, nous passons le bazar au peigne fin pour essayer, en vain, de louer des montures, tandis que Jacques, avec son stéthoscope, tente de prendre le pouls des chevaux. Nous traînons les pieds, contrecoup de notre marathon en haute altitude. Ensuite, des routes de moins en moins praticables nous emmènent à Nangchen Gar, l'ancienne capitale, où nous obtenons de nouvelles informations sur la manière dont le Nangchen est devenu un royaume au VIIIe siècle et sur la visite qu'y a effectuée Milarepa, le grand sage et poète tibétain.

La richesse du Nangchen au XIVe siècle reposait sur l'exportation des chevaux à destination de la cour des Ming. Les nomades avaient bien accueilli le bouddhisme lamaïste et il y avait eu jusqu'à soixante-douze monastères dans ces territoires reculés habités par vingt-cinq tribus. La situation avait toujours été très différente dans la région située au sud immédiat du Nangchen, qui est encore aujourd'hui la farouche forteresse de la religion *Bôn*, antérieure au bouddhisme (région encore très mal connue, comme nous nous en apercevrons l'année suivante).

Malgré l'envie que nous avons d'explorer un peu plus les parages, nous sommes toujours si fatigués, dix jours après avoir atteint la source, que nous annonçons enfin à un M. Ling épanoui notre intention de rentrer à Xining. Le moment est venu de faire connaître au monde notre découverte. Nous sommes très fiers de notre réussite et comptons bien qu'on va savoir l'apprécier. Je rédige avec le plus grand soin une lettre pour l'ambassade de France à Pékin, que je faxe de la poste de Gurzé, la dernière ville du plateau avant Xining. J'y annonce fièrement la nouvelle au conseiller scientifique, en rappelant que l'entreprise a été lancée en 1866 par la France. Je lui demande de prévenir l'ambassadeur. Et nous voilà de retour à Xining, un mois tout juste après en être partis.

Je sais que nous ne pouvons espérer un accueil triomphal, mais nous comptons quand même sur un peu d'intérêt, même si l'âge des explorations est considéré par certains comme terminé. L'ambassade de France ne cillera pas. Il semble que le conseiller ait gardé l'information pour lui.

Une fois de retour à Pékin, nous rédigeons deux communiqués et avons la satisfaction de voir la nouvelle reproduite en petits caractères dans la presse mondiale. Le résultat immédiat de ces communiqués est la visite à notre hôtel de M. Wu Jiang-cheng, accompagné d'un de ses collègues de l'Académie des sciences, qui nous informe sèchement que nous aurions dû demander à l'Académie la permission d'aller découvrir la source. Il ajoute que l'Académie serait heureuse de pouvoir organiser nos futures expéditions, moyennant finances. Nous le remercions, en lui précisant que nous avons reçu l'autorisation officielle de la Société d'alpinisme du Qinghai. De retour à Paris, j'aurai la visite du professeur Cai Zongxia, membre de l'Institut de géographie de l'Académie des sciences chinoise, à qui je donnerai une carte de notre découverte.

Dès mon retour, je préviens aussi l'Institut national géographique de France, et je reçois une lettre très brève me remerciant de l'information et me félicitant. Un second paragraphe précise que nous devons communiquer l'information au Bureau national de cartographie de Pékin, car c'est à lui qu'il appartient d'enregistrer cette découverte.

La Royal Geographical Society de Londres montre un peu plus d'enthousiasme, et son secrétaire général, le Dr John Hemming, nous écrit une lettre chaleureuse et encourageante, demandant davantage de détails.

Entre-temps, *Paris-Match* a publié un article de six pages en décembre, suivi par *Libération* et *Le Figaro*. Ce dernier article, écrit sur un ton légèrement sceptique, fait état de l'avis d'un expert déclarant que, dans le cas des grands fleuves, les géographes modernes préfèrent parler d'un « chevelu » de sources plutôt que d'une source unique, et reproduit la déclaration du général Lacroz, disant qu'il « faudra sans doute d'autres expéditions, peut-être avec un peu plus de moyens, pour relever précisément l'ensemble des sources du fleuve ». Il a sans doute raison, mais, en attendant, c'est nous qui avons ouvert le chemin. Notre succès ne semble émouvoir personne.

Fin décembre, tout le monde semble nous avoir oubliés, et il ne nous reste plus qu'à ruminer tristement sur l'indifférence du public pour les explorations territoriales : notre exploit n'a obtenu qu'une reconnaissance minimum, et même rencontré un certain scepticisme. Le voyage se termine donc sur une note assez décevante, alors que ceux qui ont échoué avant nous ont été accueillis en héros.

Six mois plus tard, tout change. Soudain, comme par magie, nous cessons d'être invisibles. En avril 1995, un article du *Geo-*

graphical Magazine, suivi d'un communiqué dans le prestigieux *Geographic Journal* marquent le début d'une vague d'intérêt de par le monde. On dirait que le Mékong vient d'être redécouvert. Grâce à l'approbation tacite que représente la publicité accordée à notre affaire par la Royal Geographical Society, les sceptiques sont enfin convaincus. Une dépêche de l'agence Reuters, puis une autre de France-Presse déclenchent une nouvelle série d'articles, dont un en première page du *New York Times*, le 17 avril : « Au fin fond de l'Asie, caravane vers une source », dû à Marlise Simons, et illustré d'une des photographies où l'on me voit jambes écartées au-dessus du modeste filet d'eau. Le lendemain, c'est au tour de l'*International Herald Tribune* de nous consacrer un article en première page, suivi par d'innombrables journaux, d'Australie à Zanzibar, dont l'un va jusqu'à écrire que nous avons « résolu la dernière grande énigme géographique de la planète », alors que l'*Independant* de Londres célèbre « une nouvelle ère de l'exploration ».

Ainsi, pour une fois, une histoire de Mékong se termine bien. La presse chinoise rapporte aussi l'événement, et, à la différence de ce qui s'est passé pour les sources du Nil et d'autres fleuves, notre découverte ne sera pas contestée. Bien des articles reconnaissent une vérité que je sais depuis toujours, c'est qu'il y a vraiment encore bien des choses à explorer et à découvrir sur la planète. Naturellement, nous savons que d'autres auraient peut-être fait mieux que nous. Mais finalement, ce qui compte, c'est d'être arrivés les premiers. Quand Sebastian et moi sommes invités à nous exprimer devant la Royal Geographical Society, la salle comble nous réserve un accueil enthousiaste. Mais notre vraie récompense, pourtant, c'est l'honneur d'avoir atteint un de ces rares lieux où rêve et réalité se rejoignent.

POST-SCRIPTUM

Un fossile bien vivant

Septembre 1995. Le film sur notre expédition, réalisé à partir des dix heures d'images tournées par Jacques, n'est pas encore diffusé que je décide d'oublier un moment le Mékong et de repartir au Tibet, cette fois avec une équipe plus étoffée, pour étudier le cheval du Nangchen.

Mon projet est d'avoir avec nous un spécialiste en physiologie équine, afin d'étudier dans le détail les caractères spécifiques dont s'est dotée cette race pour affronter les hautes altitudes. J'ai aussi l'espoir d'être autorisé à ramener certains spécimens en Europe ou en Amérique. Sebastian est le premier à rallier le projet.

Comme je l'annonce hardiment à David Smadja, notre jeune et ardent sponsor, le plan est de partir cette fois de Lhassa pour atteindre la province nord-est, la plus reculée du Tibet occupé. Là, sur la frontière sud du district de Nangchen (Qinghai), j'ai l'intention d'acheter de très beaux spécimens de chevaux locaux, puis de revenir à Lhassa (un millier de kilomètres), à travers tout le Tibet central, à cheval. Une fois de retour dans la capitale, nous pourrons compléter notre étude, et, qui sait, rentrer en Europe avec nos chevaux. En chemin, notre spécialiste étudiera les performances des chevaux en altitude. Entre autres expériences, il faudra enregistrer leurs pulsations cardiaques avant et après de grands efforts. Comme la précédente, cette expédition fera l'objet d'un film, mais Jacques ne peut venir et sera remplacé par Jérôme Nouvelle, un cameraman professionnel, assisté de Sylvain Carellas, tous deux choisis par notre sponsor.

Le Dr Harris, de l'Animal Health Trust de Newmarket, grand

centre de recherche sur la physiologie équine, nous a recommandé un brillant jeune chercheur, Ignasi Casas, qui a longtemps travaillé en Angleterre. C'est un Catalan. Et comme mon fils Jocelyn, qui vient de finir ses études à l'université de Barcelone, viendra en tant que photographe, nous allons nous retrouver quatre à parler catalan, une langue à peine moins obscure que le tibétain. Sebastian et moi devons notre connaissance de cette langue à de nombreux étés passés à Cadaquès, sur la côte, au nord de Barcelone, où jadis vivait Salvador Dali.

Mes recherches préparatoires montrent que l'on sait bien peu de chose sur le centre-nord-est du Tibet, car la région est à l'écart des deux grandes routes commerciales qui relient l'Amdo et le Kham à Lhassa. Je n'ai trouvé aucun récit de voyage faisant état de cet itinéraire : il semble que les voyageurs d'antan s'en tenaient aux grands axes commerciaux. Il ne me vient pas une seconde à l'esprit qu'ils avaient sans doute de bonnes raisons d'éviter cette route..

« Les habitants de la région sont de vrais sauvages », nous prévient notre assistant tibétain, Rinzing, dès notre arrivée à Lhassa. Bien qu'il n'y soit jamais allé lui-même, il connaît la réputation de férocité des habitants de la région, mal vus des gens de Lhassa à la fois parce qu'ils sont des Khambas, c'est-à-dire des guerriers, et parce qu'ils ne sont pas bouddhistes mais adeptes du *Bôn*, autant dire des païens. Il y a quatorze siècles qu'ils refusent toute conversion au lamaïsme. J'accueille ces avertissements avec le sourire. J'ai passé des années chez les Khambas et je n'y ai jamais craint pour ma sécurité. Nous voilà donc partis pour la première étape de notre périple, 1 200 kilomètres en voiture, pour atteindre l'extrême nord-est du Tibet, région officiellement interdite aux étrangers. Il m'a fallu deux ans de négociation avec les autorités militaires de Lhassa pour obtenir l'autorisation d'y aller. L'idée d'explorer à nouveau un territoire vierge me passionne et m'inquiète à la fois.

Première surprise : l'été indien, sur lequel nous comptons, n'est pas au rendez-vous. Deux jours après notre départ de Lhassa, la neige nous cueille à la sortie de Nakchu-ka, sur la route transtibétaine qui relie Lhassa à Chengdu, la capitale du Sichuan chinois. Cette voie stratégique à travers le territoire des Khambas, ouverte en 1954, a beaucoup contribué à la défaite de la rébellion. Quarante ans plus tard, c'est toujours une route étroite, non macadamisée, qui nous mène lentement, col après col, jusqu'à Sogchen, une immense forteresse associée à un grand monastère, qui marque la frontière de la pénétration du bouddhisme dans la région : au-delà commence la terre des païens.

Après trois jours de voyage, notre camion et nos deux jeeps atteignent la lointaine vallée de la Serchu, parsemée de hameaux aux maisons à toit plat. Nous sommes dans la dernière semaine de septembre, la moisson est rentrée et les champs sont recouverts de chaume. Des centaines de chevaux du Nangchen, parmi les plus beaux que j'aie jamais vus, paissent tranquillement un peu partout. Le Nangchen lui-même et la haute vallée du Mékong commencent aussitôt après les monts situés au nord, d'où l'on a une vue plongeante sur la Serchu. Je savoure l'enthousiasme d'Ignasi Casas à la vue de « nos » chevaux du Nangchen : j'avais peur d'avoir été un peu trop lyrique dans la description que je lui avais faite de sa morphologie et de ses qualités uniques lors de notre première rencontre, quelques semaines plus tôt.

Les deux jours suivants, alors que nous poursuivons notre chemin vers l'est, nous constatons que les chevaux dans les champs sont de plus en plus petits et de moins en moins remarquables. A un jour de voiture du monastère de Riwoche, nous décidons donc d'arrêter là nos recherches et de revenir à la vallée de la Serchu pour en faire notre base. La vallée est au cœur du territoire des fidèles du *Bôn*, mais, au début, nous ne savons pas bien ce que cela implique. Les Khambas locaux ressemblent à de grands et beaux « Peaux-Rouges », et leurs longues nattes sont tissées de fils de soie rouge. Montés sur d'élégants chevaux, ils ont beaucoup d'allure, et nous n'hésitons pas à faire savoir que nous voulons louer et acheter des chevaux, et que nous sommes également en quête de guides pour nous escorter jusqu'à Lhassa par la route directe.

Le lendemain du jour où nous avons planté notre tente, une

foule de paysans du coin, avec des chevaux à vendre, entoure le campement. A l'évidence, tout ce beau monde pense nous rouler facilement, car toutes les bêtes offertes à la vente sont affreuses, et beaucoup sont boiteuses ou borgnes. Ignasi commence par écarter les chevaux qui présentent un défaut majeur, histoire de montrer que nous ne sommes pas si faciles que ça à avoir. Nous faisons observer qu'aucune de ces bêtes n'est aussi belle que celles que nous avons vues dans les champs. Les paysans nous répondent que tous les bons chevaux appartiennent à des parents à eux qui ne sont pas vendeurs. J'en repère néanmoins un qui a une monture particulièrement élégante, mais il me dit qu'il ne peut s'en dessaisir à moins de 20 000 yuans (plus de 20 000 francs), un prix parfaitement exorbitant si on considère que le prix local moyen est de 1 200 à 1 500 francs. Mais l'homme ne plaisante pas. Pour voir, je lui propose l'équivalent de 35 000 francs, une somme qui permettrait d'acheter le plus gros du hameau où il vit. Il refuse. « Il est notre fierté », dit-il d'une voix assurée, ce qui me rappelle qu'en Europe aussi, il n'y a pas si longtemps, il y avait encore des choses qui n'étaient pas à vendre.

Ces Khambas sédentaires et non bouddhistes sont tout aussi agressifs et même plus arrogants que les nomades du Nangchen. Comme eux, ils ne vivent que pour la foire annuelle qui rassemble les meilleurs chevaux de la région pour des courses et autres épreuves. Posséder un champion, c'est la gloire, la certitude d'être envié et respecté. Personne ne veut se séparer de ses plus belles bêtes. Nous comprenons également très vite qu'aucun de ces fiers villageois n'est disposé à nous servir de guide. Nous l'attribuons au fait qu'ils ont les labours à faire et la moisson à battre, sans réfléchir que peut-être la route sera dangereuse, pour ne pas dire impossible.

Nous avons déjà acheté trois chevaux, mais je préfère les revendre à leurs propriétaires, à perte, car il nous paraît plus judicieux d'aller tenter notre chance dans la ville de Dengchen, à une journée de route vers l'est. Dengchen abrite une grosse garnison, et les fonctionnaires locaux nous aident à louer de bons chevaux pour l'itinéraire du sud, dont quelques remarquables spécimens de la race Nangchen, dont Ignasi commence aussitôt à étudier le rythme cardiaque et la capacité pulmonaire.

Quatre heures après avoir quitté Dengchen commence une montée vers un col assez raide, et, deux heures plus tard, nous débouchons au sommet, à 5 060 mètres d'altitude. Ni le col ni l'altitude ne sont correctement reportés sur nos cartes. A partir de ce moment, notre voyage va devenir une étrange et pénible plongée dans un monde inconnu et hostile.

Nous passons la nuit au pied du col, et quand nous repartons il neige. A notre surprise, nous tombons sur des buissons et des arbres qui finissent par constituer une forêt. Aucune carte, aucun compte rendu de voyage n'a jamais mentionné la présence d'une forêt ici au cœur de la toundra. Par un étrange phénomène, voisin de celui des vases communicants, l'humidité tropicale a réussi à parcourir 1 990 kilomètres depuis la Birmanie, au fond des gorges escarpées du Salouen, comme un courant sous-marin, pour s'introduire au cœur même de cette zone sèche et aride. D'où cette grande forêt aux arbres couverts de mousse, îlot de végétation aussi unique qu'inattendu. Sous nos yeux stupéfaits, de hauts conifères voisinent avec des hêtres, des bouleaux et toute une gamme d'épineux qui ressemblent aux arbres parasols de la brousse africaine. Ce microclimat abrite aussi toutes sortes d'animaux et d'insectes. Faute de route pour y accéder, l'endroit a été épargné par les bûcherons chinois qui, partout ailleurs, abattent les forêts tibétaines.

Les gens du coin sont primitifs et austères, en harmonie avec le côté lugubre de certains de ces bois. Bien que nous soyons chez des fidèles du *Bôn*, ils sont considérés comme si arriérés par leurs coreligionnaires du reste du Tibet qu'ils sont exclus de tous les hauts postes religieux : nous sommes au cœur de la « terre des sauvages », comme disent les Tibétains eux-mêmes.

Après six jours d'une chevauchée pénible, par tous les temps, et à travers quatre cols d'où l'on découvre çà et là des vues splendides sur des sommets boisés qui rappellent les Rocheuses, nous atteignons enfin le Salouen. Ce grand fleuve, moins illustre que le Mékong, le Yang-tsé ou le fleuve Jaune, n'en est pas moins formidable, et nous nous arrêtons, médusés. Décrit comme « l'un des fleuves les plus sauvages et les plus pittoresques du monde » par Sir James George Scott, KCIE (commandant de l'ordre de l'Empire des Indes), dans son dictionnaire géographique de la haute Birmanie, il tire l'essentiel de ses eaux du centre et du nord du Tibet, et il occupe le quatrième rang parmi les cours d'eau de l'Extrême-Orient.

Comme le Mékong, son cours à travers le Tibet et le nord de la Birmanie emprunte des canyons si profonds qu'on ne peut pas toujours le suivre, et certaines sections sont encore inconnues. Nous avons débouché au sommet d'une falaise dominant ses eaux turbulentes, reliée à l'autre rive par un étroit pont suspendu construit par les Chinois, si sommaire qu'il ne peut être franchi que par des chevaux et des yaks spécialement entraînés. Nous sommes donc contraints d'abandonner nos chevaux sur cette rive nord. Il nous faut ensuite une demi-journée – un yak et un cheval faisant la navette – pour transporter nos bagages de l'autre côté.

Avant la construction du pont, il était impossible de traverser tant le courant est rapide : il fallait faire une centaine de kilomètres vers l'est pour trouver un endroit où le courant était moins fort et permettait le passage de canots en peau de yak, ou de chevaux assez hardis pour oser s'y aventurer à la nage.

Sur l'autre rive, nous réussissons à louer d'autres chevaux et quelques mulets, et reprenons la route vers le sud. Ces chevaux locaux, que les Tibétains appellent *rong-ta*, « chevaux de vallée », sont des sang-mêlé sans qualités particulières. Très vite, nous entreprenons de remonter un canyon étroit, sinistre et boisé, où coule un affluent du Salouen. Collés contre la paroi d'un surplomb, nous traversons des forêts de conifères aux branchages drapés de mousse qui s'accrochent aux flancs de la montagne. Après deux jours dans cette gorge, nous atteignons un col enneigé qui conduit à une petite vallée boisée et perdue où de petits villages couleur de boue parsèment çà et là un damier gris de champs moissonnés. Notre destination est Pemba, qui s'écrit *Palbar*, une des garnisons chinoises les plus isolées du Tibet. Un autre col, à 4 846 mètres, nous découvre une vue angoissante de ce qui nous attend : l'horizon entier est barré par une rangée de sommets couverts de neige, un obstacle si formidable que je me demande s'il y a moyen de le franchir.

Onze jours plus tard, pourtant, nous atteignons Palbar, épuisés mais heureux d'avoir réussi malgré la pluie, la neige et le sentier dangereux et incertain. Notre arrivée fait sensation. « Vous n'avez pas le droit d'être ici », nous dit le fonctionnaire de police chinois, qui nous confine dans un baraquement jusqu'à ce que le commandant militaire soit prévenu. Ce soir-là, toutes les autorités chinoises du lieu, en casquette galonnée à bordure rouge, étudient longuement nos papiers, et nous avons beau leur agiter nos laissez-passer sous le nez, rien ne semble les impressionner. Ils répètent que la région est totalement interdite aux étrangers, que les cols du sud sont fermés, et que la piste de Lhassa ne sera rouverte qu'au printemps. Les Tibétains de l'endroit confirment ces mauvaises nouvelles.

Discuter ne sert à rien. On peut voir d'ici que les cols sont enfouis sous la neige. Mais que faire ? Il n'y a pas d'autre route pour Lhassa, ni aucun moyen de rejoindre la route carrossable empruntée à l'aller. Pouvons-nous continuer vers l'est, jusqu'à ce que nous trouvions une route ? Réponse négative : toute la zone est interdite et notre permis ne vaut que pour la route de Lhassa. Il existe néanmoins une piste carrossable qui relie Palbar à Chamdo, la capitale du Tibet oriental, à 720 kilomètres vers l'est. Mais cette piste et Chamdo sont strictement interdits aux étrangers. Un moment, je me dis avec angoisse que nous allons être forcés de revenir sur nos pas, en admettant que les cols soient encore franchissables. A la fin, exaspérés, les Chinois comprennent qu'ils n'ont pas d'autre solution que de nous laisser partir par la piste qui mène à Chamdo, mais sans prendre la responsabilité de nous donner une autorisation officielle.

Commence alors le long et pénible retour vers Lhassa, sept jours de route en tout. Il faut d'abord deux jours pour atteindre Chamdo, puis cinq de Chamdo à Lhassa par Riwoche et Dengchen, la ville dont nous sommes partis. Au total, plus de 1 900 kilomètres, la plupart du temps en territoire interdit, dont une grande partie n'a jamais vu le moindre voyageur étranger. Nous sommes très découragés, et particulièrement désolés de ne pas avoir réussi à atteindre Lhassa avec des chevaux de Nangchen. Je me console en me disant que l'imprévu, c'est le quotidien de l'exploration authentique.

Notre nouvel itinéraire commence par la traversée d'une région aride et désolée, sans arbres, et se poursuit par une descente puis une remontée des gorges verticales du Salouen d'abord et du Mékong ensuite jusqu'à Chamdo. A la vue du Mékong, Sebastian et moi échangeons des regards complices, au souvenir du filet d'eau par où il commence.

Chamdo, la seconde ville du Tibet et la capitale du Kham tibétain, est aujourd'hui une grosse garnison chinoise, où règne la plus abjecte saleté. C'est ici que les Tibétains ont capitulé en 1950 et que Nawang Nagbo, le perfide ministre du Dalaï-Lama, a préféré faire sauter l'arsenal plutôt que de laisser les Khambas s'en emparer. A Chamdo, nous sommes traités en suspects de première classe et empêchés de prendre la moindre photographie de cette « ville interdite ». On devine donc avec quel plaisir nous la quittons le lendemain pour sortir du canyon du Mékong et suivre l'un de ses principaux affluents, qui nous mènera à la province de Riwoche.

C'est d'ici qu'à l'origine je souhaitais pouvoir entreprendre notre voyage, car c'est la province tibétaine la plus proche du Nangchen. Et c'est sur le chemin de Riwoche que notre expédition, jusque-là un demi-échec, va prendre une autre tournure.

Nous roulons depuis six heures quand nous atteignons le début du Gung-la, le col d'accès à la vallée de Riwoche. Je suis assis à l'avant du camion avec Jérôme Nouvelle, le cameraman, et Ignasi Casas ; derrière nous, le reste de l'équipe sommeille sur le plancher du véhicule. Nous débouchons sur un alpage où poussent de grands conifères. L'atmosphère est ici très différente de celle des sombres forêts des rives du Salouen. Au-dessus de nous, des sommets atteignent 6 300 mètres : des tours de granit vers lesquelles montent de puissants sapins. Je connais bien ce type de forêt, qui prolonge celle que l'on trouve à l'ouest de Nangchen Gar et qui est réputée pour ses cervidés à lèvres blanches et aussi pour ses deux variétés de macaques. Soudain, j'aperçois un petit troupeau de chevaux en train de paître sous les arbres. Par réflexe, je les examine attentivement et suis frappé par leur courte taille et leur aspect trapu. Je demande au chauffeur de s'arrêter, je sors, prends quelques photos et décide de les approcher. Je parviens à atteindre un groupe composé de deux jeunes chevaux et d'une jument, qui est peut-être leur mère. Leur robe est marron clair avec une bande noire le long du dos et, à ma grande surprise, deux bandes marron foncé au sommet de l'avant-train et de l'arrière-train. Ces bandes, qui rappellent celles des ânes sauvages, se trouvent parfois sur des chevaux retournés à l'état sauvage. En observant les deux jeunes chevaux, quelque chose me frappe, sans que je puisse le préciser.

J'appelle Jérôme et Ignasi. Jérôme arrive avec sa caméra et commence à filmer. Ignasi et moi essayons d'approcher un peu plus les jeunes chevaux, mais l'un donne une ruade et s'en va. Sont-ils sauvages ? Je ne le pense pas, car ils ne se seraient pas laissés ainsi approcher. D'ailleurs, je remarque sous des arbres proches des abris de bois, cabanes de pasteurs des villages situés en aval. Ignasi nous dit que ces chevaux lui semblent primitifs et tout s'éclaire : nous sommes en présence d'un étrange cheval archaïque. Ils sont une vingtaine en tout, qui se dispersent à notre approche. Tous semblent avoir la même morphologie : ils sont petits – environ 1,2 mètre au garrot –, avec une tête trapézoïdale, de très curieux naseaux étroits, des yeux obliques. Ils ne ressemblent à aucun autre cheval du Tibet ou d'ailleurs. De quoi s'agit-il ? Le plus stupéfiant, c'est que nous sommes tout près du Nangchen, et que ces animaux sont très différents des pur-sang qu'on y trouve. Depuis le début de mes recherches sur les chevaux tibétains, j'ai recensé huit races, la plus petite étant le poney du Tsaidam que l'on trouve dans les marais du nord-ouest du Qinghai. Mais le Tsaidam est très différent, et sa tête, en particulier, bien plus « normale ».

Après avoir pris de nombreuses photographies, nous poursuivons notre descente de la vallée, rencontrant çà et là d'autres chevaux identiques. En arrivant à la garnison de Riwoche, nous sommes dans un tel état d'excitation qu'il nous faut absolument en savoir plus. Apprenant qu'une antenne vétérinaire est attachée à la garnison, Ignasi et moi nous nous y rendons, tandis que Rinzing essaie de louer des chevaux pour le lendemain, car je voudrais pouvoir ratisser le coin pour trouver d'autres chevaux et me faire une idée de leur distribution. Ce qui est particulièrement intéressant dans cette race, si c'en est vraiment une, c'est son aspect archaïque. Se peut-il que le cheval local soit le survivant d'une très ancienne race, qui se serait laissé enfermer dans cette vallée et aurait ainsi été préservée de tout croisement ? La région n'est-elle pas déjà connue pour ses macaques et ses fameux daims aux lèvres blanches ?

On nous dit que tous les chevaux de la région sont semblables à ceux que nous avons vus : ils ont tous les yeux obliques, la mâchoire à peine dessinée et ce nez bizarre. Ignasi brûle de trouver d'autres chevaux pour mieux les étudier. Le lendemain, on nous présente un drôle d'assortiment de montures, louées par la police, qui peuvent nous aider à passer la région au peigne fin. Mais tout le monde est soudain devenu très soupçonneux à notre endroit. Même nos compagnons tibétains, qui sont avec nous depuis Lhassa, sont préoccupés : ils sont épuisés et veulent rentrer au plus vite. Ignasi dit qu'il faudrait absolument pouvoir se procurer un échantillon du sang de cette curieuse race pour vérifier s'il y a un chromosome anormal.

Tous les chevaux, à l'exception du Przewalski, ont le même nombre de chromosomes. Se pourrait-il que notre cheval soit une espèce « intermédiaire » ? Seules des analyses de sang peuvent nous le dire. Mais on m'a expressément interdit de prélever des échantillons sanguins sur les chevaux du Nangchen, et je ne me sens pas en droit d'autoriser Ignasi à le faire sur ces chevaux-ci. Je lui explique le problème et il décide de faire « ce que lui dictera sa conscience scientifique ».

Nous voilà partis à la recherche d'autres chevaux. Il est vite évident que le policier qui nous escorte, du genre borné, n'a nullement l'intention de nous laisser aller où nous voulons : il ne nous autorise pas à quitter le bord de la route. A quelques kilomètres de Riwoche, nous tombons sur une demi-douzaine de très beaux spécimens en train de paître, que nous filmons et photographions sous tous les angles. Nous sommes désormais absolument convaincus que le « cheval de Riwoche », comme nous l'avons baptisé, est non seulement une race à part, mais il est à coup sûr très, très ancien. Selon moi, il n'y a pas le moindre doute : les chevaux que j'ai sous les yeux sont semblables à ceux des peintures rupestres de l'Âge de pierre, mais je n'ai aucune photo pour confirmer cette hypothèse.

Et j'ai raison : à notre retour en Europe, nous serons en mesure de démontrer que ce petit cheval est le portrait tout craché de celui qui est représenté sur les parois de la grotte Chauvet, découverte en Ardèche en 1994, et vieille de 30 000 ans.

Comme je l'ai déjà expliqué, on trouve sur les peintures rupestres deux types de chevaux : le premier est le Przewalski, aisément identifiable à son museau blanc comme celui d'un âne, et l'autre est le mystérieux « cheval numéro 2 », caractérisé par des yeux obliques, un nez en bec de canard (très semblable au nez « bizarre » du cheval de Riwoche), une tête droite, des mâchoires faibles et une croupe fuyante et légère. Le cheval de Riwoche peut-il appartenir à cette race archaïque qui peuplait le monde il y a 30 000 ans ? L'isolement de la vallée de Riwoche (fermée par de hauts cols) milite dans le même sens que la morphologie.

A notre retour en Europe, des échantillons sanguins seront envoyés au Dr Steven Harrison, un spécialiste de la génétique équine du Royal Agricultural College de Cirencester (Angleterre). Mais nous ne disposons que de deux échantillons, et aucun des deux ne présente d'anomalie ou de variation chromosomique, si bien que notre savoir reste limité sur ce front-là.

Il est évident que tout animal a ses origines dans la préhistoire lointaine. Le problème est de savoir s'il a évolué ou non. Or, justement, le Riwoche est si semblable aux chevaux dessinés il y a 30 000 ans qu'il semblerait être un des rares membres de la famille des *Equus* à n'avoir pas évolué à travers les siècles. Le petit cheval que nous venons d'identifier pourra aider à mieux comprendre l'évolution de la race chevaline au cours des derniers millénaires et faire reprendre certaines questions sur l'origine des chevaux domestiques.

Pendant des siècles, les spécialistes se sont demandé quelles races ou quels types de chevaux ont été domestiqués les premiers. Selon le dernier état de la recherche, les premiers chevaux domestiques connus sont ceux dont on trouve les squelettes dans une tombe vieille de 6 000 ans, à Dreivka Sredri Stog, en Crimée, et dont la dentition présente les traces indubitables d'un mors. Il s'agit de petits chevaux, bien plus petits que le Przewalski, d'une taille très voisine de celle du cheval de Riwoche, ce qui ne saurait être une simple coïncidence : il paraît donc établi désormais que les premiers chevaux sauvages à avoir été domestiqués ne sont pas, comme on l'a cru longtemps, des descendants ou des croisements du Przewalski, mais un cheval plus petit, le fameux « numéro 2 », dont le cheval de Riwoche (et peut-être tous les autres chevaux domestiques) semble descendre. Je considère le cheval de Riwoche comme un fossile vivant de « la plus noble conquête de l'homme », conquête vieille de 6 000 ans. Il se peut que la domestication du cheval n'ait été qu'un petit pas pour l'homme, mais elle aura incontestablement été un grand saut pour l'humanité. Avec la domestication du cheval, le monde a changé pour toujours. Le vilain petit cheval de Riwoche, avec ses naseaux en bec de canard, a donné, de par le monde, les pur-sang élevés par l'homme pour la guerre ou le sport, les montures qui ont porté des nations entières et leurs héros à la conquête du monde.

Cette découverte du cheval de Riwoche en 1995 a eu des répercussions au moins aussi importantes que celle de la source du Mékong l'année précédente. Mais pour moi, il y a plus important que cette publicité : cette double découverte démontre que ces dernières années du millénaire – loin de mettre un terme à la longue histoire de l'exploration – peuvent ouvrir une nouvelle ère d'enquête scientifique vers les horizons perdus de ce qui demeure, aujourd'hui encore, malgré tout, une planète mystérieuse et passionnante.

Table

RÉALISATION : IGS CHARENTE-PHOTOGRAVURE
IMPRESSION : S.N. FIRMIN-DIDOT AU MESNIL-SUR-L'ESTRÉE (EURE)
DÉPÔT LÉGAL : AVRIL 1998. N° 33403 (42192).